AMÉRICAS
um sonho de escritores

Philippe Ollé-Laprune

AMÉRICAS
um sonho de escritores

Prefácio
Patrick Deville

Tradução
Leila de Aguiar Costa

Estação Liberdade

Título original: *Les Amériques, un rêve d'écrivains*
© Éditions du Seuil, 2018
© Philippe Ollé-Laprune, 2021, para capítulos adicionais sobre Witold Gombrowicz e Malcolm Lowry e atualização do capítulo sobre Blaise Cendrars
© Editora Estação Liberdade, 2022, para esta tradução

Preparação Ana Tereza Clemente
Revisão Marise Leal e Paula Queiroz
Editor assistente Luis Campagnoli
Supervisão editorial Letícia Howes
Imagem de capa Joaquín Torres-García (1874-1949), *Docas de Nova York*, óleo e guache sobre cartão, 1920. Yale University Art Gallery.
Edição de arte Miguel Simon
Editor Angel Bojadsen

AMBASSADE
DE FRANCE
AU BRÉSIL
Liberté
Égalité
Fraternité

Cet ouvrage, publié dans le cadre du Programme d'Aide à la Publication année 2021 Carlos Drummond de Andrade de l'Ambassade de France au Brésil, bénéficie du soutien du Ministère de l'Europe et des Affaires étrangères.

Este livro, publicado no âmbito do Programa de Apoio à Publicação ano 2021 Carlos Drummond de Andrade da Embaixada da França no Brasil, contou com o apoio do Ministério francês da Europa e das Relações Exteriores.

CIP-BRASIL. CATALOGAÇÃO NA PUBLICAÇÃO
SINDICATO NACIONAL DOS EDITORES DE LIVROS, RJ

O59a

Ollé-Laprune, Philippe, 1962-
  Américas, um sonho de escritores / Philippe Ollé-Laprune ; prefácio Patrick Deville ; tradução Leila de Aguiar Costa. - 1. ed. - São Paulo : Estação Liberdade, 2022.
  336 p. ; 21 cm.

  Tradução de: Les Amériques, un rêve d' écrivains
  Inclui bibliografia
  ISBN 978-65-86068-63-4

  1. Escritores europeus - América Latina - Século XX. 2. Literatura - História e crítica - Século XX. 3. Ensaios literários. I. Costa, Leila de Aguiar. II. Deville, Patrick. III. Título.

22-80244

CDD: 809
CDU: 82.09(8)

Gabriela Faray Ferreira Lopes - Bibliotecária - CRB-7/6643
27/09/2022   03/10/2022

Todos os direitos reservados à Editora Estação Liberdade. Nenhuma parte da obra pode ser reproduzida, adaptada, multiplicada ou divulgada de nenhuma forma (em particular por meios de reprografia ou processos digitais) sem autorização expressa da editora, e em virtude da legislação em vigor.

Esta publicação segue as normas do Acordo Ortográfico da Língua Portuguesa, Decreto nº 6.583, de 29 de setembro de 2008.

Editora Estação Liberdade Ltda.
Rua Dona Elisa, 116 | Barra Funda
01155-030 São Paulo – SP | Tel.: (11) 3660 3180
www.estacaoliberdade.com.br

Sumário

AOS AMIGOS   11

INTRODUÇÃO   17
A escrita nômade

CAPÍTULO UM   27
Madeira, brasas e cinzas
Blaise Cendrars no Brasil

CAPÍTULO DOIS   51
O voo saltitante da mosca
D.H. Lawrence no México

CAPÍTULO TRÊS   71
Mascarada para um homem que nasceu esburacado
Henri Michaux no Equador

CAPÍTULO QUATRO   91
O solitário eminente nos territórios da imaturidade
Witold Gombrowicz na Argentina

CAPÍTULO CINCO   113
A opulência das encruzilhadas e a acuidade dos extremos
Robert Desnos e Cuba

CAPÍTULO SEIS   131
"Nada é verdadeiro. Tudo é permitido."
William S. Burroughs no México

CAPÍTULO SETE   145
"*Cominus et eminus*"
Roger Caillois na Argentina

CAPÍTULO OITO   163
Do mundo de ontem à terra de futuro
Stefan Zweig no Brasil

CAPÍTULO NOVE   183
Viagem e correspondência
Malcolm Lowry no México

CAPÍTULO DEZ 203
    Papa sob os trópicos
    Hemingway em Cuba

CAPÍTULO ONZE 217
    "E somos nós que temos razão!"
    Bernanos no Brasil

CAPÍTULO DOZE 237
    "Não, não tenho a honra."
    Victor Serge no México

CAPÍTULO TREZE 257
    Nos confins da floresta elementar
    César Moro no México

CAPÍTULO CATORZE 277
    A terra da beleza convulsiva
    Os surrealistas franceses no México

CONCLUSÃO 307
    AMÉRICA!
    Um pedaço de imaginário

BIBLIOGRAFIA 319

REFERÊNCIAS DAS CITAÇÕES 327

Nota sobre a tradução

A presente tradução serviu-se do texto originariamente publicado em 2018 pelas Edições Seuil, de Paris. Para os capítulos adicionais (quarto e nono), serviu-se dos textos originalmente publicados no livro *Europe-Amérique latine: les écrivains vagabonds* em 2014 pelas Edições La Différence, também de Paris.

Os títulos das obras citadas ao longo do texto, quando não têm edição no Brasil, vêm grafados na língua original e, entre colchetes, com sua tradução para o português.

A meu pai, Jacques Ollé-Laprune, que partiu antes de poder ler este livro

Aos amigos

Escritores se deslocam. Nem todos, porém. Somente aqueles que seguem o conselho de Stevenson — "A grande questão é se movimentar" — ou, ainda, de Yersin — "Não é vida se não houver movimento".

Philippe Ollé-Laprune é um deles. Depois de ter vivido em Tegucigalpa, instalou-se no México. Foi lá que nos encontramos, há muito tempo. Eu havia lido o ancestral León, filósofo cristão do século XVII. Isso cria laços. Eu retornava de Honduras.

Não éramos muitos a ter lido toda a literatura hondurenha, frequentado seus autores em Tegucigalpa, no bar Paradiso, de Rigoberto Paredes, onde encontrávamos o belo poeta Roberto Sosa e muitos outros, mortos agora. Depois de tantos anos a percorrer todas as capitais do subcontinente, Ollé-Laprune é conhecido como o lobo branco de todos os escritores latino-americanos vivos. Conhece plenamente a obra dos grandes mortos que lê e relê, examina, anota.

Durante mais de dez anos, em seu escritório da rua Citlaltépetl, ao mesmo tempo em que dirige a Casa Refugio, em que acolhe escritores em exílio do mundo inteiro — louvável empreitada de que Salman Rushdie e em seguida Álvaro Mutis foram presidentes — Ollé-Laprune editou livros e revistas, redigiu uma dezena de artigos e de prefácios, publicou sua obra monumental *Cent Ans de littérature mexicaine* [*Cem anos de literatura mexicana*] e *México, visitar el sueño* [*México, visitar o sonho*].

Ele, que terá passado metade de sua vida adulta longe de Paris, sabe que o tempo nada tem a ver com isso: uma estadia muito breve pode igualmente desorganizar uma obra. Em 1928, Robert Desnos embarca em Saint-Nazaire para Cuba, em companhia do futuro Prêmio Nobel guatemalteco, Miguel Ángel Asturias. Ficará em Havana apenas dez dias. E organizará a fuga de Alejo Carpentier, o inventor do "real maravilhoso".

Nos anos que se seguem, Cuba possui o espírito de Desnos como um sortilégio da santeria. Ele promove sua música e sua literatura, apoia os Comitês dos Jovens revolucionários cubanos. Reencontrei Desnos nesse elogio da brevidade, relido em Lévi-Strauss: "Aprendi o quanto esses breves relatos de uma cidade, de uma região ou de uma cultura exercitam de forma útil a atenção, chegando por vezes a permitir — em razão da intensa concentração necessária por um momento tão breve de que dispomos — que se apreendam certas propriedades do objeto que teriam podido, em outras circunstâncias, permanecer muito tempo escondidas."[1]

---

1. Claude Lévi-Strauss, *Tristes Tropiques* [*Tristes trópicos*], Paris, Plon, coleção Terre Humaine, 1955. [N.E.]

Nós partilhamos o gosto das coincidências geográficas que tecem as vidas e os livros. Na lembrança de nossas bibliotecas, duas obras podem ser religadas pelo acaso de um navio: o nome de Desnos chama aquele de Artaud, que veio rabiscar seu *Mensagens revolucionárias* no México antes de embarcar em Veracruz para Havana e Saint-Nazaire, na mesma linha transatlântica, oito anos depois de Desnos e de Carpentier. À chegada, este *caballero* cubano em fuga, estupefato, havia descoberto em Saint-Nazaire a existência dos açougues que vendiam carne de cavalo. Os descendentes dos conquistadores que haviam levado o animal para o Novo Mundo, no país dos canibais, e que os indígenas viam como centauros, devoravam a parte inferior de seu ser: "Em Saint-Nazaire, onde descobri, com assombro de meteco tropical que, nos açougues cor de sangue, sob douradas cabeças de cavalo, vendiam-se as costelas e os filés de um animal que, em meu mundo, era visto, rédeas na boca, bem apertado entre as pernas de homem como secular complemento de virilidade."[2]

O acaso pode ser igualmente aquele da simultaneidade da escrita sob o mesmo trópico: Burroughs escreve *Junky* na colônia Roma de México, no momento em que Hemingway escreve *O velho e o mar* em sua casa cubana perto de Cojímar. O acaso pode ser aquele de um endereço: anos depois de D.H. Lawrence ter trabalhado em *A serpente emplumada* em Oaxaca, Malcolm Lowry instala-se no mesmo hotel Francia,

---

2. Alejo Carpentier, *La Danse sacrale* [*A dança sagrada*], trad. René L. F. Duran, Paris, Gallimard, 1980. [N.E.]

onde retoma o grande romance de amor e de perdição intitulado *Debaixo do vulcão*.

Mas as coisas se passam diferentemente para os gringos e para os franceses. Os franceses estão no estranho parentesco das terras lusófonas e hispanófonas, cujas literaturas foram impregnadas pelo afrancesamento do século xix. Poetas latino-americanos compõem suas obras em francês: Laforgue, Supervielle e Lautréamont no Uruguai; Gangotena no Equador; Moro no Peru. É em francês que Cendrars, perdido em seus sonhos rimbaldianos de fortuna, dará suas conferências no Rio e em São Paulo, diante de uma elite francófila. É também no Brasil que Bernanos, depois de uma vã tentativa no Paraguai, feliz proprietário de duzentas vacas, publicará livros e artigos em francês durante sete anos.

Nesse turbilhão vertiginoso da América Latina, alguns como Ollé-Laprune tornam-se leitores e críticos, divulgadores, tradutores por amizade. Colocam as duas mais belas e terríveis jubilações da existência humana acima de tudo: a literatura e o amor. É pelo amor de Victoria Ocampo que Roger Caillois desembarca em Buenos Aires em 1939. Ele será o primeiro editor na França de Jorge Luis Borges. Com seu amigo Adolfo Bioy Casares, Borges inventa o pseudônimo de Bustos Domecq. Bioy Casares casa-se com Silvina Ocampo, irmã de Victoria. Borges traduz Michaux. Dez anos antes, Michaux fora escrever *Ecuador* [*Equador*] em Quito, na casa de seu amigo Gangotena. Na Argentina, ele se apaixona por outra irmã, Angelica Ocampo, ou em Montevidéu por Susana

Soca. Não se está nunca muito seguro com Michaux, que tem "coração de alcachofra".³

E depois há a guerra. Caillois, como Gombrowicz, ficará na Argentina. Benjamin Péret e Victor Serge refugiam-se no México. Caillois irá para o Brasil, para a casa de Bernanos. Michaux também, com outro amor, Marie-Louise, esposa de Ferdière, que será o psiquiatra de Artaud em Rodez. Porque há ainda loucura e morte: Bernanos recebe em seu refúgio de Cruz das Almas Stefan Zweig e sua esposa Lotte alguns dias antes que se suicidem, em 1942.

E depois há as ditaduras. E elas, em razão das fugas e dos encontros que provocam, criam involuntariamente um sentimento literário latino-americano para além dos nacionalismos. É na Argentina que o poeta colombiano Jorge Zalamea, tradutor de Saint-John Perse, publica *Le grand Burundum-Burunda est mort* [*O grande Burundum-Burunda morreu*]. O poeta peruano César Moro parte para o México, onde se instalarão mais tarde Álvaro Mutis e Gabriel García Márquez. Depois de Paris. Mas isso é outro livro. Ele já existe. Dois consistentes volumes orquestrados por Philippe Ollé-Laprune e publicados no México: *París/México* [*Paris/ México*] e *Capitales del exilio* [*Capitais do exílio*].

---

3. *Cœur d'artichaut*, no original. Embora a expressão não exista em língua portuguesa, optou-se pela tradução literal em razão de seu caráter imagético. Ter coração de alcachofra significa, em francês, apaixonar-se facilmente e com frequência. A imagem, de fundo vegetal, tem a ver com as folhas da alcachofra que se despregam umas das outras a partir de seu centro, o coração do legume, reputado por ser tenro. O apaixonado colocaria assim no centro de sua vida a paixão amorosa e distribuiria generosamente seu amor. [N.T.]

Relendo todas essas obras, pensamos na frase de Walter Benjamin segundo a qual "existe um encontro tácito entre as gerações passadas e a nossa: fomos esperados sobre a terra". Porque nunca escrevemos apenas para os contemporâneos, mas sempre para mais tarde, para leitores que ainda não nasceram. Os livros esperam nas bibliotecas para serem lidos e relidos, e comentados, depois da morte de seu autor: essa estranha fraternidade dos grandes solitários joga com os séculos e a geografia, o espaço e o tempo. Se a crítica universitária é indispensável, essas páginas de escritores e leitores também o são. Ollé-Laprune faz as vezes de um escriba assíduo. Seus exercícios de admiração são subjetivos, afirmam suas preferências, tecem correspondências, prestam-se a longas discussões, dão vontade de buscar um parágrafo, uma frase para ali reencontrar um detalhe. E nós retomaremos, Philippe, essas conversas iniciadas há muito em Tampico ou Xalapa, em Oaxaca ou Guadalajara; no café de La Selva, na colônia Hipódromo; na casa de Dédé, nos Pâquis de Genebra; no bar do Skipper, no porto de Saint-Nazaire; em Paris, no bistrô Des Amis da rua du Cherche-Midi, onde escrevo, para você, estas linhas, em 18 de junho de 2018, antes de reencontrá-lo na Guatemala para oferecê-las com minha indefectível cumplicidade de leitor.

Patrick Deville

INTRODUÇÃO
A escrita nômade

A escrita literária, no movimento que a impulsiona contra a realidade, alimenta-se de um desejo de oposição ao ambiente mais próximo, comparável àquele que transporta o viajante para longe. Cada um dos atores dessas duas atividades, o escritor e o nômade, age por gosto de uma fuga e a partir da vontade de explorar. "Certo dia, experimenta-se um desejo imperioso de se mexer", escreveu D.H. Lawrence. Ele teria podido dizer o mesmo sobre o impulso que o levou à redação de seus livros. Quando esses dois gestos emanam de uma única e só pessoa, a sede de evasão alimenta a obra e a torna mais singular e mais sólida. Ao menos é o que alguns autores da literatura ocidental nos convidam a observar. A impregnação de sensações diferentes daquelas que reserva a terra de origem, a curiosidade natural diante de uma realidade distinta e o legítimo desejo de projetar suas próprias obsessões sobre um universo estrangeiro levam a efeitos profícuos, tanto ao espírito quanto à pluma do escritor em viagem. A busca do alhures conduz à construção de uma voz própria e à elaboração de um universo enriquecido pelas surdas discordâncias impostas pela novidade.

Entre os múltiplos deslocamentos possíveis, aqueles que levam os autores ocidentais a partir para a América Latina chamam particularmente atenção: essa terra distante é aquela da mestiçagem, o único lugar do planeta com que a Europa inicialmente sonhou e que, em seguida, conquistou, ocupou, perturbou. Essas estadias conduzem ao sonho, à utopia, à perdição. Entre esse mundo, que eles sentem como novo e propício para a elaboração de textos inovadores, e a cultura que o movimenta, instalam-se com simplicidade ressonâncias e disparidades que tornam mais notáveis as palavras e as inspirações. As interseções oferecem uma paleta de intervenções mais vasta e convidam a aprofundar o território dos possíveis. Essas terras também se alimentaram de um desejo de criar expressões originais, de misturar o local ao distante, ou até o universal, e suprimiram os confrontos pensáveis entre as aspirações do lugar e as conquistas da metrópole. Ali se sabe ser uma coisa e outra. Ali se sabe que a fusão torna mais fortes os sonhos e as imagens, as narrativas e os poemas. As maiores diferenças e as intensas distorções constroem uma liga mais resistente. Hoje, os clichês que frequentemente acompanham essa noção de mestiçagem fazem esquecer a força com a qual ela foi elaborada.

Outros lugares, como a Ásia de Victor Segalen ou a África de Joseph Conrad, chamaram atenção. Mas o degrau é mais alto, a distância mental, maior: a diferença deixa perceber uma impossibilidade de desvendar os mistérios ou, mesmo, de apreender o essencial do lugar para dele se apropriar.

INTRODUÇÃO

O escritor atravessa um espaço no qual tem muitas dificuldades de se encontrar e se orientar. Essa sensação traz também suas vantagens, e, confrontado ao enigma, cada um reage de acordo com seus instrumentais: Segalen propõe *Stèles* [Estelas] ou *Équipée: voyage au pays du réel* [Equipado: viagem ao país do real], interrogações exemplares sobre o exotismo e a viagem; e Conrad, como *No coração das trevas*, oferece-nos uma narrativa que, em torno das questões da selvageria, é uma descida aos infernos inevitável em razão do meio hostil e de um encanto por vezes velado. Os arredores reenviam o escritor a ele mesmo e a seus tormentos, deixam o mistério assumir sua espessura e o excluem de toda possibilidade e de toda ilusão de cumplicidade. Nesses territórios distantes, o escritor ocidental está dividido entre o fascínio pela dessemelhança radical em relação ao lugar e a tentação de decifrar os códigos e o sentido das coisas que encontra. Esse peso o obriga a se interrogar sobre suas próprias contribuições e certezas, e o reenviam a seus abismos interiores. Lembre-se do jovem André Malraux que, em *A tentação do Ocidente*, evidenciava sua meditação em uma troca de cartas entre um europeu e um chinês. O primeiro é fascinado pelo universo asiático que exacerba sua grande desilusão em face de sua própria cultura: "Europa, grande cemitério onde não dormem senão conquistadores mortos e cuja tristeza torna-se mais profunda ao assumirem seus nomes ilustres, você não deixa ao meu redor senão um horizonte nu e o espelho que reflete o desespero, velho mestre da solidão." A Ásia propõe valores tão distintos que o ocidental pode ali se perder e voltar-se contra si mesmo: no labirinto de seu pensamento, ele encontra, sobretudo, o eco da decadência de seu mundo. A distância em relação a esse continente deixa pouco espaço para uma escrita que se faz cúmplice.

A América Latina entretém a ilusão de uma possível proximidade. Cultiva uma ambiguidade singular: permite uma conivência ao mesmo tempo em que promete exotismo; convida ao desenraizamento, mas não deixa o visitante perder o pé. Há respeito na distância que esse lugar propõe ao visitante: ele permite a inclusão provisória, dá a possibilidade de sentir que se faz parte da paisagem. Para um escritor, essa generosidade apresenta-se como se o convidássemos para a fábula, para a adesão a uma narrativa misteriosa cuja chave se procura. Isso funciona tão bem que o autor em deslocamento foge de seu próprio país ou de seus valores; com frequência, parece-lhe ter chegado ao fim de sua relação com o mundo cansado, esgotado que são, para ele, o Ocidente, a Europa e a América do Norte. Situado no contrapé da sociedade que o formou, deixa-se possuir pelos encantos da América Latina, atribuindo-lhe um frescor e uma inocência que abertamente se parecem com ilusões veiculadas pelo mito da idade de ouro: seus comportamentos são ligados às tentações provocadas tanto pelo desgosto com sua própria terra quanto pela sensação de descobrir um espaço novo onde ele é a um tempo estrangeiro e parte integrante. Witold Gombrowicz celebra a "imaturidade" dos argentinos, Antonin Artaud busca um pensamento arcaico que foi conservado no México indígena, Henri Michaux se enfurece contra o continente dos "*paniers percés*"[1], Zweig maravilha-se como um jovem com a natureza brasileira, e D.H. Lawrence não cessa de elogiar a vitalidade que vê na violência mexicana.

Todos aqueles que se deslocam são levados pelo mesmo desejo: distorcer a realidade e projetar suas quimeras para dar mais solidez à fábula, ainda que isso os leve a uma leitura do lugar resolutamente afastada do real e marcada pela pureza um pouco ingênua que experimentam. Lá, ao longe, contra o tédio imposto por sua civilização esgotada, os escritores europeus ou norte-americanos encontram razões para crer em uma renovação, levados pelo dinamismo aparente e pela nostalgia que se comprazem em entreter. Pensam ter rapidamente apreendido os modos de funcionamento do lugar e se sentem tomados pelos frissons da aventura. Colocados em um universo que, em muitos aspectos, assemelha-se a seus próprios mundos, eles podem movimentar seus talentos a fim de dar vida às suas palavras em um meio que seduz e inquieta. Talvez seduza porque inquieta, porque provoca aquele frisson suplementar que desencadeia a emoção e o imaginário. Eles veem nessa terra uma espécie de "espaço do passado", um lugar que, acreditam, parece-se com o que outrora foram seus

---

1. Michaux assim escreve para Maurice Nadeau, por ocasião do envio autografado, em 1950, do volume *Tranches du savoir* [*Camadas do saber*]: "Muitos víveres? Carregue um cesto furado." Optou-se por deixar a expressão, que data do final do século XVII, em sua língua original. *Paniers percés* diz respeito àqueles que gastam sem pensar, sem contar e de modo excessivo — "cestos furados", empregando a expressão de Michaux; metáfora de algo que se preencherá em vão. É igualmente possível que a expressão indique aquele que tem memória falha e que tende a tudo esquecer. [N.T.]

próprios países. Esse deslocamento assume a forma de uma viagem no tempo: a languidez nostálgica da América Latina entretém a ilusão dessa ancoragem na ancestralidade e impõe uma melancolia que inspira numerosas páginas.

Não importam as razões que os levam à viagem, forçados por vezes ao exílio ou simplesmente tentados pelo desenraizamento. Aqueles que aí se refugiam são, com frequência, gratos e sabem se debruçar com interesse, e, mesmo com paixão, sobre sua terra de adoção: Stefan Zweig e Georges Bernanos no Brasil; Roger Caillois na Argentina; Victor Serge, Benjamin Péret e César Moro no México. Aqueles que partem para essas "terras novas" com o desejo de ali encontrar um vigor invejável e que conjuram seu mal-estar mantêm com o lugar uma relação excêntrica e instável, mas que alimenta a obra e oferece as ilusões necessárias para seu avanço: Michaux no Equador, Robert Desnos e Ernest Hemingway em Cuba; Blaise Cendrars no Brasil; e D.H. Lawrence, Antonin Artaud, André Breton, André Mandiargues e William Burroughs no México experimentaram outras trajetórias que retiveram minha atenção. A escolha não é anódina: suas obras fazem parte daquelas que durante muito tempo mais me apaixonaram. Ou, ao menos, são a garantia do que deve ser a escrita literária em sua forma mais exigente e mais revoltada. Ela expressa, assim, sua necessidade e sua urgência, sua retidão e sua possível cumplicidade. Essa seleção não ambiciona ser exaustiva e não se deixa habitar pela vontade de esgotar o assunto. Permite escavar destinos, choques e livros que em mim provocam uma estranha ressonância. Aliás, sua redação foi, sobretudo, consequência de releituras mais do que de descobertas; há muito, esses livros e seus autores são companheiros que caminham a meu lado.

Entretanto, não se trata de se comparar àqueles ou de buscar mestres do pensamento. No vasto trabalho que levou à escrita deste livro, talvez se escondam questionamentos pessoais. Sua gravidade e sua densidade convocam essas vozes formidáveis a fim de apreender o caráter perturbado e complexo dos destinos e dos escritos que deles emanam. Partilhei com eles um desencanto profundo por uma cultura europeia e por povos que durante muito tempo me pareceram amortecidos. Estabelecer uma distância sadia colocou as coisas em seus lugares e restituiu certa pertinência a esse mundo rejeitado. Mas a América Latina, sobretudo ela, trouxe para mim como que um ar renovado: sem muito conhecê-la, fui sensível à humanidade vibrante das relações entre indivíduos, à simplicidade aparente na relação com a vida e com a morte, à sensação que o essencial ali mantinha mais valor; e julguei que o vigor necessário para nela crescer trazia seu lote de satisfações. Os anos passados em seu solo ensinaram-me que um bom número dessas impressões era provocado mais por meus desejos do que por qualquer realidade. Seja como for, conservei uma grande afeição e um imenso prazer por viver ali. Mas essa atração e as quimeras que a ela se ligam não deixam de assombrar meu espírito, impondo-lhe os "por que" em detrimento dos "como". Nessa dinâmica, essas terras convidam a um alhures permanente, a uma evasão sem fim que dá um sentido particular à existência.

Eis porque, em sua evolução, esses escritores cultivam o gosto legítimo por fazer recuar os limites mentais e geográficos:

a revolta neles ancorada traduz-se de modos diversos. É aí que se unem a aspiração à revolução de Serge ou de B. Traven, a embriaguez alcoolizada de Malcolm Lowry, a euforia e a exaltação da música tropical em Desnos, o transe místico em Artaud e as vacilações opiáceas de Burroughs. Os desejos e os desequilíbrios de toda espécie estão lado a lado, e mantêm como ponto comum a vontade de escapar do mundo. A transcendência ou o esquecimento forçado do inebriamento, o desarranjo da ordem das coisas e a exaltação da vida acompanham seus caminhos: com lacunas e imperfeições, a América Latina propõe um fôlego e um entusiasmo que convidam à ruína.

O olhar crítico vê o real e tranquiliza: esse novo lugar está mais próximo do esboço do que da coisa realizada. Para aqueles que chegam de um universo imobilizado, onde tudo parece resolvido e simples, esse estado incerto e de transição permanente atemoriza, seduz e atrai. O fascínio vem igualmente dessa forma de imantação e da vontade de preencher uma ausência. Pela viagem e pela escrita, o autor se propõe a tornar seu o que não lhe pertence ou que lhe escapa. E sabe-se que a atração naturalmente cresce por aquilo que se nos escapa, que nos é negado. É nesse sentido que a existência na América Latina confere exaltação e agitação que a Europa e os Estados Unidos não podem oferecer. Para o escritor, isso traz à tona uma relação mais rica e cativante com o real. Pouco importa a verdade dessa sensação de carência e a impossibilidade de remediá-la, ou da falta de estruturas tranquilizadoras e sólidas: o essencial reside no modo pelo qual o artista apreende essa realidade e a restitui, engrandecida, mudada

INTRODUÇÃO

ou assinalada com sua marca. Na apetência apaixonada que anima esses autores, ancoram-se escritos que comovem o leitor atento à dimensão do desafio que os move.

"América Latina, esse lugar onde a catástrofe nunca impediu a promessa de um outro mundo", diz Bruno Tackels. Esse traço do subcontinente é central para apreender sua capacidade de sedução. Mesmo que as interrogações concernentes ao passado sejam atuais, os discursos voltam-se, antes, para o futuro sempre mais promissor. Para um ocidental, mergulhado na sombria noite do pós-guerra e das catástrofes que marcaram o século XX, essa dinâmica não pode senão encantar ou, ao menos, atrair.

Nos destinos e nas obras que são descritas neste livro, cada um é testemunha de fascínios pouco comuns e encontra permanentemente elementos de reflexão sobre a atração e o papel que um lugar pode oferecer à elaboração de uma obra literária, sobre o modo pelo qual o deslocamento pode perturbar, enriquecer, inspirar e mudar a produção de escritos em curso. Ninguém pode saber o que teria acontecido com seus livros sem essa viagem ao coração dessas terras mais selvagens e mais cruas, segundo eles. Pouco importa, a comparação não tem razão de ser. Prefiro convidar à partilha dos destinos em que se desenrolou uma parte dos enigmas que me inquietam e animam: as causas da existência das diferentes atrações por outros lugares, o desejo de criar para si um universo próprio, no mundo real ou por intermédio da ficção, a validade da literatura como necessidade vital e aquela da viagem como acelerador de vida. No percurso deles, formula-se o que confere consistência e trevas à literatura. O distante assim conquistado traz a matéria que provocará a desordem do espírito e a perturbação da escrita, e o que acelera a redação de textos marcantes. Partilhar a comoção deles constitui um privilégio que tornou necessária a leitura assídua de seus livros e a escrita destas páginas. Assim especificadas as ressonâncias, concedamos a palavra a essas trajetórias de escritores que acompanham meus próprios passos e aqueles de inúmeros cúmplices, conhecidos ou anônimos.

CAPÍTULO UM

Madeira, brasas e cinzas
Blaise Cendrars no Brasil

O encontro de Blaise Cendrars com o Brasil constitui, entre outras coisas, uma ilustração emblemática da relação profunda dos escritores com os acasos que surgem graças às palavras e pelas palavras.

O jovem Frédéric-Louis Sauser escreve seu primeiro poema, "Les pâques" ["Páscoa"] — mais tarde intitulado "Páscoa em Nova York" —, durante sua estadia em 1912 na grande metrópole norte-americana. Para publicá-lo no ano seguinte em Paris adota um pseudônimo, Blaise Cendrars. Ele mistura os sons das palavras *braise* e *cendre*[1], elementos necessários à ressurreição da fênix. Uma palavra que soa como um programa ou, melhor, uma declaração de fé que ele adota de modo consciente para anunciar as cores. Durante toda a vida, ele será fiel à sua paixão de viver e de criar, com

---

1. O jogo sonoro a que se faz referência, esclareça-se, constitui-se dos termos *braise*, brasa; e *cendre*, cinza: Blaise Cendrars seria, então, Braise Cendres. [N.T.]

momentos de dúvida e de inação, claro, mas com a força de retornar mais forte e mais brilhante.

Pau-brasil é o nome de uma árvore, madeira brasileira, cuja grande qualidade é carregar em seu seio uma substância que serve de corante, da cor da brasa. Aqueles que a exploram são chamados *brasileiros*. Os portugueses escolhem assim o nome Brasil para batizar essas terras novas. Entre o poeta, que transborda de vitalidade, e esse país galvanizante, o encontro não poderia ser senão prodigioso e fecundo. A imagem da brasa os une, como uma incandescência partilhada. Entre os autores europeus que se deixaram encantar pelo lugar, Cendrars é um dos mais apaixonados, entusiasta até o fim por esse país generoso, apesar de alguns arrependimentos e, talvez, de uma leve desilusão ao final da vida.

O jovem suíço gosta do alhures que perscruta e provoca pelas viagens e pela leitura. Muito jovem, parte para viver na Rússia, onde permanece como aprendiz de relojoeiro em São Petersburgo; conhece a Europa e, em seguida, os Estados Unidos. "Nunca tenho pressa de chegar", dirá mais tarde. Ele é um verdadeiro viajante, um amante do movimento, como se percebe em sua *Prosa do transiberiano*, ritmada pelos ruídos das rodas do caminho de ferro. Sua obsessão pelo trajeto, por aquela sensação de caminhada permanente, de ausência de estagnação, faz dele um escritor possuído pela vitalidade e pelos desejos. O mundo real não cabe em seu espírito. Ele então inventa, efabula, exagera. Cendrars mentirá durante toda a vida. Por exagero, por desejo de agradar, para conferir mais cores à existência. Esse efabulador declarado joga com seus interlocutores e os leva para o interior de ficções cujos limites ele mesmo conhece mal. Seu amigo Albert t'Serstevens fala disso com afeição: "[...] essas pretensas mentiras não são, afinal de contas, senão maravilhosas expressões de um apetite pelo distante e pela ação violenta que ele jamais pôde satisfazer plenamente." Cendrars traz em si o desejo de contar, inventar, superar a realidade.

Ele é insaciável no que diz respeito a leituras. Muitos são seus amigos que ficaram atônitos com esta bulimia que alimenta uma memória prodigiosa. Em sua mansarda parisiense, ele coleciona os mais eruditos livros, antigos ou novos. O mesmo amigo, Albert, conta o quanto Cendrars surpreendia seus interlocutores pela profundidade e pela vastidão de sua cultura. Cendrars devora todas as experiências com igual apetite, sejam elas da ordem do real ou do imaginário.

Durante os anos feéricos, antes do cataclismo da Primeira Guerra Mundial, talvez no decorrer do conflito, ele vive em uma Paris artística e boêmia; ali cruza com toda a *intelligentsia* do momento, de Modigliani a Picasso, passando por Apollinaire ou Chagall. Aprende, coabita, critica e aprecia. Cendrars é pobre, sofre com essa miséria e conhece noites sem fim, plenas de cigarros e álcool. Colabora com revistas, torna-se célebre graças à publicação de seu grande poema *Prosa do transiberiano e da pequena Joana de França*. Mais do que o texto em si, é a apresentação que surpreende: trata-se de um livro cuja técnica é o simultaneísmo, realizado com a artista Sonia Delaunay. As palavras e as imagens estão ali em um trabalho comum, para chegar a uma publicação de dois metros de altura, que circula dobrada. É um exemplo conhecido de inovação no domínio da edição. As amizades o encorajam, a vida mundana e artística o ocupa. Assim como para toda a sua geração, os sonhos se chocam contra os horrores da Primeira Guerra Mundial. Ninguém poderia prever o horror que levaria milhões de jovens para um conflito cruel e inútil. Cendrars será um dos mais afetados. Apesar de sua nacionalidade, alista-se e encoraja os estrangeiros que vivem na França a fazer o mesmo. Ele é um guerreiro, corajoso e completo. Conta mais tarde sua ira de matar: "Matei o boche. Eu era mais vivo e mais rápido que ele. Ataquei primeiro. Eu, poeta, tenho o sentido da realidade. Agi. Matei. Como aquele que quer viver." Ele é pragmático, sabe tomar a existência no corpo a corpo, sempre com aquela adesão à vida, com aquela energia que o anima. Ele mantém, curiosamente para um poeta de sua envergadura, um lado pé no chão, e sonhará durante toda a vida em fazer fortuna, em encontrar uma grande oportunidade. Lá, mergulhado nos combates sangrentos, mata para salvar sua pele, não tem sentimentalismos. Mas depois de um ano de guerra, em 28 de setembro de 1915, na grande ofensiva da Champagne, Blaise Cendrars é gravemente ferido e deve ter um braço, o direito, aquele da escrita, amputado. Ele escreve: "Plantado na grama como uma grande flor desabrochada, um lírio vermelho, um braço todo ensanguentado, um braço direito seccionado acima do cotovelo, e cuja mão permanece sempre viva, cavoucando o solo com dedos como para ali se enraizar. A quem pertencia esta mão, este braço direito, este sangue que corre como a seiva?" É assim que ele descreve, quase trinta anos depois, em sua narrativa autobiográfica, *La Main coupée* [*A mão cortada*], o terrível momento da perda. Desmobilizado, maneta, Cendrars volta a Paris onde, depois de alguns meses de deriva bastante compreensíveis, ele se recupera, aprende a escrever com a mão esquerda e mostra a vitalidade de antigamente, até mesmo ainda mais intensa. Picasso, sempre brincalhão, diz: "Cendrars voltou da guerra com um braço a mais."

Cendrars expande seu domínio de criação, interessa-se pelas mais remotas culturas e pelas mais variadas expressões. Como alguns de seus contemporâneos, debruça-se sobre a arte negra e dá destaque a uma tradição oral, que eleva ao grau de literatura graças à sua *Antologia negra*. Sabe comunicar seu entusiasmo e restituir as qualidades mais originais desse universo. Sua publicação corresponde a um momento essencial na história do reconhecimento de culturas até então ignoradas ou desprezadas, momento marcado pela Exposição Internacional de Artes Decorativas e Industriais Modernas de 1925 e pela Exposição Colonial de 1931, em Paris, que lhe conferem um lugar de destaque. Cendrars reúne narrativas orais, dá a elas forma literária e respeitosa do tom inicial, entre contos e narrações, e faz assim uma sensível homenagem às visões dessas culturas. Ele põe em evidência as raízes que aproximam lendas e fábulas do universo ocidental e coloca em pé de igualdade essas duas tradições. Daí resulta um libreto de ópera, *La Création du monde* [*A criação do mundo*], cujo sucesso se deve igualmente à participação de Darius Milhaud e Fernand Léger. Cendrars busca em zonas pouco usuais da criação. Com o cinema, pensa ter encontrado uma expressão que lhe convém, que lhe dá a palavra e garantiria sucesso financeiro. Torna-se assistente do cineasta francês Abel Gance e chega às filmagens. Na Itália, começa a trabalhar em *La Vénus noire* [*A Vênus negra*]. A morte da atriz principal durante as filmagens transforma a aventura em fiasco. No início desses anos 1920, percebe-se que o poeta, agora francês, não se satisfaz com sua conquista. Sempre alerta, está pronto para novas experiências.

Blaise Cendrars observa as novas vanguardas e não tem vontade de participar delas. Aliás, os recém-chegados à cena artística também não o querem por perto. Breton, líder dos surrealistas, não aprecia nem um pouco seu lirismo e sua personalidade. Ao que Cendrars responde: "Prefiro acreditar na santidade daqueles loucos místicos que a Igreja deixou amadurecer em seu seio do que me deixar engolir pela bizarrice dos surrealistas." São profundas e claras as razões dessa aversão recíproca, e é evidente o desencontro. Apenas Desnos, outro escrutador bizarro, tem valor a seus olhos. As pesquisas não caminham no mesmo sentido, as preocupações políticas dos surrealistas são a antítese das aspirações de Cendrars. Seu individualismo obstinado não se acomoda de maneira alguma com a dinâmica de grupo, os egos se repelem, as inimizades se alimentam de visões muito afastadas. Pouco importa a multiplicidade das razões que o abalam, a conclusão é simples: o escritor da "mão cortada" é assaltado por uma violenta recusa dessa Paris e de seu mundo artístico, de suas vanguardas e de suas aspirações. Viaja então um pouco, dá conferências no exterior, mas nada encontra que o faça sair desse entorpecimento. Apenas uma verdade detém sua atenção: ele experimenta como que uma náusea em face do mundo ocidental, entre seu fascínio por todas as descobertas e as lembranças da matança nas trincheiras. Graças à admiração que lhe manifestam jovens leitores vindos de longe, sua existência mudará de rumo.

Por volta de 1920, jovens criadores brasileiros, sobretudo escritores e pintores, começam a se deslumbrar pelos movimentos artísticos europeus e refletem sobre os modos de sacudir a arte de seu país, ainda muito preso à herança colonial, que mais imita do que inventa. Eles vivem no Brasil, mas alguns deles fazem a travessia transatlântica tão comum à burguesia brasileira abastada. Essas práticas artísticas não são representativas de um país em plena efervescência e que busca uma identidade própria. Entre os livros que chegam a suas mãos, um autor os apaixona: Blaise Cendrars. Sua modernidade, sua capacidade de integrar as mais contemporâneas invenções e sua curiosidade pelas culturas distantes — eles também leram *Antologia negra* — rapidamente o transformam em possível guia. Em maio de 1923, Oswald de Andrade e sua mulher Tarsila do Amaral, pintora de talento, encontram-se com Cendrars em Paris. As afinidades são imediatas e o amigo Blaise lhes abre as portas do mundo artístico parisiense. Cendrars, o Generoso, não tem um centavo, mas sabe oferecer o que tem: seus contatos e sua reputação. Em setembro, durante um jantar memorável, a ideia de uma viagem ao Brasil é lançada. Os jovens brasileiros sabem que contam com um mecenas brilhante e rico: Paulo Prado. Um encontro é organizado em uma livraria especializada, L'Americana, mantida por um grande expert, Charles Chadenat. Prado e Cendrars logo simpatizam um com o outro, buscam febrilmente por conhecimento e cultura. Serão amigos até o fim.

Prado é herdeiro de uma fortuna colossal resultante da cultura do café. As terras da família são extensíssimas e, a partir dessa produção que garante a prosperidade, o homem de negócios engenhoso fez frutificar seu capital. Paulo Prado estudou na Sorbonne e sua cultura, ampla e variada, é impregnada pelo pensamento e pelas artes francesas. A história dá destaque principalmente a sua atividade filantrópica, mas é inegável que ele era um intelectual notável, dotado de brilhante inteligência alimentada por uma profunda cultura.

Os brasileiros ainda novatos contam com Cendrars para animar sua dinâmica: desejam romper com as expressões muito escolares e acadêmicas e inaugurar uma arte brasileira moderna e autêntica, o que significa ser fiel ao lugar e à sua história. À leitura de *Pau-Brasil* de Oswald de Andrade ou de *Macunaíma* de Mário de Andrade, pode-se reconhecer sem engano que esse percurso deu belos frutos.

A problemática enuncia-se de modo complexo: como se inspirar pelas vanguardas europeias sem imitá-las, sem se tornar uma periferia do que fazem. Em uma carta endereçada de Paris, Oswald de Andrade escreve para seus amigos que permaneceram no Brasil: "É aqui que está o que devemos seguir." Paulo Prado compreende perfeitamente a evolução da arte de seu tempo: "Encaixar toda a confusão da vida moderna na rigidez de um soneto é absurdo e ridículo." Esse grupo de artistas, os "modernistas", é cosmopolita mas ancorado na realidade brasileira, sem contradição alguma. Pode-se a um tempo pertencer profundamente à sua terra natal e se sentir incluído nesse vasto mundo. A personalidade de Oswald de Andrade é reveladora do espírito que anima esse grupo. Oriundo de uma família abastada de São Paulo, ele faz em 1912 uma viagem à Europa. Em seu regresso ao Brasil, começa a escrever, a se fazer conhecido graças a publicações em revistas e em jornais, e a levar uma vida pública bastante ativa, com as mundanidades que permitem os contatos e as trocas. As recepções nos salões em voga fazem parte da vida de Oswald. Ele vai com frequência ao Rio de Janeiro, onde a boemia do meio poético está em seu apogeu. Ali se faz amigo dos criadores que, como ele, estão preocupados em encontrar novas vias para as diversas expressões que os estimulam cada vez mais.

Como acontece com outros tantos artistas latino-americanos, alguns intelectuais e inventores de novidades no Brasil passam períodos em Paris e se misturam com alegria à efervescência local, dela se alimentando. É o caso do compositor Heitor Villa-Lobos, ou dos escritores Graça Aranha, Sérgio Milliet e Ronald de Carvalho. Eles observam as experiências das vanguardas e sabem nelas se inspirar, sem copiá-las. Aliás, o espírito diante desse universo é frequentemente crítico. Paulo Prado escreve no prefácio do livro de Oswald de Andrade: "A poesia 'Pau-Brasil' encontra sua mais bela e mais fecunda inspiração na afirmação desse nacionalismo que deve romper os laços que nos unem desde nosso nascimento à velha Europa, decadente e esgotada." Eles estão conscientes dos limites das influências europeias e Oswald de Andrade demonstra, graças à sua atividade, um desejo de elaborar novidades, suscetíveis de interpretar ainda mais a alma brasileira. O Brasil não está isolado e recebe turnês, por exemplo, de Nijinsky e Isadora Duncan, das quais o jovem Oswald faz eco. Em fevereiro de 1922, a Semana de Arte Moderna de

São Paulo constitui a representação desse vasto movimento, às vésperas da viagem decisiva durante a qual conhecerá Cendrars. A desconfiança em face da velha Europa é um ponto comum com o poeta da "mão cortada", e a aproximação entre eles se dá, em parte, depois disso.

Os novos amigos de Cendrars falam a mesma linguagem que ele, admiram-no e solicitam sua presença. Partilham seu entusiasmo por novidades não europeias e não acadêmicas. O poeta Manuel Bandeira dirá mais tarde: "Lembro-me muito bem do fervor com o qual líamos e relíamos seus versos, para nós surpreendentes, e que, para mim mesmo, comunicavam um frêmito novo." Mário de Andrade declara: "Blaise Cendrars explodiu em nós, na madrugada, como uma granada." Nosso poeta tem por que seduzi-los: seus textos são impregnados pela vertigem e velocidade dos tempos presentes, mas igualmente por sua personalidade, afastada do classicismo e das cerimônias, desse cansaço evidente que adormece os artistas europeus, muito seguros do mérito de suas obras. Todas as testemunhas concordam com um fato: o ar de chalaça e a generosidade transbordante de Cendrars lhe dão uma capacidade de sedução que os jovens modernistas vão apreciar com satisfação, ao menos durante certo tempo.

Ele, tão sufocado nessa França enrijecida, experimenta cada vez mais o desejo de partir. Em 10 de janeiro de 1924, com uma mistura de sonhos, mentiras e informações que caracterizam seus escritos íntimos, anuncia sua partida à esposa, mãe de seus filhos. Ele fala de fazer negócios, cinema. Encontra argumentos para explicar sua viagem, quase uma desculpa.

Cendrars tem uma relação muito particular com o dinheiro. Pode-se encontrar aí uma herança de seu pai, exemplo estranho de comportamento para um filho agitado. Com efeito, Georges Sauser era um homem de negócios astuto e ingênuo, que pensava fazer fortuna graças a diversas invenções mais ou menos rocambolescas a malograr rapidamente. Os jantares de família eram marcados por declarações do pai, que não hesitava em partilhar seus sonhos de riqueza com os mais jovens. Cendrars retira daí um elemento fundamental: de um dia para o outro é possível tornar-se rico, sob a condição de encontrar o negócio certo. Ganha-se capital graças a tentativas, contando-se com a sorte e bons encontros. Ninguém lhe falou de esforço e perseverança. Por trás da aventura de partir para longe para descobrir a prosperidade, esconde-se outra personagem tutelar, um velho conhecido que se apresenta como figura de pai espiritual: Arthur Rimbaud. O poeta "das palmilhas de vento" abandona a poesia para procurar fortuna na África, dedicando-se ao tráfico de armas ou de escravos. É difícil dizer até onde Rimbaud interveio na decisão de partir, mas é inegável que sua sombra paira no espírito de Cendrars.

Ele passa pelo Rio, onde é recebido em 5 de fevereiro de 1924 por uma delegação de escritores e artistas. O acadêmico Graça Aranha está lá, cercado de autores conhecidos como Ronald de Carvalho e Américo Facó, ou de mais jovens como Prudente de Morais e Sérgio Buarque de Holanda. Cendrars tem apenas trinta e seis anos, mas já é tratado como referência. A imprensa o entrevista, e ele cumpre de bom grado as obrigações. Em seguida, é organizado um banquete em sua homenagem. Ali ele se distingue graças à agilidade de sua mente e à sua capacidade de tudo ingurgitar. A tal ponto que, quando seus novos amigos o acompanham a bordo, diz-se:

> Um jovem poeta simpático vomita no convés, eu o levo novamente para terra firme
> onde seu companheiro vomita.

Blaise Cendrars, poeta das noites em Montparnasse e dos desvios parisienses, é experiente e sabe como se comportar. Em seguida, chega ao porto de Santos. Momento marcado por um drama: as autoridades migratórias não querem deixá-lo entrar, pois o país, em franco desenvolvimento, não precisa de um maneta! Segundo os funcionários que tentam impedir sua entrada, o Brasil não deseja acolher enfermos entre os recém-chegados. Depois de um momento de indecisão, Paulo Prado toma a frente das negociações e faz sentir toda a sua influência. O poeta, então, pode enfim desembarcar.

Em Santos é acolhido com grande pompa e dá conferências, sobretudo por motivos financeiros. Mais uma vez sem dinheiro, o poeta de Paris encontra um auditório antecipadamente interessado em suas palavras. É claro que ele fascina, mesmo que seja pouco dotado para esse exercício. Ele traz o brilho da Cidade Luz, fala de literatura e pintura contemporâneas. Entre os autores ocidentais que vêm para essas latitudes, ele faz parte daqueles que chegam graças ao apoio de artistas locais. Mas se curva mais à beleza e ao encanto do lugar e do mundo popular do que ao atrativo das produções artísticas locais; aprecia a natureza, as pessoas e as histórias populares mais do que as criações que lhe são propostas. Essa primeira viagem é marcada por uma longa escapada a Minas Gerais, na companhia de jovens brasileiros entusiastas descobrindo, tanto quanto ele, a magnificência do lugar; as árvores, as plantas e os odores, a luz e os habitantes, os animais que ali se ouve noite e dia, tudo parece ter sido criado para suscitar o prazer e a admiração, como um mergulho em um universo selvagem que excita o imaginário. Sua passagem é marcada pela aventura, pelas surpresas. Na Lagoa Santa, durante uma cerimônia da qual se pode imaginar a pompa, o secretário de Estado da Agricultura, Daniel Carvalho, oferece-lhe uma área imensa, o que provoca em Cendrars elucubrações quanto a perspectivas de rápido enriquecimento e projetos sublimes para o que já chama de "Utupialândia": a terra de seus sonhos, onde suas quimeras poderiam se tornar reais e garantir o futuro de seus filhos. Em seguida, ele tem a ideia de um filme e consegue o apoio necessário para financiá-lo e realizar as filmagens. Ele quer mostrar a grandeza do país. Mas, quando ele acredita ter encontrado finalmente o tema, uma insurreição acontece e ele é obrigado a se refugiar no campo, na casa de seu amigo Prado. Eis algo que arruína seus planos, mas enriquece sua lenda. Lá, ele tenta uma cartada, convencido de que o mundo do cinema é feito para enriquecer. Já havia tentado essa empreitada na Europa, antes de sua partida, mas, como se viu, foi um fracasso. A partir de uma ideia do amigo Prado, Cendrars se inspirará no livro *Capitania de São Paulo* — uma reflexão sobre o Brasil e sua história escrita por Washington Luís, amigo próximo de seu mecenas. O autor é então governador do estado de São

Paulo e logo será presidente da República, o que não é um acaso quando se está à procura de dinheiro para a produção. A tentativa de rebelião de julho de 1924 interrompe essas negociações e Cendrars, escondido no banco de trás de um carro, deve fugir de São Paulo.

A partir de então, o Brasil o acompanha, e Cendrars fala dele como "sua segunda pátria espiritual". Permanece no país por três temporadas, de 12 de fevereiro a 9 de agosto de 1924, depois, de 7 de janeiro a 6 de junho de 1926 e, por fim, de 12 de agosto de 1927 a 28 de janeiro de 1928. Em cada ocasião, aproveitará intensamente o lugar, passeará, devorará a realidade brasileira: desloca-se de carro, conduzindo em velocidade louca, acompanhado de cigarros, livros e arma de fogo. Muito mais tarde, descreve uma dessas escapadas em *La Tour Eiffel sidérale* [*A torre Eiffel sideral*]. Seu amigo Prado empresta-lhe o carro e o aconselha sobre as visitas a serem feitas, sobre as pessoas com quem se encontrar e sobre lugares imperdíveis. Nesse texto fascinante, Cendrars acerta suas contas com o espírito europeu segundo o vê: dedica páginas inteiras a zombar da ideologia de Rousseau, Voltaire e algum Diderot. Para melhor explicar seu fascínio por essa terra, mostra até que ponto lhe é impossível apreciar o mundo de que veio: "Eu era violentamente indisciplinado. A selvageria, o sertão brasileiro, o campo e o deserto me eram adequados." Habitado pela intuição, Cendrars chega a formular como rompe com as convenções e com a sabedoria propostas pela velha Europa, e entrega-se àquela barbárie que observa nos arredores. Sua pluma torna-se febril quando se lança à escrita desse texto em que mistura lembranças de guerra, narrativas ancestrais e imagens de sua infância. Retém de suas leituras o que o faz pender para essa selvageria, Lautréamont e os contos negros. Cendrars continua a ser um tanto astuto; escreve isso muitos anos mais tarde, depois de ter refletido sobre sua predisposição a esse universo. É fato que suas palavras vibram com emoção sincera. Mas a distância permite que ele esclareça melhor o porquê desse fascínio. À sua recusa do espírito comportado da Europa mistura um frenesi diante da natureza exuberante, da beleza dos habitantes, da violência onipresente e da incrível sensualidade de tudo o que compõe esse lugar. "Nos trópicos, o amor é uma doença mental", "Eu tinha vontade de ir até os confins do mundo civilizado. Que romantismo!" ou "Queimarei como um fósforo" são algumas das frases que se pode destacar de *La Tour Eiffel sidérale* e que muito nos dizem sobre o estado de espírito do escritor às voltas com esse mundo. Ele não hesita em exagerar, em acentuar frases pelo uso frequente de pontos de exclamação e em desestabilizar o leitor com a ênfase nos excessos que o cativam. Visitará a Bahia e Minas Gerais, o Rio de Janeiro e São Paulo; subirá o Amazonas e percorrerá o campo, sempre ajudado por Paulo Prado, que chegará a lhe propor um escritório na Europa para "fazer negócios". A grande crise dos anos 1930 destruirá esse projeto. Nosso escritor jamais conseguirá encontrar uma grande oportunidade. Ou então, graças ao sucesso de seus romances, esse negócio se chamará "a escrita".

Em seu texto *Brasil, vieram os homens*, Cendrars escreve e repete "É o paraíso terrestre", a fim de dar conta das impressões dos viajantes que observam pela primeira vez a costa brasileira. Ele abusa do clichê mas o restaura, porque quer compartilhar a emoção, tão forte e tão profunda, e pouco importa se as palavras parecem previsíveis ou banais. Com frequência, ele parece invadido pela emoção quando evoca a perturbação diante dessa beleza e dessa energia. Sinceramente comovido pelo espetáculo das ruas, em muitas ocasiões ele cai em lágrimas diante da miséria e dos terríveis males que esmagam os mais despossuídos. Em sua viagem a Minas Gerais, um de seus acompanhantes o surpreende chorando na Páscoa. Ele observa uma velha anã que manca, cercada por crianças em farrapos; ela ouve os sinos das diferentes igrejas da cidade — estão em São João del Rey — e sabe reconhecê-los pelo som que emitem. Ninguém duvida que nesse momento Blaise Cendrars se lembra da Páscoa de 1912, em Nova York, quando ele fazia parte da multidão dos despossuídos, esmagados pela fome e pela miséria.

> Senhor, a multidão dos pobres por quem fizestes o sacrifício
> Está aqui enclausurada, amontoada como gado, nos hospitais.

Ele é movido por aquele mesmo elã ao Brasil, por aquela ternura que nasce no vão da solidariedade e das lembranças a aproximar o poeta dos miseráveis. É durante essa viagem que ele se familiariza com o trabalho e a personalidade de Aleijadinho, artista que ornamentou com obras admiráveis as igrejas de Minas Gerais. Ele morre em 1814, acometido de um mal que lhe corrói os dedos dos pés e das mãos, a zamparina, e que rapidamente o deixará enfermo. Usa próteses com cintas de couro lhe permitindo continuar a esculpir e trabalhar, mergulhado em seu sofrimento e em sua criação. Durante muito tempo, essa figura irá obcecar Cendrars, que deseja recuperar dela os traços para escrever um livro. O escritor da mão cortada bem sabe a terrível desolação que se abate sobre o mutilado. Há entre ele e Aleijadinho uma ressonância singular. Como em geral acontece com Cendrars, esse projeto não se concretizará, mas o escritor fará alusão a ele em diversos momentos. Diante das maravilhas que descobre nessa parte do Brasil, faz com que seus jovens amigos locais percebam a necessidade de criar um instrumento capaz de permitir a preservação de um patrimônio ameaçado de extinção. Ele será ouvido. E as primeiras medidas virão com a criação da associação que nasce em virtude de suas propostas.

Essa época brasileira corresponde a um momento em que Cendrars evolui e muda totalmente de sistema de escrita. É impossível saber o que teria acontecido com esse sistema sem essas viagens e temporadas no país, mas está claro que Cendrars deixa de escrever poesia e torna-se um romancista, um narrador fascinante. Parece cansado da poesia. Os últimos textos escritos nesse gênero estão marcados pela mudança de estilo e por um novo modo de trabalhar. Vê os limites das vanguardas e desconfia da tentação de fazer a "antipoesia". E zomba um pouco de seu ex-amigo e concorrente Apollinaire:

> A *Carta-Oceano* não foi inventada para fazer poesia
> Mas quando se viaja quando se começa quando se está
>   a bordo quando se envia *Cartas-Oceano*
> Faz-se poesia.

Impossível escapar disso. Assim, em vez de compor um diário de viagem, ele transcreve as sensações em poemas, com um tom surpreendente, tranquilo. Tudo isso será reunido sob o título *Folhas de viagem*. Alguns desses textos, publicados sob o título *Kodak* (*documentário*), são construídos a partir dos livros de um de seus amigos, o romancista popular Gustave Le Rouge. Ele recorta frases de seus livros e as cola novamente em ordem distinta, de modo a formar um conjunto coerente. Não se trata de *cut up* à maneira de Burroughs, pois ele não deseja surpreender por meio de justaposições caóticas ou inesperadas. Mas há nessa construção como que uma confissão e uma recusa da escrita. O poeta viajante se choca com os limites da escrita e os desvia, para ainda produzir um texto.

Ao abandonar esse método, do qual guardará o segredo e que será descoberto apenas muito mais tarde, ele encontra um tom mais calmo, fornece imagens e histórias, descrições e impressões como se escrevesse uma carta. Quando publica uma plaqueta em seu retorno a Paris, em finais de 1924, o surrealista René Crevel vê com clareza os textos e explica em uma nota crítica: "Seus poemas são as mais conscienciosas e as mais comoventes narrações." O passo está dado: dominado por tantas imagens, tantas histórias e tantas personagens, Blaise Cendrars se torna um contador de histórias. Ele escreve: "Fiz um estágio de aprendizado com o doutor Oswaldo Padroso [personagem fictícia, junção dos nomes em homenagem a Paulo Prado e Oswald de Andrade], aprendizado de meu ofício de romancista." A escrita tomou novos rumos, a magia do lugar talvez tenha acelerado uma evolução que começava a nascer nele. A única certeza é de que, depois disso, nunca mais voltará a escrever poesia. Para melhor apreender a distância instalada entre ele e esse gênero literário, basta observar com que discrição publica seus últimos textos poéticos e como abandona alguns deles, que permanecerão por muito tempo inéditos.

Cendrars já carregava as tramas de *Moravagine* e de *O ouro*, romances que vão consagrá-lo junto a um amplo público. São narrativas de aventuras, fortunas por fazer, fracassos. Drama de Suter durante a corrida pelo ouro na Califórnia, ou aventuras selvagens de Raymond [narrador de *Moravagine*] à ciência: esses textos são como um eco da derrota diante do mundo, da dificuldade de escapar à tragédia, e também da exaltação para dialogar com as fronteiras do possível. Por muito tempo, ele fora assombrado pela personagem de *Moravagine*, mas foi preciso estar na América do Sul para dar-lhe forma, como se precisasse conhecer sensações intensas para melhor canalizar essa força em seus textos.

A publicação de suas últimas plaquetas de poesia surpreende os leitores: seria possível pensar que são notas escritas no local. Não se trata mais de lirismo ou de exaltação: o lugar basta e o real está tão saturado dele que não há necessidade alguma de acrescentar algo mais. Ele reserva esse entusiasmo para as histórias que quer contar.

Cendrars ouve histórias, descobre epopeias locais, personagens que o comovem. O querido Prado, especialista na história do país, não deixa de alimentar o viajante com imagens e aventuras de toda espécie. É assim que encontra Oswaldo Padroso, o homem recolhido e perdidamente apaixonado por

Sarah Bernhardt durante quarenta anos. Em seu livro *La Tour Eiffel sidérale*, ele descreve essa personagem romântica que, como sempre, encontrou graças aos conselhos de Prado. Em sua residência extraordinária, na Fazenda Morro Azul, ele nutre, pela lembrança e pela escrita, um amor impossível pela atriz Sarah Bernhardt, com quem efetivamente se encontrou. Com humor, ele diz que lhe dedicou um metro cúbico de poemas. Cendrars é um louco apaixonado por mulheres impossíveis: ele reconhece a paixão de seu anfitrião e a acolhe com cumplicidade e respeito.

Manifesta uma curiosidade cheia de fascínio por Caramuru, um branco já radicado no Brasil quando chegam os portugueses, provavelmente sobrevivente de um naufrágio e pai da mestiçagem brasileira. Ele acumula essas tramas e figuras e não deixa de se maravilhar: "É belíssimo. É formidável. Não se tem ideia de um país assim." Como vimos, desejará mostrar tudo isso ao mundo, pela imagem, realizando um filme. Mas o projeto será abortado e ao escritor não restará senão sua criatividade para contar seu estupor.

Em razão de sua evolução, os jovens artistas brasileiros, inicialmente fascinados pela verve e pelo talento desse grande irmão europeu, cansam-se pouco a pouco da personagem. Se, no início, Cendrars elogia o talento e o humor deles, suas relações se deterioram rapidamente. Oswald de Andrade publica *Pau-Brasil* em francês (*Bois Brésil*) nas edições Au Sans Pareil, em 1925, com o apoio do amigo Cendrars. "A poesia existe nos fatos": assim começa o manifesto que acompanha essa coletânea, amplamente influenciada pelo texto *Antologia negra*. É inegável que Cendrars pesou sobre as obras desses jovens intelectuais, mas a vida desgasta as relações, e o europeu, ao frequentar o Automóvel Club e as elites paulistas em busca de fortuna, deve tê-los irritado mais de uma vez. Ele sabe se pavonear, fingir-se de rico, exibir-se ao lado dos *parvenus*, aqueles que se convencionou chamar de novos-ricos. O poeta maneta não ataca as elites locais, como o fazem seus jovens companheiros, e não aprecia o perfil de "grupo vanguardista" que eles têm e as obrigações coletivas que isso impõe. Embora não entre em conflito com eles, uma distância se instalará, e Cendrars cultivará apenas uma grande amizade ao longo de sua vida: aquela que o liga a Paulo Prado, o cúmplice generoso e compreensivo, o homem intelectual de negócios que sabe tanto contar o passado de seu país quanto transformar o café em ouro.

Blaise Cendrars não é aquele que os jovens modernistas pensam que ele é, ainda que tenham se encantado com seus textos, suas ideias e sua presença. Não há dúvida de que ele serviu para provocar a criatividade em muitos deles. Entretanto, a partir de 1926, torna-se um romancista célebre e ganha dinheiro graças às publicações de seus livros *O ouro* e *Moravagine*. Curiosamente, ele alcançou o sucesso e vai viver dali em diante de sua escrita. Sempre preocupado com a imagem, escreverá na sequência suas lembranças, em que o Brasil tem grande espaço. Essas reconstruções são, é evidente, injustas, e escritas a partir de uma perspectiva em que o autor tem sempre razão. Em *Trop c'est trop* [*É demais*], ele escreve: "Confesso que de 1924 a 1928 eu tinha perdido de vista meus jovens amigos batalhadores, e que de 1928 a 1934 me afastei deles, pois seu movimento, para mim, tinha se tornado uma questão de propaganda, com um escritório central, revistas, jornais, edições, exposições, conferências. E da propaganda à tirania há apenas um passo." Ainda mais severas são as notas recolhidas em uma entrevista de 1953 em que declara: "Meus amigos eram insuportáveis, pois é evidente que se tratava de um cenáculo, e escritores, jornalistas e poetas paulistas imitavam de longe o que se fazia em Paris, Nova York, Berlim, Roma, Moscou. Eles desprezavam a Europa, mas não poderiam viver sem o modelo de sua poesia. Desejam estar em evidência, prova disso é que ele me convidou." O mínimo que se pode dizer é que esse Cendrars que envelhece não se importa com sentimentos ou ideias nostálgicas, e atribui para si um lugar de destaque na dinâmica desse encontro. Mais adiante, ele não hesita em chamar Mário de Andrade de "papa paulista" e Oswald de Andrade de "profeta". Ele, o individualista contumaz, não se coloca em grupos de vanguarda pelo fato de suas próprias exigências com relação a esse tipo de movimento provocarem nele recusa e repulsa. Mas essas tardias censuras produzem um gosto desagradável e deixam pairar uma sensação de injustiça.

    Cendrars adotou essas terras novas e elogiou seu esplendor naquilo que elas têm, mas, e talvez sobretudo, porque constituíam o contraponto do que havia vivido e do que dispunha para escrever: seus referenciais, sua cultura, sua experiência. O contraste entre os dois espaços e a exaltação que isso provoca agiram como um catalisador. Ele gosta de dizer, mostrar, partilhar, ou inventar e efabular. Aquilo que o comovera encontrava-se na natureza grandiosa, na sinceridade e nos modos pelos quais as pessoas da rua levam a vida como uma brincadeira, em uma aparente ausência de cálculos e de complicações e na brilhante presença de um sentimento de inocência que a tudo toca. Desse espaço, adorou o lado popular, os sonhos que se tornam possíveis e as histórias de personagens que se parecem com aquelas dos contos. Seja como for, é o que ele viu, o que ele projetou sobre esse meio.

Entretanto, sua relação com a poesia continuava a desencorajá-lo. Talvez carregasse a sensação de ter definitivamente rompido com ela. Sob as impressões deixadas pela realidade, ainda sentia suas palavras. Decide-se afinal a tomar distância dos temores do mundo, da amputação de seu braço, dos pesadelos da guerra, das noites de caos entre exaltação e tristeza infinita nos bares de Paris e dos artistas organizados em bandos que pretendem explicar a todos o mundo. Reencontra nos trópicos um gosto de viver cheio de vigor animal, e seu lado trapaceiro fareja a possibilidade de "fazer a América", de se tornar rico finalmente. Mas não colherá senão fracassos e decepções, pois que não é um homem de negócios: é apenas mais uma mentira que conta a si mesmo. Ele não deixa de invocar a selvageria como remédio contra todo entorpecimento e descobre no Brasil a força para se voltar para outro modo de escrever. Como vimos, Blaise Cendrars, movido pela vitalidade do lugar, encontra nas temporadas nesse país a capacidade de arquitetar romances exemplares, vivos e originais. Talvez os sons e as imagens que vivem em sua poesia ausentem-se para dar lugar a um novo modo de fabricar literatura, feita de fluxos narrativos potentes a serviço de tramas emblemáticas, conduzida por uma língua pessoal que ali se ancora. Ele partiu para o Brasil cheio de esperanças de conquistador e dele regressa enriquecido de uma escrita renovada. Raramente a travessia do Atlântico terá provocado consequências tão concretas e tão profundas em um autor.

CAPÍTULO DOIS

O voo saltitante da mosca
D.H. Lawrence no México

Eu não viajo para ir a algum lugar, mas para ir. A viagem pelo prazer da viagem. A grande questão é se mover.

Robert Louis Stevenson

Durante sua vida, poucos autores suscitaram, com igual intensidade, a admiração incondicional de alguns de seus pares e leitores e a aversão apaixonada de um grande público. Com frequência, o termo "gênio" é empregado para qualificá-lo, reunindo por trás dele uma personalidade atormentada e exigente, uma obra brilhante e perturbadora e uma trajetória fascinante e original. David Herbert Lawrence atravessa o tempo como um relâmpago e durante sua breve vida, quarenta e quatro anos, escreve, viaja, desenha, sonha, triunfa. E tudo com o fervor daqueles que sabem que o tempo é contado. O reconhecimento virá mais tarde.

A fisionomia revela a gravidade de seu temperamento, e o olhar, intenso e eloquente, indica sem reservas a presença de uma selvageria que o guia até a morte. Em suas pesquisas desenfreadas, ele chega ao México, que o inspira para seus escritos, e onde encontra temáticas que lhe são caras e questionamentos que alimentam o espírito sempre desperto.

Poucos autores ocidentais observaram essa terra e seus habitantes para, em seguida, se inspirarem com tamanha acuidade, talvez lhes conferindo outro sentido. Curiosamente, a admiração e a suspeição estão ali lado a lado, sem maiores choques. Sua trajetória não está isenta de contradições, exaltações injustificadas e julgamentos apressados. Ele defende ideias concebidas com muita pressa e deixa seu espírito divagar sem grande controle.

Nada predispõe esse filho de mineiro a se transformar no escritor e no artista que se tornou, ainda que, desde a juventude, experimente forte inclinação pela criação, incentivado pela mãe, mulher requintada e culta. Isso o leva a se tornar professor em uma Inglaterra conservadora, opressora, rapidamente sufocante. A infância e a juventude de um autor deixam traços no centro da obra. Em seu caso, ninguém duvida de que a brutalidade do pai e o refinamento da mãe produzirão pinceladas bem marcadas em suas personagens: a sensibilidade será o privilégio da feminilidade, a brutalidade e certa ferocidade serão encarnadas pelos homens.

Ele já domina o motivo do erotismo, a preocupação em seduzir, em viver o amor físico com uma liberdade pouco comum para a época. Aquele que escreverá *O amante de Lady Chatterley* desperta paixão nas mulheres. Mas a época e o lugar, a Inglaterra puritana, não auxiliam o jovem em suas tentativas de conquista, suas aspirações são refreadas pelas convenções. Jovem professor, no lugar da repressão e da condenação, ele prefere incutir em seus alunos encorajamento e estímulo intelectual individualizado: defende a autoafirmação bem mais que a norma à qual cada um deveria se adaptar. Leitor de Nietzsche, ele celebra a vida e a força da natureza, e permanecerá fiel a um desejo de vigor e ação. Sua franqueza surpreende nos salões literários que começa a frequentar e onde logo se torna célebre.

Os primeiros poemas e novelas são bem recebidos por alguns críticos, editores e escritores influentes, como Ezra Pound, Edward Garnett e Ford Madox Ford. O primeiro romance, *O pavão branco*, é publicado em 1911: ali, ele se revela um jovem autor original e promissor. Com *Filhos e amantes*, de 1913, propõe uma história profundamente autobiográfica. Em uma relação singular, misturará realidade e ficção: lugares, tramas, personagens e dramas são com frequência emprestados de sua própria vida, de acontecimentos por ele vividos e de pessoas que conheceu. É preciso ver nessa atitude não apenas um método de trabalho, mas um pensamento forte que busca utilizar a ficção para provocar uma tomada de consciência junto ao leitor: a literatura é marcada pela severidade, porque ela não existe senão para nos dizer o essencial do mundo e da vida. Ao menos é o que pensa a respeito nosso escritor. A literatura não está cortada do mundo: decifra-o e o alimenta.

D.H. Lawrence exalta a existência, a energia e as pulsões. Insiste, por exemplo, que a sexualidade e a moral não são incompatíveis. Quando se compara a Pound, percebe os limites da semelhança, afirmando que Pound aprecia escrever sobre a beleza quando ele prefere celebrar a vida, consciente, entretanto, de que também ela carrega desequilíbrio. Ele chegará mesmo a inventar uma doutrina, presa entre comunismo e elitismo, mas não seguirá os costumes de seu tempo com certo estrondo: exclui de sua vida toda ideia de propriedade; viverá como nômade, sem real porto seguro, tendo como guias apenas o amor, a paixão e a criação.

Uma das passagens mais marcantes de sua vida será o encontro, em 1912, com Frieda von Richthofen, e a louca paixão que experimentarão um pelo outro. Esposa de um professor universitário (de quem Lawrence foi aluno) e mãe de três crianças, ela abandona tudo, marido, família, status social, para segui-lo. Filha da nobreza alemã, mulher bastante bonita e seis anos mais velha, ela o inicia no mais intenso erotismo. Lawrence, fascinado, partilhará sua vida aventurosa com ela. Mas Frieda tem muitos defeitos, que o escritor suporta com dificuldade, como, por exemplo, a preguiça e a indolência, enquanto ele se compraz em ser rigoroso e ativo. Os desentendimentos e as brigas são numerosos, as iras de Lawrence assustam as testemunhas de cenas por vezes violentas. Ao longo de seus anos de errância, Frieda frequentemente o acusa de ter sido encorajada por ele a abandonar os filhos, dos quais sente saudades. Ela busca feri-lo, traindo-o abertamente com um camponês ou um amigo escritor: é o preço que exige por seus excessos. De seu lado, ele lhe é fiel, excluindo evidentemente suas experiências homossexuais, que comenta em diversos momentos. Ele não aprecia o ambiente da sociedade efeminada que gravita em torno dos salões literários, mas é forte defensor da união de dois homens ou duas mulheres. A publicação, em 1915, de seu romance *O arco-íris*, desvelará suas preocupações e fixará os limites que a moral impõe a seus escritos. O romance é apreendido pela justiça e censurado. Permanecerá durante muito tempo proibido na Inglaterra, mas rapidamente circulará nos Estados Unidos.

No entanto, o tema do livro é outro: descreve-se ali como a sociedade industrial avilta homens e mulheres, e como seu desenvolvimento impõe uma perda de humanidade em cada um daqueles que vive. A aversão de Lawrence pelo mundo dito moderno participa da revolta existencial que o habita: seu desejo de uma vida mais natural e mais autêntica, sua ideia principal de um retorno à natureza se opõe ao universo das minas e das usinas que constituem o território inimigo, o lugar a ser rejeitado.

A Primeira Guerra Mundial eclode. Os tempos são esmagadores para esse escritor que se dedica integralmente a seus livros e que é casado com uma alemã. Além disso, sua saúde o impede de partir para o front. O casal refugia-se na zona rural, no condado da Cornualha, onde D.H. trabalha com afinco nos campos. Os vizinhos pensam que são espiões alemães, e eles são colocados sob vigilância policial. Lawrence declara-se pacifista e se recusa a apoiar o conflito atroz que irá ensanguentar a Europa e o mundo. O lado rebelde do escritor aparece no pior momento: a exacerbada atmosfera nacionalista ligada à guerra pesa muito e Lawrence, sem medo nem pudor, vai na contracorrente das ideias em curso.

Ele é o rebelde das letras inglesas de seu tempo, aquele que desafia a sociedade e o mundo literário. A proibição de *O arco-íris* engendra uma forma de consagração para ele, apesar da legítima ira que o invade quando é informado sobre tal fato. O coração de sua revolta vive em seus livros e a linguagem de que faz uso carrega essa emoção.

Durante toda a vida, mesmo quando não é ainda célebre, ele escreve poesia. Claude Michel Cluny fala a respeito: "Há em Lawrence o sentimento difuso e persistente de que a poesia permanece a palavra primordial, aquela das origens, do divino e do sagrado, o verbo das celebrações e do 'tempo presente'. A intensidade que seu pensamento exige passa sem esforço por essa forma literária. E por uma língua tão vigorosa quanto por vezes sumária." Emilio Cecchi assim se expressa sobre o trabalho do escritor com a língua: "Lawrence fez o que pôde, em uma língua que é, em certos momentos, aquela de um gênio e, em outros, de um dos piores publicitários." E sobre seu pensamento, ouçamos Ernest Hemingway: "Lawrence escreve com a inteligência de um mordomo." Impreciso em sua técnica, simplista em seu pensamento, ele é alvo de numerosas críticas que poderiam nos fazer crer que sua obra é um fracasso ou, na melhor das hipóteses, menor. Na corrente contrária desses ataques, basta dizer que a selvageria de Lawrence constitui seu motor, pouco importa a perfeição técnica ou o lado sumário de sua reflexão. Há a urgência de dizer, denunciar. Mais que palavras, são gritos de que se trata: "Há, no fundo de mim, uma revolta contra a coisa estabelecida, a sociedade estabelecida, o dinheiro estabelecido, as casas estabelecidas, o amor estabelecido", escreve em 29 de agosto de 1925 para sua amiga Mollie Skinner. Essa confissão explica um comportamento conflituoso e inúmeras páginas que pegam o leitor de surpresa: ressoam em seus livros o aspecto não conformista do texto, tanto em razão de sua forma crua quanto pela violência da proposta, o apelo à liberdade pelo desbloqueio dos sentidos e a apologia da vida em todo seu esplendor. Ele, o filho de mineiro que se transforma em escritor escandaloso, não decide seguir a maré. Deixa-se queimar por um fogo singular que comunica aos outros em uma língua viva.

Desde a juventude, D.H. Lawrence está imerso na doença. Em 1911, depois de uma pneumonia particularmente grave, decide abandonar o ofício de professor e se consagrar à escrita. Sua perspectiva literária irá além da busca de leitores, histórias e frases bem construídas. Antes, ele dá a impressão de querer se salvar pela criação e assim confere à sua pluma o dever de revelar uma verdade a ser partilhada. Nessa urgência, que a doença não faz senão reforçar, sua expressão pode ser vista como uma forma de redenção. Como todos os escorchados, D.H. Lawrence sofre da presença do mal e de seu modo de falar dele. Pouco importam a perfeição de suas frases e a qualidade de sua prosa. Ele não deixará de se sentir diminuído pela vida, quase enfermo, até a crise que o abate em Oaxaca, quando um médico diagnostica a tuberculose que o matará mais tarde. "Jamais perdoarei o México e, sobretudo Oaxaca, por me ter assassinado", confessa em uma carta de 10 de junho de 1925. Ele não perdoa o lugar por aquilo que tem de sofrer, como se o lugar fosse culpado pela doença. O mal o corrói, faz com que cuspa sangue, enfraquece-o. Mas o revoltado não aceita a fatalidade, insurge-se e acusa a cidade pelo sofrimento causado. Diminuído, fragilizado por inúmeras crises, encontra nessa consumação lenta uma razão para permanecer alerta, para se lançar à criação. E se dá como missão resistir, ser mais vivo, mais insubmisso do que nunca. Cada novo dia deve brilhar com uma intensidade que a passagem do tempo, para ele trágica, torna indispensável. A partir da revolta que o habita de modo absolutamente profundo, Lawrence responde com fervor à existência e ao mundo que o circunda. Recusa as injunções mortíferas e as afasta graças à escrita e às viagens.

Antes da Primeira Guerra Mundial, de setembro de 1912 a março de 1913, permanece com Frieda em Gargnano, na Itália. Em seu desejo de fuga estão escondidos um desgosto crescente pela Europa (com exceção de alguns locais da Itália popular) e uma atração por outros lugares que estejam em ruptura com a tristeza, ou até mesmo com a amargura, que o velho continente inspira. A Itália é o ponto de chegada da primeira viagem e do aprendizado da vida de casal, frequentemente conturbada, para D.H. Lawrence e Frieda. Em 1917, ele escreve ao amigo Waldo Frank: "Não há mais Europa, apenas uma massa de ruínas do passado." Mais adiante: "Desejo muito, muito vivamente, deixar a Europa, ah!, deixar para sempre a Inglaterra e ir à América." De suas viagens e estadias, ele retira livros particularmente brilhantes, narrativas de seus périplos e algumas observações: "Um belo dia, você é acometido pelo desejo de se mexer." Em uma carta endereçada a Edward March, datada de 14 de outubro de 1917, ele encontra uma imagem marcante que melhor representa seu desejo e sua admiração: "Ah! O voo saltitante de uma mosca, que esplendor!" Mais que a mudança de lugares de acolhida, é a partida que o fascina, esse modo de recusar o passado, deixá-lo para trás e voltar-se para o desconhecido.

Lawrence não acredita mais na civilização europeia e irá se orientar em direção a terras e povos habitados por um saber ainda ancestral. Em sua correspondência, lê-se: "Eu queria partir para o Tibete — ou para Kamtchatka — ou para o Taiti — em direção do último, último Thulé. Por vezes, sinto que irei enlouquecer, porque não há lugar algum para ir, nenhum 'novo mundo'." É evidente que há a recusa, a partida. Mas ele mantém a esperança de encontrar o lugar que desafiará o mundo aterrador construído pelo Ocidente.

Em suas temporadas no exterior, dois lugares retêm a atenção pela atração que exercem sobre ele e pela profundidade de suas contribuições. A Itália, primeiro país visitado, é aquela a que dedica mais tempo. E o México, como se verá mais adiante. Graças às suas viagens, D.H. Lawrence pode conciliar certa solidão, necessária à criação, e a descoberta de lugares e de pessoas que alimentarão sua obra. Permanece na Itália de 1919 a 1922. Ali, é sensível à beleza do campo, à simplicidade da vida na natureza, mas não aprecia as cidades. Escreve em 1919, em uma carta: "Roma é uma cidade insuportável." Em Nápoles encontra maior encanto a seus olhos. Quanto mais um lugar parece civilizado, mais procura se afastar dele. Observa uma Itália às portas do fascismo e medita sobre a política, entre delírio levemente abstrato e observação aguda: "Não acredito nem na liberdade nem na democracia. Acredito em uma autoridade sagrada inspirada, direitos divinos e reis naturais; creio no direito divino da aristocracia natural, no dever sagrado e justo de exercer uma autoridade que não seja contestada." Esse programa político carece de precisão e sua exequibilidade parece bastante distante. Mais que fugir de um lugar, trata-se de escapar do real — eis o motor de Lawrence. Deixa a Itália impulsionado pelo desejo, que nunca é satisfeito, de estar em outros lugares, pois nessa errância é o próprio deslocamento que tem valor e não os locais visitados.

A breve estadia asiática é um fracasso: ele não gosta do Ceilão e cai doente, sofre. Pela primeira vez, afasta-se do mundo ocidental e, paradoxalmente, parece necessitar dele para melhor se afirmar. Sem a presença opressora desse mundo que despreza, perde o pé, não encontra nada em que se apoiar. Em uma carta de 1922, demonstra esse momento doloroso: "Não, o Oriente em nada me toca, sua suavidade indolente, a umidade densa e sufocante da floresta tropical, a sensação metálica das palmeiras e os ruídos horríveis dos pássaros e das criaturas que tamborilam." Diz aspirar ao alhures, mas, quando se vê confrontado, choca-se com o inexplicável. Não adere a esse universo estrangeiro, sua existência alimenta-se de sua capacidade obstinada de se opor. Lawrence quer encontrar um espaço onde se combinarão seu desejo de forças ancestrais não ocidentais e um universo em que poderá conservar seus referenciais.

O voo da mosca que tanto admira não tem ligação com o lugar para o qual ele se dirige. Aprecia esse momento de partida; irá visitar a Austrália, que lhe inspira um romance, *Canguru*, e que melhor o impulsiona a definir seu pensamento político. A rejeição é total: "Eis aí o local mais democrático onde tive a oportunidade de viver. E quanto mais estou em contato com a democracia, mais a detesto. Ela reduz tudo ao nível vulgar dos salários e dos preços, da luz e dos escritórios, nada mais. Vocês nunca viram nada de tão vão que a vida daqui." Ele continua sua busca impossível, parte para o Pacífico: "Estou determinado a *tentar*[1] as ilhas dos mares do sul. Também não espero ter sucesso por lá. Mas gosto de tentar experiências novas e descobrir o quanto eu as detesto." Não é possível ser mais claro: antes mesmo do contato com o real, ele já detesta o que irá ver.

Lawrence tem uma ideia em mente: recebeu o convite de uma rica admiradora, Mabel Dodge Sterne, para passar um período em Taos, no Novo México, e ali escrever. Mabel Sterne vive em Taos, no seio de uma comunidade que reúne indígenas e europeus marginais e excêntricos como ela. Ela leu sua narrativa de viagem intitulada *Sea and Sardinia* [*Sardenha e Mediterrâneo*] e tem a intuição de que ele é o escritor que poderá apreender o saber ancestral que ainda existe nessa comunidade nativa indígena. Ele é bastante atraído pela ideia, e chega assim com Frieda em um lugar selvagem. Conhece uma vez mais o que não deseja: "O grande oeste americano e a Austrália estranha não são mais que uma forma de fuga diante de si mesmo e dos grandes problemas." Ele está em busca de soluções para esses "grandes problemas" e antevê que a partir de um *outro*[2] saber conseguirá apreender a vida com instrumentais mais bem adaptados.

Obcecado por partidas, impulsionado sem cessar pela vontade de não parar, consciente da inútil pesquisa do lugar perfeito, D.H. Lawrence sonhou durante muito tempo com uma sociedade utópica, Rananim. Desde 1915, na Inglaterra, comunicou aos amigos seu desejo de reunir um grupo

---

1. Em itálico, no original. [N.T.]
2. Em itálico, no original. [N.T.]

seleto de pessoas e de partir para instalar essa comunidade sob outros céus, céus mais clementes. Ele carrega esse desejo estranho: escolher uma elite, reuni-la e organizá-la em uma comunidade justa e equilibrada. Assim responde às suas inquietações políticas, dá as costas à democracia e encoraja uma forma de vida que se orientaria para a perfeição. A pesquisa do absoluto nas relações humanas graças à organização de uma microssociedade fundada sobre a amizade, o valor intelectual de cada um e o equilíbrio das forças foi o sonho de inúmeros pensadores, de Thomas More a Cabet e Bakunin. Um sonho igualmente acalentado por Bernanos. Com esse projeto, recorrente em sua vida, ele tenta responder à sua impossibilidade de aceitar o mundo que lhe é dado e, em sua busca, volta-se de bom grado às suas quimeras.

"A viagem me parece uma esplêndida lição de desilusões", escreve em uma narrativa de viagem; é o tempo durante o qual os sonhos acalentados são maltratados pelo real. A utopia sem ancoragem nem realidade, sem um início de materialidade, permanece em seu íntimo como a ilusão bem mais cultivada, a esperança que permite dar as costas ao mundo para melhor aderir à vida. Talvez tenha chegado muito perto dessa quimera no dia em que pensou em instalá-la perto do lago de Chapala, no México. Como se aí dispuséssemos de um signo que testemunha o alcance da experiência mexicana em sua existência. Lawrence ali estará em três ocasiões, escreverá um de seus mais emblemáticos romances, novelas notáveis e, desse lugar, retirará uma inspiração ímpar. Ali descobre a sociedade que lhe convém, menos angustiante que o mundo asiático e afastada do mundo ocidental graças a uma cultura arcaica enraizada em todas as camadas da população. Relativamente próxima para ser apreendida, mas suficientemente distante para suscitar interesse e paixão. Em sua relação com o México, D.H. Lawrence conserva uma lucidez bastante rara: é capaz de ver o lado bom, sem esquecer os defeitos gritantes. Não tem certeza de que aquilo que mais lhe agrada sejam as qualidades do lugar, mas, antes, as perturbações e os defeitos que chocam os visitantes, numerosos nesses tempos pós-revolucionários.

Lawrence é um observador refinado e surpreendente: se dá conta com indulgência da sobrevivência das tradições que marcam o país, e busca na atualidade, nas criações de seus contemporâneos mexicanos e na vida política turbilhonante signos reveladores de sua profunda identidade e possível evolução. Encanta-o encontrar um território que seja parecido com ele mesmo: uma aliança de civilização antiga, transbordamentos possíveis e desejo de vida incontornável. Como uma espécie de reconciliação entre sabedoria e selvageria. Em suas cartas, fala do México "sombrio e perigoso", "esse país negro que me dá forças. Ele é cheio de força viril". Entretanto, não é tolo, e formula muitas censuras a respeito dos abusos, das mentiras e dos excessos. "O México é terrivelmente pesado, como se não houvesse força para se levantar e para viver [...] A alma do país é tediosa e não tira os olhos do chão." A riqueza de seu encontro com essa terra produz, portanto, uma mistura de fascinação e crítica. Para além disso, há os encantamentos que experimenta perante a barbárie misturada com sabedoria de seus habitantes; essa ambivalência atravessa a obra de D.H. Lawrence que, enfim, encontra uma pátria.

Lawrence percorre o México entre março e julho de 1923, em seguida de setembro a novembro de 1923 e, por fim, de outubro de 1924 a março de 1925 — quase o mesmo período em que Cendrars descobre o Brasil. Visita diversas cidades no México, Guadalajara e Oaxaca, e vive durante certo tempo (de maio a julho de 1923) perto do lago de Chapala, no estado de Jalisco. Como que impulsionado pela violência ambiente, briga com Frieda como nunca. Ao México, irá uma segunda vez sem ela, que, entretanto, o acompanhará na terceira e última temporada, em companhia de Brett, uma amiga do casal. De suas viagens, retira a matéria de seu romance intitulado *A serpente emplumada* — que põe em cena uma irlandesa, Kate, arrebatada e horrorizada pelo México pós-revolucionário. O país está ainda traumatizado pelas matanças e em plena reconstrução.

O escritor inglês apaixona-se pela história, lê os clássicos do gênero, ouve especialistas, como Manuel Gamio, antropólogo renomado. Chega mesmo a pedir uma reunião com o ministro da Educação Nacional, José Vasconcelos, escritor célebre, que lhe concede uma audiência antes de anulá-la no último minuto, provocando a ira de Lawrence. Mas D.H. busca, observa, estuda. Bem compreende que esse país que se ergue precisa de mitos novos. As palavras e os pensamentos do autor passam frequentemente pela boca de Kate. Os afrescos de Diego Rivera são o símbolo dessa renovação e a pluma de D.H. não o poupa. Mesmo que reconheça que "o homem era talentoso", diz a seu respeito: "É de sua ira que o artista havia retirado seu impulso artístico. Em todos os seus afrescos, percebia-se a simpatia pelo indígena, mas sempre do ponto de vista idealista e social. Jamais a reação espontânea do sangue [...] Essas representações de indígenas [...] não tinham outra utilidade: servir de símbolos em um roteiro cansado do socialismo e da anarquia." Em outros termos, Lawrence ataca o discurso oficial que se põe em demasia a serviço da política do governo. Ele deseja celebrar os valores tradicionais, mas pensa fazê-lo à sua maneira, mais livre. A trama de seu romance desenrola-se em torno da atração que Kate experimenta pelos líderes de província que decidiram criar uma nova religião em torno dos mitos antigos, em particular daquele da serpente emplumada, deus pré-hispânico convidado a retornar à terra. Segundo esses novos ritos, Kate casa-se com um general, Don Cipriano, e seu amigo Don Ramón, o chefe, o pensador da evolução dessas práticas, simboliza as aspirações desse tempo. Lawrence descreve a reinvenção de um mundo enterrado, e o reencantamento de valores que voltam a brilhar. Nesse elã, o autor nos propõe hinos que louvam os membros da comunidade, hinos que figuram entre os mais líricos e os mais bem-sucedidos poemas de sua obra.

Nesse sentido, ele não é contrário à reinvenção dos mitos, mas não aceita sua utilização com fins políticos. Graças a seu livro, celebra a vitalidade do México, apreende as mentiras e as manipulações, mas propõe, pela ficção, um sopro renovador. Ele escreve em uma carta de outubro de 1923: "É novamente aqui que eu gostaria de estar, aqui, no México, em Jalisco, onde os deuses são por vezes terríveis, mas onde são tão jovens." Lawrence não condena a violência que observa, mas deseja canalizá-la em um impulso mais puro e mais generoso. "O México não está domado", diz ele, constatação que o encanta e, por vezes, atemoriza. No romance, a descrição de uma tempestade sobre o lago é surpreendente: a violência dos elementos leva à comparação permanente com a natureza europeia, mais comedida e menos inquietante. Essa terra de excessos carrega perigos, mas constitui um espaço muito mais vívido e sedutor. As sensações ali são mais vivas.

Pela voz de Kate, D.H. deixa falar sua intuição: no México, é "como se estivéssemos em uma época remota". O visitante tem frequentemente a tentação de ver na vida local traços de arcaísmo. Mecanismo confortável para se tranquilizar, encontrar referenciais em um lugar estrangeiro. Mais que procurar reviver o mito da Idade do Ouro, as personagens do livro preferem escolher, na longa história do país, o que reconforta a nova vitalidade dessa sociedade, afetada pelo avanço da modernidade. "O México parece um ovo muito velho, posto há muito tempo pelo pássaro do tempo; e ele o choca há tantos séculos que o ovo parece apodrecido no ninho do mundo", declara Ramón, certo de poder retirar dessa antiguidade uma força que relançará o povo severamente atingido. Tudo isso se inscreverá como contraponto na sufocante sociedade europeia que há muito perdeu o fôlego e a energia. Junto aos mexicanos, Lawrence descobre os traços vigorosos de um mundo muito antigo: "Estranhamente, ele pensava descobrir no México a antiga humanidade pré--histórica, a humanidade dos olhos sombrios de tempos que precederam, digamos, o período glacial", como faz Kate dizer. À semelhança de todos os romancistas, ele põe na boca de suas personagens seus próprios questionamentos. Eles estão muito presentes em *A serpente emplumada*.

A conexão entre México e tempos ancestrais, mais místicos que reais, faz com que diga pela voz de Cipriano: "E quando vamos a um país como a Inglaterra, onde as coisas estão sempre em repouso, mastigadas antecipadamente, isso nos faz falta. Não paramos de perguntar: 'O que me falta? O que, aqui, está faltando?'" A força selvagem, sem ambiguidades! Aí também Lawrence sente a oposição entre cidade e campo: as aglomerações são voltadas para o espírito moderno europeu e o povo da terra permanece ancorado em um universo indígena ancestral. E D.H. escreve: "E eis então o México. Ele pode sempre adotar ares arrogantes e oferecer os mais recentes aprimoramentos, mas, assim que deixamos a capital, tudo isso se reduz a migalhas ou é deixado de lado." Esse país seduz também por isso: é o lugar do abismo aberto entre o universo urbano e o mundo pastoral. No final das contas, ele conclui: "E talvez seja essa pesada recusa do espírito moderno que faz do México o que ele é." Desejo de escritor ou realidade? Nesse país que mal saiu da violência revolucionária cruzam-se, confundem-se por vezes, modernismo e arcaísmo. Ali se faz o elogio da "raça de bronze", mas, ao mesmo tempo, busca-se a industrialização, o petróleo e a organização da produção. Os tempos pressionam os dirigentes; e, se a educação para todos e a distribuição das terras são amplamente promovidas, isso não significa dar as costas ao progresso econômico. Contudo, Lawrence dá mostras de preferir o espírito tradicional. E isso é encontrado na oposição entre os indígenas e os outros, mestiços ou brancos.

D.H. Lawrence observa os indígenas de mais perto, na cidade do México e em Taos. Em diversas ocasiões descreve ritos e hábitos. Do mesmo modo que concebe uma opinião sobre um lugar, ele olha as populações não europeias com um misto de fascínio e crítica. Escreve em 1922 à sua futura anfitriã Mabel Dodge: "A meu ver, todos os povos de pele escura têm o desejo invariável de zombar de nós." Ele tem inveja da força que habita essas populações, mas sabe estar irremediavelmente excluído de seu universo: "A consciência indígena é diferente da nossa, e perigosa para nós." Ou ainda: "O [indígena] compreende a alma que está no sangue. Mas o espírito, que é superior, e que é a qualidade de nossa civilização, ele o repudia por completo, obscuro e bárbaro." Sem invocar o menor determinismo, Lawrence constata a distância entre os indígenas e os outros, inveja sua força profunda, mas lamenta a barbárie. É vivamente criticado por Wyndham Lewis, que escreve em 1929 em seu livro *Paleface. The Philosophy of the Melting-Pot* [*Cara pálida. A filosofia do melting-pot*]: "O senhor Lawrence constantemente repete para seus leitores brancos que eles são lastimáveis espécimes comparados a seus enérgicos e 'misteriosos' indígenas, que manifestam uma consciência visceral." Lewis o ataca, sem grandes dificuldades, sobre suas visões esquemáticas e idealizadas, mas Lawrence não é mais simpático em relação a outras populações. Ele escreve sobre os mexicanos em 1925, depois de suas viagens: "As pessoas não têm energia alguma. Têm tanto dinamismo quanto as algas." Escreve, ainda, em seu romance *A serpente emplumada*: "Os mexicanos parecem ferver de uma ira invisível e rancorosa, cuja trama tem sido frustrada em suas almas, e seu único objetivo é se contrapor a tudo e a todos em um infinito inferno de frustração mesquinha."

Os exemplos são numerosos e a frustração de Lawrence é grande. Ele buscou na alma antiga dos povos nativos o elã que o atrai e comove. E encontrou rancor e amargura. Em um dos cantos retomados pelos fiéis de Don Ramón, ele diz: "[Quetzalcoatl] viu no âmago de todos esses corações negros a pesada pedra da ira." No romance, insiste sobre os mais vivos valores que sentiu nesse país: a fidelidade, para reunir e submeter a comunidade ferida e desamparada; a traição, como única solução para se libertar; a ferocidade, para impressionar. O implacável retrato do México segundo Lawrence é cruel, sem possível evolução. Kate é subjugada por essa força e permanece lá, presa à armadilha: "Você não me deixará partir!", essas são as últimas palavras do livro, endereçadas a Cipriano e que ressoam como uma confissão de impotência.

D.H. Lawrence buscou com fervor uma solução para salvar o europeu da decadência e, para tanto, serviu-se dos indígenas, conferindo-lhes uma sabedoria bastante afastada da realidade. Não foi o único a ter conhecido essa tentação. Pensemos em Artaud e seus Tarahumaras. Mas ele sabe o que vê em seus irmãos europeus e os repudia com veemência: "O homem branco sempre pode fanfarronar, duvidar de sua superioridade acabou esvaziando-o por dentro. Assim, está a todo vapor em direção à catástrofe."

O México foi o último país que Lawrence descobriu. Ele viverá, depois, em lugares já conhecidos na Europa, da qual não espera mais nada. Pensou ter encontrado lá a vitalidade e a força que pareciam enormemente faltar ao velho continente, mas bem sentiu a fatuidade de sua busca: o real varreu suas visões. Tomado por essa desilusão, consciente da impossibilidade de encontrar um lugar perfeito na terra, D.H. Lawrence irá se lançar a outra fuga: diante do fracasso do deslocamento horizontal, joga-se na verticalidade, na elevação do espírito. Com seu último livro, *Apocalipse*, volta a dizer a seu leitor que ele deve prosseguir sua trajetória existindo de modo ainda mais intenso. Suas últimas palavras são: "O que nós desejamos é destruir nossas falsas conexões inorgânicas, em particular aquelas que dizem respeito ao dinheiro, e restabelecer conexões orgânicas vivas com o cosmos, o sol e a terra, a humanidade, a nação e a família. Começar com o sol, e o restante virá lentamente, muito lentamente". A mosca deve saltitar com a mesma vivacidade, mas seu deslocamento deve ser aquele do espírito que se lança para o alto. Não se trata mais de buscar a salvação, mas de mergulhar em si para ali encontrar o que permitirá à humanidade se reconciliar com o mundo. A força com a qual se apossou do México e seu imenso desejo de ali encontrar uma potência revitalizante estão na medida da decepção que atingiu Lawrence em cheio. Ele buscou durante muito tempo uma paragem "onde reina uma atmosfera de odisseia" e, no México, compreendeu que tais lugares pertencem ao mundo das quimeras.

CAPÍTULO TRÊS

Mascarada para um homem que nasceu esburacado
Henri Michaux no Equador

Iluminai, ó irmãos, amigos, as savanas, os corredores
Para que melhor eu conheça o volume da morte!

Alfredo Gangotena

Durante toda a vida, Henri Michaux foi obcecado pelo vazio e pelas dinâmicas que permitissem remediá-lo. "Nasci esburacado", escreve ele a fim de confessar ao leitor essa sensação de vacuidade. Para, em seguida, especificar: "Escrevo para percorrer-me. Pintar, compor, escrever: percorrer-me. Aí reside a aventura de estar em vida." O significado de seu percurso e de sua obra relaciona-se com essas palavras. Sua existência faz sentido quando ele trabalha sobre seu ser interior e age de modo a preencher esse vazio ou, ao menos, a reduzi-lo. A criação artística, as experiências sensoriais a que se dedica com diversas drogas e viagens são alguns desses meios que diminuem a obsessão do vazio. Chegará mesmo a inventar países imaginários e seres fantasmagóricos para dividir com seus leitores territórios ainda mais remotos. Países e habitantes que não existem senão no imaginário, nos recônditos do espírito. Entretanto, ele será um grande viajante, apaixonado por partidas e desenraizamentos.

Leve-me em uma caravela,
Em uma velha e doce caravela,
No arco de popa ou, se quiser, na escuma,
E deixe-me perder, ao longe, ao longe.

Em 1929, ele publica "Leve-me" em seu volume de poesia *As minhas propriedades*. O gosto pela partida e o desejo de desenraizamento são bastante vivos no jovem Michaux. Sua primeira grande viagem dá a matéria de seu primeiro grande livro, seu único diário de viagem: *Ecuador*. Esse encontro com a América Latina não será um elemento decisivo em sua vida; suas preferências voltarão rapidamente para o leste, para o continente asiático. Mas sua difícil relação com o pequeno país andino enuncia profundas questões sobre o exotismo e a ideia de diferença, a noção de descoberta e de desejo de se deixar levar por um sopro que afasta o banal, talvez a presunção.

Nascido na Bélgica em um meio abastado, ele é autodidata e parte, como muitos, para Paris, a fim de viver a efervescência artística e literária dos anos 1920. Michaux aprecia o mistério e o mistério lhe dá retorno. Nada sabemos ou quase nada sabemos dos anos 1920-1921, durante os quais o jovem belga procura embarcar como marujo. Ele espera nos portos a possibilidade de um emprego, sente os ventos de alto-mar que sopram nesses cais que já fazem parte da aventura. Aprende a ser paciente, decide-se a mofar dias inteiros em hotéis miseráveis. Consegue, afinal, embarcar em Boulogne-sur-Mer e conhece a exaltação das travessias transatlânticas. Tem apenas vinte anos e gosta da ideia de estar sempre de partida. Ainda que talentoso, deserta da escrita literária, decepcionado com o que vê ao seu redor e talvez com suas próprias limitações. É a leitura de Lautréamont que o fará retornar à escrita, deixar seu espírito percorrer seu ser. Está exaltado com *Os cantos de Maldoror* e não pode senão abraçar o que Isidore Ducasse escreve em suas poesias:

Nós não nos contentamos com a vida que temos em nós.

Sua carreira de marujo termina, mas a atração pelo alto-mar permanece muito viva.

Aquele que não é ainda senão um aprendiz de escritor experimenta tons e formas lúdicas e originais: o traço de caráter mais marcante de Michaux, que o acompanhará por toda a vida, é a singularidade de seus primeiros textos. Desde seus escritos iniciais, reunidos sob o título *Qui je fus* [*Quem fui*], ele joga com as palavras, torce-as, lhes dá novas ressonâncias. Alguns textos privilegiam universos oníricos, outros são mais impregnados por jogos de linguagem, mas todos conservam um senso de reserva, uma mistura de distância e humor. A elegância do traço e o olhar incisivo já estão presentes. O jovem Michaux já é conhecido nos meios parisienses: foi recomendado por seu amigo Franz Hellens a Jean Paulhan e Jules Supervielle, que o recebem com generosidade. Franz será seu editor, seu interlocutor na Gallimard. Paulhan o receberá em sua casa, o convidará para as férias, o ajudará a se hospedar. O apoio de um e outro é incontestavelmente o que permite ao jovem belga se fazer conhecido nesse pequeno mundo. Ali cruza com personalidades marcantes como Claude Cahun ou Alfredo Gangotena — que se tornará seu amigo íntimo e o convidará a visitar seu país natal, o Equador.

Oriundo de uma família muito rica, Gangotena partiu para estudar em Paris, algo de muito bom-tom nos meios abastados da América Latina. Ele faz seus estudos na École des Mines e torna-se engenheiro. Desde cedo, escreve em francês textos poéticos sombrios, quase místicos. Publica em revistas e é logo notado por ilustres escritores mais velhos. Supervielle sucumbe a ele: "Logo fiquei subitamente surpreso com a personalidade profunda e a natural grandeza desse poeta de dezoito anos." Michaux tem um pouco mais de idade, e o encontro nessa Paris agitada entre o belga e o equatoriano será marcado por uma cumplicidade repleta de admiração recíproca. Michaux escreverá sobre Gangotena, em 1934, na revista *Les Cahiers du Sud*: "Um homem original é bastante raro. Um poeta original, contrariamente ao que se pensa, é ainda mais." Nesses tempos de formação, a presença assídua de Supervielle e Gangotena alimenta seu imaginário: os vulcões do Equador ("Gangotena mora no soberbo e quase terrível país dos elevados planaltos nus e de vulcões que é o Equador", diz ele no mesmo texto, escrito depois de sua estadia nesse país) e os pampas do Cone Sul exaltam seu temperamento e provocam desejos de embarcar.

Nessa época, as obras que circulam são marcadas por uma sede de erotismo: o mundo ocidental conheceu o inferno da Primeira Guerra Mundial e a Europa permanece abalada. O apelo do alhures se faz então sentir: com o advento da estética negra festejada por Apollinaire, depois Picasso e Cendrars, com o interesse pelo universo pré-hispânico que intriga os surrealistas. André Gide visita a África negra, André Malraux convida a Ásia em romances plenos de sentidos; e Pierre Loti e Victor Segalen oferecem livros habitados pelo longínquo e pelas curiosidades. O gosto por horizontes afastados se instala e cada qual se curva a ele a seu modo: alguns denunciam o sistema colonial, como Gide; outros utilizam meios perturbadores para trabalhar a escrita (*Impressões de África*, de Raymond Roussel) ou para refletir sobre o sentido da viagem (*Équipée*, de Victor Segalen). O exotismo tem boa reputação, os jovens escritores alimentam-se dele e o público se deleita.

Michaux e Gangotena confraternizam. Encontram-se no território literário e também no modo de estar no mundo: pela doença. Cada um sofre e se sente limitado à sua maneira. Michaux tem um coração frágil e se angustia com a possibilidade de ter de enfrentar um grande esforço físico. O equatoriano é hemofílico, de uma fragilidade extrema, e qualquer mínimo ferimento pode se revelar fatal. Há neles uma comunhão na restrição; isso reforça uma amizade já consolidada em razão do "provincialismo" de ambos e de sua profunda originalidade literária. Desenvolvem um sentido de onirismo que não embarca nas vanguardas, no surrealismo em particular, do qual têm certa desconfiança. Encontram Max Jacob, são convidados para almoços dominicais na casa de Supervielle, estão atentos às descobertas literárias do momento. Entre Michaux, o desmunido, que vive em quartinhos ou em pequenos hotéis insalubres, e Gangotena, o rico latino-americano confortavelmente instalado em Paris, a distância poderia parecer grande. Mas a correspondência entre eles mostra o contrário. Desde 1925, o projeto de uma viagem ao Equador é, ao que parece, evocado. E começa a espera, a interminável espera. Em 1927, Michaux escreve a seu caro Gango (como se refere carinhosamente a Gangotena): "Continuo às suas ordens, e minhas malas estão prontas se a partida para o Equador for imediatamente." Mais uma vez, ele se vê confrontado com o vazio, a expectativa. Esse jovem escritor deve sonhar com vulcões e grandes espaços, oceanos e paisagens telúricas. Vive um tempo em Marselha, que se parece com um início de viagem por seu universo multifacetado e o mar onipresente. E em Paris, com seus pequenos empregos, salões literários e encontros amistosos. Enfim, o grande dia: em 28 de dezembro de 1927, embarca no navio Boskoop, em Amsterdã, em direção a Guayaquil. Essa viagem tão desejada vai mantê-lo afastado de Paris por mais de um ano.

"Há dois anos ele começou essa viagem." Essa é a frase que abre o livro-testemunho dessa época, um diário com formato estranho que relata a longa estadia no Equador. Michaux se dá conta quase imediatamente de que escreverá sobre essa experiência, e envolve Paulhan no projeto: redige e envia notas que serão publicadas em revista, reúne esse conjunto de escritos para criar um livro a partir dele. A viagem é voluntariamente literária, ancorada na escrita e destinada a ser exibida a quem se interessar pela leitura. Há um tom, um jogo com o leitor que talvez não existisse se esses escritos permanecessem íntimos. Ao longo do texto, desenha-se incontestavelmente uma forma de *mise en scène*, uma atitude que Michaux assume com distanciamento, por vezes com humor, para zombar de sua própria empreitada e seriedade que a impregna. Com esse gesto, assinala o quanto a grandiloquência e a literatura séria lhe parecem falsas e desinteressantes. Antes da partida, em um único fragmento redigido, confessa: "Escrevi apenas esse pouco que precede e já mato essa viagem. Eu a julgava tão grande. Não, ela renderá páginas, é só." A intenção de transformar a aventura em texto banaliza a empreitada. A perspectiva é clara: nada de voos líricos, nada de surpresas, tampouco de exotismo. Tudo permanecerá confinado à escrita, à narrativa. Entretanto, em certos momentos, a natureza e as paisagens imporão sua grandiosidade e o jovem escritor homenageará vibrantemente esse meio esplêndido. Nessa alternância de poses, a função do autor aparece com clareza: ele deixa transparecer os sentimentos que o animam, sem verniz algum, para retomar, em seguida, a pose um tanto *blasée* do jovem que não se deixa facilmente enganar. Gide, mesmo que seja grande defensor de Michaux e que procure torná-lo conhecido, escreve: "Quando ele é menos bom, é quando deixa de ser sincero."

Uma das impressões que Michaux exprime com talento consiste em nos fazer sentir a ausência de consistência, o lado fugidio do que deveria ser sólido, que deveria nos tranquilizar. A realidade se esvai, o mundo não é tão sério. Ele começa pelo oceano que o cerca e o reenvia sem cessar à sua obsessão pelo vazio. "Que deserto! Deserto sufocante!", escreve, no barco, para descrever esse meio onipresente. Em terra firme, fará alusão aos terrenos pouco confiáveis que se ocultam sob seus pés. A essa ausência de solidez imposta pela natureza opõe a escrita que se mantém. Uma vez em terra, escreverá: "A terra do Equador é friável." Falta segurança a Michaux, e ele dá a entender que o real se esvai, que o real é desprovido de firmeza.

A travessia é lenta e, uma vez mais, a espera é difícil. Michaux comenta um pouco sobre os outros passageiros, as mudanças de luz, e pergunta-se: "Mas onde afinal está essa viagem?", pois o ritmo da vida a bordo parece longe da efervescência esperada. Ele sonha com uma aventura trepidante, plena de surpresas e exaltações, e vive na rotina. Talvez se divirta com o jovem impaciente que é e exponha o lado mais ridículo dessa voz narrativa.

Chegam enfim ao destino e, uma vez em terra firme, partem de trem para Quito, onde são esperados pela família de Gangotena na residência familiar, imponente e confortável. "Saúdo-te apesar de tudo, Equador, país maldito." Assim começa o primeiro texto desde sua chegada à capital. O tom está dado; mal chega a seu destino e o lugar já é maldito. O jovem escritor descobre um mundo que não faz senão lembrá-lo das famílias burguesas da distante Europa. Está pouco acostumado com essa dinâmica, às visitas de cortesia, às conversas mundanas, aos casamentos arranjados e à frivolidade indiscreta. Esse ambiente pesado nada tem a ver com os sonhos anteriores à partida. Seu caro Gango — o poeta sensível, atormentado — sofre com isso tanto quanto ele. Gango aparece no diário de Michaux apenas na dedicatória. Há muito afastado de seu país natal, Gango deve ter sonhado com um possível recomeço. E a decepção o corrói: os regressos são mais dolorosos que as partidas. Deve ter pensado com constância em seu país, nas sensações experimentadas durante a infância, e não fez senão idealizar, fantasmar com esse mundo agora distante. Dá conta disso ao amigo.

Michaux divide-se entre o desejo de exotismo, a realidade menos exaltante, o trabalho de escrita que expresse esse tormento, a perspectiva que deve assumir em face do leitor. A dinâmica que lançou é simples: envia, para Paulhan, ao longo de sua estadia, páginas escritas no calor do momento. Alterna descrições, poemas, narrativas, confissões: a riqueza de sua paleta técnica surpreende. Seu amigo Hellens falará a respeito: "Trata-se de uma sequência de reflexões, de saltos para fora de si." A escrita balança entre essa espontaneidade aparente e uma evidente pesquisa estética.

Ao longo do livro, Michaux opõe, com insistência, cidade e campo. Condena as atividades citadinas, os habitantes de um lugar que julga "ter perdido seu exotismo". Em sua decepção, revela o pouco de interesse que apreende na figura do indígena que, afinal, não é senão um homem. "De uma vez por todas, os homens que não me ajudam em meu aperfeiçoamento: zero." Essas palavras transpiram uma busca frustrada, como um sonho durante muito tempo acalentado que se choca contra os parapeitos da realidade. Em contrapartida, a natureza o surpreende, sua grandiosidade o desafia. Ele parte em expedição para escalar as encostas do vulcão Atacazo, de mais de quatro mil metros de altitude; desloca-se a cavalo, ultrapassa torrentes, lança-se em seguida em um longo périplo em piroga nos rios Napo e Amazonas, chegando a atravessar o território jivaro. A aventura transforma-se em confronto: não se trata mais de exotismo ou de busca do outro, mas de um meio hostil e da vontade de um homem de se superar.

Michaux não cessa de falar de sua fraqueza física: "O autor, embora cardíaco […], não come mais, está doente e, no entanto, é ele quem quis assim." Coloca-se à prova, busca seus limites. E nesse confronto entre o organismo claudicante e a natureza imperiosa que o cerca, instaura-se uma forma de respeito que o satisfaz. A grandiosidade desse universo o exalta, contrariamente às sensações experimentadas em Quito, na sociedade confinada da família Gangotena.

O livro é também uma reflexão sobre a alteridade e seus limites. Estamos longe de *África fantasma,* de Michel Leiris e, mais ainda, de *Tristes trópicos,* de Lévi-Strauss. Mas a questão dessas relações permanece a ser enunciada e o interesse do autor é mais de ordem literária do que científica: ele busca expressar sua própria reação, o que o modifica, o atrai ou o decepciona. Vive sufocado na casa de seus anfitriões e tem pouco interesse pelos outros habitantes. Mas está consciente de sua diferença e se percebe observado: "Inicialmente, para entrar nessa cidade, foi preciso pagar o imposto do rosto."

Michaux vive na casa dos Gangotena em Quito e os segue em sua *hacienda*, sua casa de campo: é dependente econômica e socialmente. E isso pesa para ele, embora não se queixe disso no diário. Fala de seu anfitrião nos seguintes termos:

> E enfim esse encanto tão geral,
> Em que interveio esse homem gordo, tão cheio de tato,
>   do qual sou o hóspede.

Esses versos foram extraídos de um poema escrito no início de sua estadia. Eles ainda não demonstram a exasperação que cresce.

Companheiros franceses que vivem uma experiência semelhante estão mais acomodados e um deles chegará mesmo a se casar com uma irmã de Gangotena. O passado de Michaux fala por si só: é um homem pobre mas independente, cujo centro da existência gira em torno da criação e da exigência por ela imposta. Escreve pouco sobre os membros dessa família, mas bem se percebe a irritação que o assalta quando deve evocar o ambiente e a frivolidade que impregnam as relações. Diz ele sobre os salões e as recepções: "As pessoas se cumprimentam indefinidamente, sem que isso pareça ter fim."

Uma leitura muito séria do livro não está em consonância com o estado de espírito de Michaux, que mistura poses de escritor que duvida um pouco, humor zombeteiro e distanciamento em relação a um gênero literário, o diário de viagem cheio de histórias pitorescas, para as quais tem pouca predisposição. É com um olhar afiado e com um sorriso no canto dos lábios que observa o Equador e sua população. Curva-se à exigência do exercício e informa, assim, a altitude exata dos vulcões, descreve as névoas e as plantas, as paisagens e as cores da terra. Como se ele tivesse o dever de não enganar o leitor. Segundo seu humor, muda de perspectiva: notas secas alternam com frases espirituosas, poemas íntimos e profundos seguem linhas carregadas de humor e de autoderrisão. O livro é a síntese de tudo o que atravessa o espírito de Henri Michaux nessa aventura. A forma que adota é bastante variável, e seu texto não se assemelha a nenhum outro: a alternância dos estilos e dos gêneros literários, dos tons e do distanciamento em relação à escrita constitui uma sequência de elementos curiosos e surpreendentes. E impõe uma virtuosidade que o jovem autor parece querer demonstrar.

Henri Michaux investiga a si mesmo graças à viagem e à escrita. Aprende a conhecer seus limites físicos e intelectuais, e busca se expressar, sem exagerar em seu papel de "escritor". Um dos traços mais marcantes por ele sublinhado é a relação com o tempo: Michaux é apaixonado pela velocidade, e a lentidão local lhe é incômoda. Ao final de sua estadia, escreve: "O equatoriano não é assim. Ele disse amanhã; pois bem, será para depois de amanhã [...] Eis a causa de nossos muitos atrasos e muito de meu mal-estar." Na viagem, sua relação com o tempo muda e, das esperas no barco até os preparativos para a aventura do retorno, ele se exalta, sofre com a indolência dos nativos. Um dos mais cômicos episódios do diário, em que se percebe que o autor aproveita plenamente o momento, é aquele em que sobe em um carro muito rápido, conduzido por "El loco Larrea", personagem extravagante, conhecido em toda Quito por pilotar seu bólido a toda velocidade, assustando os transeuntes. O jovem Michaux adora a aventura e a descreve com humor. Durante toda a vida, nutrirá uma paixão por tudo o que vai depressa. Por ocasião de uma conversa com Jean-Dominique Rey, ele explica a superioridade de sua técnica e seu material preferido para desenhar: "A tinta permite ir muito rápido." Michaux, o homem apressado. Percebe-se que, desde o início, a viagem submete seus nervos e sua paciência a duras provas. A espera antes da partida, a travessia; em seguida, a família Gangotena e sua opressão: tudo isso é muito lento, muito pesado para o jovem belga. A fim de acelerar um pouco o movimento, faz uso de éter e ópio, circula pelo país a cavalo. Mas, de modo decisivo, a indolência local torna o lugar hostil para ele. Junto a essa lentidão, talvez seja a falta de consistência da palavra que mais o incomode. Ele, que se apoia na escrita para explorar seu ser, não pode senão lamentar as fanfarronadas e as pausas daqueles que o acompanham. O falatório inútil deles conforta Michaux em sua fuga da frivolidade.

Sua força motriz reside no desajustamento que experimenta e em uma ira surda, atiçado pela vacuidade do que ouve. Nicolas Bouvier assim dirá: "Não é a esperança que faz Michaux viver, é a raiva." Durante esse périplo, ele não viaja para… mas contra. Em uma espécie de desafio, pensa na aventura como um confronto: age contra seu próprio corpo, submetendo-se a esforços duros e penosos; depois, reage contra aqueles que o acompanham, chegando mesmo a qualificar seu amigo Gango de "traidor"; e, por fim, mantém uma relação conflituosa com um país que ele acusa de todos os males possíveis. Quando dá início à viagem de regresso pelas selvas, em uma canoa, encontra o desafio e a aventura que esperava. Não é mais o jovem mimado pelos Gangotena em sua bela residência de Quito, mas um europeu que percorrerá mil e quatrocentos quilômetros em condições rudes e perigosas. Claro, ainda experimenta a espera e queixa-se um pouco. Mas vê animais selvagens, é surpreendido por corredeiras perigosas, ouve tiros e sente os perigos da vida feroz da floresta. Tem muito menos tempo para "se percorrer". Entretanto, ainda detesta a espera, onipresente em uma viagem: "Você se desespera, pragueja, se infecta, exige ver o tigre, o puma, mas o que recebe é apenas o cotidiano." Quando chega ao Brasil, desce o Amazonas em um barco mais confortável e ainda protesta: "Somos agora turistas." Durante toda a estadia, Michaux não para de se queixar.

Nessa parte final, o texto é sensivelmente distinto, mais descritivo e centrado nos fatos; mas ele ainda tem senso de humor, o que o faz alternar o "nós" ou o "vocês" com o "eu" ou "o autor", sempre para se colocar em um lugar singular. Percebe-se que, mais do que nunca, escreve essas páginas sorrindo. Ele diz:

> Dê-me a grandiosidade,
> Dê-me a lentidão.

Ele mantém a obsessão pela velocidade, mas gostaria de conhecer a paciência, a aspiração à letargia. Também zomba dele próprio, consciente de que, por vezes, "para disfarçar seu embaraço, assume uma voz de pedagogo". Nesse mesmo livro, Henri Michaux sabe jogar com sua voz, assumir atitudes, acompanhar o leitor. Tem a obsessão de sua própria construção: a viagem constitui uma experiência que deve ajudá-lo a se aperfeiçoar. Isso deve torná-lo mais perspicaz e permitir-lhe escrever melhor. Os textos elaborados devem dar conta dessa construção: a vida acelerada fornecida pela viagem impõe solidez à personalidade e, por isso mesmo, à criação, ao menos é o que pensa inicialmente Michaux. Sua aventura equatoriana desmente essa visão. Para ele, a América Latina será o lugar da decepção, o local da desilusão.

Ali não encontra senão matéria para o protesto, e não parece poder entrar subitamente nesse universo: permanece à margem, cético, por vezes sorridente, mas também irônico e sem ilusão. Mais do que aderir ao real, ele entretém o desejo de recolhimento. Ora, viajar segundo essa perspectiva é, então, "viajar contra".

Volta para Paris e trabalha no livro. Retoca, descarta fragmentos. A publicação de *Ecuador* é um enorme sucesso. A crítica está encantada, assim como o público, e Michaux sabe que acaba de ingressar no mundo literário pela porta principal. Em contrapartida, a acolhida no Equador é repleta de ira: o hóspede trai a hospitalidade que lhe foi dada. A sensibilidade local é ferida por aquilo que é apreendido como rancor segundo os leitores locais; apenas Gangotena parece compreender a escrita de seu amigo. Eles permanecerão ligados, mesmo à distância, até a morte do poeta equatoriano em 1944.

Em seguida, Michaux se deixará levar por outra grande viagem, mais convincente a seus olhos: a Ásia será seu continente e *Um bárbaro na Ásia* será o rastro desse périplo. Mas ele não escreverá mais como um diário; se voltará para o ensaio, sem se obrigar à espontaneidade forçada imposta por um escrito dia a dia. Compreende rápido que é um bárbaro sob esses céus, e que não precisa aderir a essa terra, pois ali é irremediavelmente um estrangeiro. Não se sente mais tentado a participar, a se sentir parte do meio. No jogo das diferenças, não tem do que se queixar: a Ásia não permite a mesma relação, e o nativo é ali, definitivamente, mais enigmático e mais distante. A América Latina tem um lado muito próximo, é uma espécie de meio caminho entre seu mundo e o alhures; ele sofreu com essa proximidade, com a impossibilidade de perder o pé, salvo quando esteve diante de uma natureza imponente. Na Índia, na China ou na Malásia está à vontade: o distante tem sua terra de acolhida. E lá ele sabe que é o bárbaro, o outro. No Equador, era irremediavelmente uma parte do todo. Ele escreve sobre essa relação com o continente asiático: "A Ásia continua seu movimento surdo e secreto em mim." E sobre os habitantes: "A eles ninguém ensinará a velocidade." Ao menos, ele evita a perturbação, as semelhanças e as identificações. Não pode se lamentar nem praguejar: é o estrangeiro definitivo em um universo que não abre mão de parcela alguma.

Ele reclamou da América Latina e os clichês estão muito presentes em seu texto: a lentidão local lhe é penosa, a falta de firmeza ante a palavra dada o repugna. Não deixará de falar desse continente de jogadores. Mais tarde, confessa: "Continente de esbanjadores — sempre ávidos, sempre de boa vontade, sempre improdutivos." Mas ainda tem necessidade de dar mais precisão às suas ideias em relação a essa parte do mundo, talvez para lhe conferir uma segunda chance. É o que fará em 1936, ao atravessar novamente o Atlântico.

Ele aceita o convite para o congresso do Pen Club, que se dará em Buenos Aires de 5 a 15 de setembro de 1936. Isso pode surpreender, pois Michaux parece muito afastado dos temas propostos para tal encontro. O convite vem, em parte, de Victoria Ocampo, a mítica diretora da revista *Sur*, que já publicou Michaux e muito aprecia seu trabalho. E ele terá, junto com seu mentor Jules Supervielle, a oportunidade de conhecer o Uruguai, a terra de Lautréamont, e de passar algum tempo no Brasil, país que particularmente o atrai. A época é sombria e a Guerra Civil Espanhola explode quando a viagem começa. Durante esse périplo, Michaux surpreende: falará duas vezes em público, as duas únicas aparições em toda a sua existência. Dá livre curso às suas paixões, participará de debates escorregadios que marcam o congresso e conhecerá paixões amorosas. Permite-se criticar Breton e dar sua opinião sobre o papel da poesia: "Ela nos tornará habitável o inabitável, respirável o irrespirável." Longe de desejar se afastar do mundo, faz com que a escrita participe da batalha, momento raro em sua existência, pois a reserva para tarefas mais íntimas, mais centradas sobre seu modo de "se percorrer". Longe, nesse continente que não lhe é aparentemente simpático, ele ousa lançar-se, com coragem, em confrontos verbais, face a face.

Os italianos presentes são autores fascistas, entre os quais Filippo Marinetti, terrível provocador. Por vezes, os diálogos são violentos e os franceses e os belgas, como Michaux, que fazem parte da delegação, respondem com veemência às proposições enunciadas pelos escritores próximos dos franquistas. Com frequência, ele associa esse subcontinente à presença feminina. Surpreendido pela beleza das mulheres, deixa-se levar e vive uma aventura furtiva com Angelica Ocampo, a irmã mais próxima de Victoria. Mas seu grande *affaire* de coração nascerá na casa de Supervielle, em Montevidéu, por ocasião de seu regresso. Ele se apaixona por Susana Soca, jovem poeta, bela e brilhante. Escreve para Paulhan, em letras maiúsculas: "ESTOU APAIXONADO. VOCÊ ACHA QUE ELA me amará?" Confidência rara para um homem tão secreto. O sentimento é recíproco, mas ela vive só com uma mãe tirânica que lhe dá muito pouca liberdade. Michaux espera três meses, em vão. Volta a Paris, sozinho, com o coração apertado, "exaurido", como escreve. A América Latina continua a ser lugar de desilusão. Retornará para lá apenas como turista, sem grande prazer.

Aquele que facilmente se reconhece como um bárbaro quando está na Ásia não encontra a distância adequada nessas terras de além-Atlântico. "Todo lugar estrangeiro parece um pouco uma mascarada." Essa frase sutil, extraída de *Ecuador*, mostra como ele entende sua relação com um mundo que o sufoca ou, antes, que ele se compraz em criticar e do qual não esconde os defeitos. Michaux é ranzinza: suas trocas com Paulhan são a marca mais evidente desse traço de temperamento. "Nada a ser visto na Argentina", escreve em uma de suas cartas. Supervielle, que o conhece tão bem, conta mais tarde o que Michaux lhe disse: "Toda a América é irritante." O apaixonado por velocidade e lugares distantes ali não se encontra. Mas, sobretudo, o autor que escreve para "se percorrer", que começa a encontrar sua via, não pode se contentar com essa sociedade que lhe permite estabelecer muitos pontos de comparação com a Europa e na qual reconhece os defeitos, exacerbados, dela. Na Ásia, ele pode se perder, não precisa criticar. "Escrevi em *Ecuador* que eu pertencia ao vazio. Desejo preencher esse vazio para conhecer aquele que não pode ser preenchido." Nos planaltos andinos desolados e, mais tarde, nas cidades do Cone Sul, Michaux não tenta encontrar um universo que lhe permita sentir-se estrangeiro, "outro". Precisa de um distanciamento maior em relação ao real para construir uma obra grandiosa e original. Essa aspiração pelo alhures lhe é absolutamente necessária para se encontrar. As terras latino-americanas permanecem muito impregnadas de Europa, de uma parte dele mesmo: a mascarada, muito visível, pesa-lhe e o impede de avançar em sua busca de si mesmo.

CAPÍTULO QUATRO

O solitário eminente nos territórios da imaturidade
Witold Gombrowicz na Argentina

Witold Gombrowicz construiu sua vida como se cria uma obra de arte. Seu gosto pelo lúdico, pelas tensões subtraídas, pelo acaso inevitável, pela intenção inicial até o fim preservada marcaram sua trajetória. Com surpreendente lucidez, o grande autor polonês soube compreender o alcance de sua obra e a potência de seu próprio pensamento. Ainda melhor, soube colocá-los em cena. Deixou a tempo seu país para um longo exílio na Argentina, e, em seguida, um tanto a contragosto, na Europa ocidental. Seus retratos revelam um inegável ar de altivez, um dom declarado pela bufonaria, pela manipulação e pela consciência de estar em perpétua representação. Nosso escritor soube construir para si um "personagem Gombrowicz", entre aristocrata elegante, pobre e sem ilusão e notívago ambíguo, voluntariamente perdido nos *bas-fonds*. Seu destino de exilado reforçou seu gosto há tempos manifestado pela construção de um "eu" elegantemente provocador.

Entre os momentos emblemáticos de sua longa estadia na Argentina figura a tradução de seu romance *Ferdydurke* em espanhol: no Rex, preso entre jogadores de bilhar e de xadrez, um grupo de letrados hispânicos ajuda o escritor a transformar uma estranha língua polonesa, distorcida com empenho, em um espanhol igualmente curioso. A empreitada é trabalhosa, pois esse livro, de ressonâncias alucinantes, é escrito de forma extravagante que o autor, com fraco domínio da língua espanhola, tenta explicar a esse coletivo efervescente. Mais que um exercício literário, a tarefa consiste em dar fôlego novo a um verdadeiro complô contra a forma do romance tradicional e contra a língua clássica a seu serviço.

Durante o ano de 1946, serão frequentes as reuniões com escritores tão diversos como Adolfo de Obieta (filho de Macedonio Fernández) e os cubanos Humberto Rodríguez Tomeu e Virgilio Piñera, grande escritor não suficientemente celebrado e que Gombrowicz nomeará como "presidente do comitê de tradução". Raramente um texto de tamanha originalidade e potência conheceu uma adaptação tão extravagante e notável. As discussões e as oposições surgem para assimilar a vontade de um escritor que não poderia deixar de apreciar as ofertas de soluções do grupo. A batalha ocorre em um campo que apaixona o escritor polonês: aquele que está no coração da arte.

A recepção do romance na Argentina é controversa. As opções artísticas de Gombrowicz, o tom do livro e essa língua reinventada são as causas de um mal-entendido entre ele e o leitor argentino que não se dissipará senão muitos anos depois. Ricardo Piglia chamou nossa atenção para o desejo desse refugiado europeu de contar suas histórias em uma língua impura, uma língua que daria as costas para a língua da "cultura" que, segundo Gombrowicz, soa falso. Ele consegue transmitir um sentimento obscuro e potente que une a leviandade aparente do tom à profundidade que o grotesco por vezes produz. Em razão de sua existência apagada na Argentina, ele é fiel aos princípios que se deu há anos e que seguirá durante toda a vida. Os vinte e três anos passados em Buenos Aires mostram a que ponto a construção de sua obra obedeceu às exigências pensadas e aplicadas por ele desde sua juventude polonesa. Os primeiros textos guardam o grão de uma obra que se desenvolverá em toda a amplidão às margens do rio da Prata.

Nascido em 1904 no seio de uma família abastada lituano-polonesa, de um pai rico proprietário de terras e uma mãe oriunda da nobreza, ele cresce no campo, entre iniciação artística de bom gosto e inquietação política ligada à evolução da Polônia e ao elã revolucionário que vem da Rússia. Ele vive um dos raros momentos da história de seu país em que há uma relativa independência e o problema da identidade nacional foi enfim ultrapassado. Ali começa a se desenvolver um gosto pelo individualismo obstinado e a originalidade aguda que mais tarde se consolidarão. Estudante comum, forma-se em Direito e mora em Paris durante um ano, o que reforçará sua aversão a lugares altamente culturais: Paris será o símbolo da cultura aceita, do lugar tedioso onde a criação não se faz senão no interior da cultura, proveniente dela e produzida por ela. Ali não encontra senão um academicismo sem futuro e sem inspiração. Mas, sobretudo, o jovem Gombrowicz lança-se à escrita e publica contos, artigos e um romance, *Ferdydurke*, que lhe confere o estatuto de escritor bizarro, fascinado pela luta entre a maturidade e a imaturidade que se dá em cada um de nós, recusando quaisquer demagogias. A audácia do tom, entre infantilidade provocadora e textura alucinante, e a potência do desafio que o anima conferem-lhe uma reputação sulfurosa. Ele frequenta cafés, ganha a amizade e o respeito de autores contemporâneos que respeita, Bruno Schulz e Stanislaw Witkiewicz, e desdenha os escritores mais em destaque.

Provavelmente incentivado por seus irmãos, bem-informados sobre a situação, ele embarca em um navio, o Chroby (Cavaleiro), em primeiro de agosto de 1939, para uma viagem inaugural à qual estão convidadas personalidades polonesas. Muito antes, havia declarado a Bruno Schulz "que um dia ele partiria para um país cheio de vacas". Ele sonhou com o exílio muito antes de vivê-lo. Chega a Buenos Aires em 22 de agosto. Com traços juvenis apesar de seus trinta e cinco anos, ele ostenta um ar altivo e modos refinados. Parece estar certo de seu talento e com frequência lança-se à provocação. Quando em primeiro de setembro eclode a guerra entre a Polônia e a Alemanha, Gombrowicz escolhe permanecer na Argentina. Sua estadia durará mais de vinte e três anos; nunca mais voltará a rever sua pátria. Os laços entre Polônia e Argentina são então sólidos, pois a Argentina é um dos destinos favoritos de seus compatriotas, um lugar onde se pode fazer fortuna, aproveitar o crescimento econômico, que torna necessária a chegada maciça de mão de obra.

O acaso impulsionará o escritor para um destino que ele parece ter desejado, até mesmo alimentado: viver em uma marginalidade miserável, mas digna; escrever uma literatura reservada a poucos eleitos, sem concessão nem desejo de agradar gratuitamente. Ele se instala em uma pensão barata e se dedica inicialmente à descoberta da vida popular local. É dela que retira seu conhecimento da língua espanhola, ou antes argentina, e se inspira para escrever os personagens obscuros encontrados em seus livros. Ele insiste em viver do mesmo modo, conversando com desconhecidos nos cafés, interpretando seu papel de nobre polonês no exílio. A famosa tradução de seu romance deixa o mito se criar, e os jovens leitores, em particular, começam a venerar essa figura fora do comum. Ele multiplica as aventuras com jovens rapazes e adota definitivamente uma atitude descompassada. Essa trajetória carrega inúmeras questões que não são anedóticas, que chegam mesmo a dar conta da essência de sua obra e dela assinalam a profundidade.

Gombrowicz constrói sua obra e sua vida de modo idêntico e a partir dos mesmos valores, escreve histórias à beira do real e pratica uma forma de pensar e de agir que são indissociáveis. Ele brinca enquanto se leva a sério, zomba e provoca, e coloca assim em evidência uma timidez que mal consegue disfarçar atrás de uma segurança muito insolente que pode ser sincera.

Sua decisão de permanecer na Argentina é rapidamente tomada. Ele não deseja ir a Londres para participar da luta, preso entre um antimilitarismo real e um amplo desprezo pelo nacionalismo reluzente que reconhece ao redor de si.

Entretanto, ele não é um desertor e irá se alistar na delegação polonesa. Não será recrutado em razão de sua saúde frágil. Estará sempre ligado à comunidade de seu país natal, chegando mesmo a ser funcionário no banco polaco, que lhe paga um salário modesto, mas suficiente. Ficará nesse emprego por sete anos, durante os quais escreverá seu romance *Transatlântico*, livro em que se coloca em cena de modo extravagante. Ele conta a aventura de um escritor polonês chamado Gombrowicz, instalado na Argentina, e descreve as manifestações ridículas do espírito polonês, um duelo e manobras de um homossexual para seduzir um jovem homem. Como que para sublinhar a composição inacreditável de seu universo e suscitar uma impressão de alucinação, ele concebe um vocabulário abracadabrante e invenções verbais inimitáveis. Nesse sentido, o romance se assemelha a *Ferdydurke*, mas impulsionado por um sentido ainda maior do grotesco. O autor dirá mais tarde a respeito: "Era preciso retirar o polonês da Polônia para transformá-lo simplesmente em homem. Dito de outro modo, fazer de um polonês um antipolonês [...] Era a mesma ideia. Sempre a mesma. Assumir suas distâncias com a forma. Neste caso, com a forma nacional." Aqui aparece um traço essencial: a fidelidade a seus princípios. Ele não muda de direção; ele cava, sempre mais e mais fundo, sem se preocupar com o que existe ao seu redor e poderia ainda mais enriquecê-lo, ou, no pior dos casos, corrompê-lo.

Seus livros se seguem, acumulam-se sem que neles se perceba uma influência exterior, literária ou de outra natureza. A comunidade polonesa da Argentina apodera-se do texto e os pró-Gombrowicz e os antiGombrowicz enfrentam-se.

Quanto ao escritor, ele está bastante satisfeito de ver seus compatriotas se indisporem a respeito de sua obra sem, contudo, concordar em participar do debate. O livro choca ou entusiasma, pois, em uma prosa voluntariamente arcaica, e que ataca o patrimônio nacional, ridiculariza seus personagens, obrigando-os a escolher entre a liberdade desenfreada, ou até mesmo terrível, e o confinamento em uma tradição decadente.

Em seu romance seguinte, *Pornografia*, ele emprega propositadamente uma língua mais clássica e a coloca a serviço de uma trama em que o *voyeurismo* e a manipulação são os elementos centrais. Desenvolve, ainda, seus temas favoritos: a juventude e a força da imaturidade, a necessidade de romper com os valores tradicionais interrogando seus sentidos e, sobretudo, a pouca importância da trama. Ela serve apenas para fazer avançar o discurso, provocar o choque das palavras e das sensações intensas e, por vezes, contraditórias. A história situa-se na Polônia, durante a Segunda Guerra Mundial, e coloca em cena uma vez mais um mentor, um homem maduro, Gombrowicz, ele mesmo. Ao discernir um casal potencial em dois jovens, ele organiza nos bastidores o encontro entre eles; os acontecimentos aceleram-se até o assassinato. O texto é particularmente perturbador; o autor consegue criar um ambiente que perturba o espírito do leitor. Atrações e desejos, repulsas e menosprezo impõem-se de maneira esplêndida.

Witoldo, como é chamado, irá escrever outros textos durante sua estadia na Argentina, em particular peças de teatro. Mas o aspecto mais original da aventura consiste na redação de seu jornal, a que se dedica de 1953 até sua morte, em 1969, e que será publicado pela revista dos exilados poloneses chamada *Kultura*, com sede em Paris. Em mais de cem páginas, Gombrowicz mistura reflexões filosóficas, observações sobre a vida cotidiana e seus entornos, críticas de seus leitores ou pensamentos sobre seu país de origem e sua terra de acolhida. A ideia lhe vem ao ler o jornal de André Gide, tanto mais porque é difícil escrever um romance em razão de seu emprego no banco polaco.

Quer também tornar públicos seus pensamentos após o escândalo por causa da publicação de *Transatlântico*; quer interpelar diretamente seus leitores. Esse jornal é profundo e fascinante, apesar do lado "afetado" do autor. Ele se constrói a partir de discussões em cafés que preencheram durante muito tempo a vida de Gombrowicz. Seu talento para a conversa, sua capacidade de passar subitamente da vida cotidiana ao mais rigoroso pensamento, de deslizar docemente de um registro para o outro dão força e encanto ao jornal. Aprova-se, confronta-se e opõe-se a Gombrowicz; ele por vezes revolta, surpreende quando pensa na Polônia e ilude em razão de sua perspectiva da arte. O jornal desvela o sistema Gombrowicz, dá as chaves que permitem admirar seu funcionamento. Ali, ele pode ser um tanto bufão, mas tem a honestidade de confessá-lo, e de modo bastante transparente. Suas temáticas retornam de modo obsessivo: seu gosto pelas margens — sociais e geográficas —, sua atração pela juventude e pela imaturidade que garantem originalidade e vigor, seu trabalho sobre a forma e sua consciência de ser a todo instante um criador de ações. Em decorrência de tudo isso, há o progresso de sua obra em um território único e que nunca se deixa desviar de sua caminhada extraordinária.

Gombrowicz dá forma às suas obsessões graças a um estado de espírito que mistura uma inegável lucidez a aparentes divagações; ele penetra nas formas do saber, dá a elas a possibilidade de propor um legado legítimo e escava-as sem esforço aparente para melhor deixar triunfar suas ideias. Sua grande desconfiança, talvez mesmo seu menosprezo em relação ao espírito científico, seu interesse pela evolução da arte, sua alergia visceral às ideologias e sua grande facilidade no domínio filosófico são marcas inimitáveis do "estilo Gombrowicz". Em nenhum caso seu comportamento, o método pelo qual apreende essas disciplinas e o próprio conteúdo de seu pensamento poderiam fazer acreditar em um desejo de submissão ou qualquer maneira de imitar os mais comuns valores aceitos pela sociedade. Talvez por isso mesmo dê a impressão, erroneamente, de se rebelar por princípio e não por vocação. Ele se serve de uma força subversiva que o coloca bem além do caráter esquemático da crise adolescente. Mas dela partilha a pureza da reprovação e o elã do desejo criativo. Encontra na marginalidade um espaço em que a criação assume seu sentido mais agudo. Sua relação com a Argentina é resultado dessa certeza; a Polônia e sua terra de acolhida são países marginais que devem descobrir valores fecundos em sua pequenez aparente. Ele está convencido do fato de que um escritor, ao buscar imitar o que se faz em outros lugares, não pode produzir um texto de valor. Assim, Gombrowicz se diverte com o provincianismo dos poloneses e a eles repreende de não terem se servido disso como um eixo de desenvolvimento para expressar sua originalidade. Diz em seu jornal: "Em cada americano [...] há um fundo provinciano latente"; em outra passagem, escreve: "A literatura sul-americana, para ser autêntica, deve expressar e assumir sua própria inferioridade." Contra o bom gosto à francesa, que ele particularmente detesta e utiliza com fins simbólicos, defende a criação a partir dos pretensos defeitos de uma cultura. Ele escreverá bem mais tarde ao editor francês Pierre Belfond: "Formei-me longe de Paris, nas periferias da cultura, minha literatura encontrou seu próprio caminho, por vezes bastante diferente." Está convencido, e repete isso em muitas ocasiões, que se não tivesse sido forçado ao exílio em um país como a Argentina, teria ido a Paris. "A Europa, para mim, era a morte", diz a Dominique de Roux.

A localização geográfica de seu lugar de vida importa pouco para sua obra, mas ele pressupõe que talvez tivesse se deixado seduzir pelos livros dos escritores locais e os tivesse imitado. Suas relações com o meio literário argentino são quase inexistentes. O grupo que se reúne em torno de Victoria Ocampo e de sua revista *Sur* é composto de autores prestigiosos como Borges e Bioy Casares. O encontro ou, antes, o não encontro entre Gombrowicz e esses escritores ficou célebre. Um jantar é organizado graças a Carlos Mastronardi, um escritor ainda pouco conhecido fora da Argentina em 1955, amigo das irmãs Ocampo e do autor polonês. O relato no jornal é saboroso: "… quais eram minhas chances de chegar a me entender com uma Argentina tão estetizante quanto filosofante? A mim, o que me fascinava nesse país eram os *bas-fonds* e lá estava eu recebido pela alta sociedade. Eu estava encantado pela noite do 'Retiro'; eles, pela cidade-luz, Paris." Ao final de sua vida, em entrevistas, insiste sem atacar o grande autor argentino: "Borges e eu estamos no oposto. Ele é enraizado na literatura e eu na vida." Desde logo, ele intui que Buenos Aires lhe convém pois, apesar da presença de uma elite cultural tão semelhante àquela nefanda que impera na Europa, ele pode avançar na elaboração de sua obra e de seus pensamentos sem ter de se curvar às obrigações sociais e aos códigos estetizantes em vigor.

A austeridade e a exigência de Gombrowicz caminham no sentido de uma pesquisa pessoal que o obriga a construir sem recorrer às certezas da hora e ao mimetismo dominante. Seus pensamentos sublinham a obsessão de sua relação com a Polônia: seu jornal não cessa de falar de sua pátria distante, terra da nostalgia. Com o espírito argentino que o circunda, ao som do tango e das milongas, ele consegue sobrepor duas formas de melancolia. Ele escreve claramente seu *Transatlântico*, em oposição ao grande poema nacional, *Pan Tadeuz*, de Adam Mickiewicz, que o faz declarar: "O espírito polonês é interpelado pela nostalgia." Permanece ligado a compatriotas no exílio e em parte dependerá da generosidade de alguns entre eles. Vê sua longa estadia como uma chance de escapar da própria Polônia, de onde inevitavelmente teria de fugir para Paris. Sua literatura é fundada na "vontade de ultrapassar os limites estreitos da Polônia" e também da Argentina, pois que os dois países se unem em seu caráter periférico e excentrado. Zomba da cultura de seu país de origem: "Toda nossa cultura era como uma flor espetada na pele de um carneiro." E fala sobre sua terra de acolhida: "Lá, na Argentina, às margens do rio sonolento, uma solidão de cemitério me oprimia" ou "Eu não era mais do que nada... E, mesmo assim... E, mesmo assim, a Argentina… Que apaziguamento! Que libertação […] Durante semanas inteiras fui possuído por essa embriaguez de poesia, a ponto de me sentir eu mesmo poesia." Para Gombrowicz, o exílio se situa entre a libertação salutar e a experiência da solidão que carrega seu lote de sofrimentos e, igualmente, de satisfações: ele está só, profundamente só, e tira daí a força de escrever sem freio nem desejo de agradar.

É divertido notar que Borges e Gombrowicz se assemelham na celebração comum da grandeza do provincianismo que obriga a construir para si um universo próprio e uma língua. Ele ri de si mesmo quando se expressa sobre *Transatlântico*, texto para o qual escolheu um registro de língua quase intraduzível e uma temática que ataca diretamente os valores nacionais de seus raros leitores potenciais. Quando qualifica a produção dos grandes autores locais de "literatura nacional", ele mostra o pouco interesse que lhes dedica. Claro, terá uma relação quase fraterna com Ernesto Sábato e uma real admiração por Virgilio Piñera, um escritor cubano que elege Buenos Aires para estadia, em diversas ocasiões, entre 1946 e 1958, e que tão cedo soube perceber o valor dos textos de seu amigo polonês. Mas, em geral, não entretém reais relações com eventuais contraditores ou cúmplices. Compreende-se que não busque a companhia de um Roger Caillois, exilado como ele em Buenos Aires durante a guerra e símbolo dessa cultura parisiense tão apreciada pelas elites locais, mas que, em contrapartida, reconheça como irmãos de sangue Macedonio Fernández, Juan Carlos Onetti (o formidável escritor uruguaio vive na Argentina de 1945 a 1955) e, sobretudo, Roberto Arlt. Macedonio, como simplesmente é chamado pelos amigos, é um escritor excêntrico que marcou Borges. Poeta e romancista, será reconhecido somente após sua morte, em boa parte graças ao trabalho de seu filho Adolfo de Obieta, amigo de Gombrowicz. O escritor exilado parece ter apreendido o espírito de Macedonio e sabe quem ele é. Diz, por exemplo, o excêntrico argentino: "A vida é o terror de um sonho." Como nosso polonês, Macedonio engaja-se inteiramente em uma aventura extrema e sem concessões. Eles são tomados pela mesma febre, impulsionados pelas mesmas forças, mas não podem se cruzar: avançam, cada um, por um caminho solitário, obscuro e ainda não explorado. Não podem olhar para trás nem para os lados: apenas o que está à frente, mais longe, os apaixona.

O caso de Arlt é ainda mais surpreendente. Este escritor, por vezes qualificado erroneamente como popular, compôs, entre outros, dois romances espetaculares: *Os sete loucos* e *Os lança-chamas*, ambos impulsionados por um espírito grotesco e alimentados por aquela escória tão apreciada pelo escritor polonês. Eles não puderam se encontrar: Arlt morre em 1942, quando Gombrowicz está no início de seu aprendizado argentino. Mas esse autor representa o que busca o polonês: uma escrita forte e por vezes delirante, um desejo de ancorar seu mundo em uma Buenos Aires popular e suspeita do porto e dos bordéis, e de jogar esse universo em um espaço que o torne universal. Arlt é o antiBorges por excelência, ele não se embaraça com critérios da literatura tal como é praticada na Europa. Inventa uma língua que coloca a serviço de seu universo, e seu herói emblemático, Erdosain, tem um lugar reservado junto aos heróis de Gombrowicz.

O autor de *Transatlântico* considera que seu exílio deve ser completo, sem ressonância local. Hábil em dar conselhos sobre o futuro da literatura do subcontinente, ele nada lê, ou quase nada lê, do que dela emana. Não se sabe se leu Arlt, se seus amigos argentinos lhe falaram dele, mas nunca o cita em seu jornal nem em entrevistas. Claro, Gombrowicz viu de modo preciso o futuro dessa literatura: pode-se ver no boom latino-americano alguma coisa da ordem que ele anunciava. O polonês já tem trinta e cinco anos quando desembarca em Buenos Aires e sua formação já está concluída. O exílio não o fará desviar de sua trajetória, mas alimentará incontáveis reflexões que talvez não tivesse enunciado se permanecesse na Europa: a Argentina reforça suas convicções, não propõe questionamentos fundamentais. Sobre a arte e a escrita, ele repete suas certezas sem emitir qualquer dúvida, com uma coerência que faz com que seus pensamentos se assemelhem a um sistema: "A arte não é feita para tranquilizar nossa alma, mas para abalá-la, colocá-la em estado de vibração e de tensão"; ou, ainda, "a arte se comporta melhor se não sair diretamente do meio artístico". Seu grau de exigência é, pois, a consequência da missão que confere à criação. Ele igualmente sabe que a "intriga é um pretexto" e que o centro de suas preocupações se situa na forma, *leitmotiv* de suas aspirações.

Ele fortalece sua voz, suas construções, sabendo que deve partir da exterioridade da arte, com uma língua advinda da própria vida. Ao final de sua existência, diz a Dominique de Roux: "Em matéria de arte, não acredito na utilidade das pequenas correções, dos remendos, dos arranjos prudentes; é preciso reunir suas forças e dar um salto, operar uma mudança radical, na base." Gombrowicz vê assim seus livros impulsionados por uma força criadora que lhe permite afastar-se da tradição: "Era a mesma ideia. Sempre a mesma ideia. Tomar distâncias da forma. Nesse caso, com a forma nacional." Seu afastamento da pátria (cuja literatura, em razão de imitações truncadas, ele se põe a caricaturar) e do centro da literatura que é a Europa ocidental permitirá que ele desenvolva sua própria forma, continue no caminho já parcialmente percorrido com *Ferdydurke*. Sua condição de estrangeiro o autoriza a ser fiel a esse princípio de recusa das formas existentes. Em seu jornal, ele se indigna com as proposições de Emil Cioran, para quem o homem de letras pode desaparecer quando é retirado de seu meio. O autor polonês lhe responde que a ideia é mesquinha e que ele (Cioran) "simplesmente esquece que tal escritor nunca existiu: trata-se apenas de um embrião de escritor". Gombrowicz está convencido de que o autor autêntico é, por definição, um exilado, e que ele deve se descolar de seu meio para aspirar à verdadeira criação, graças a uma forma reinventada: "Todo homem eminente é um estrangeiro, mesmo em seu próprio lar."

Segundo Gombrowicz, cumpre à arte resistir ao espírito científico que invade todos os domínios da vida. "A ciência embrutece. A ciência diminui. A ciência desfigura. A ciência deforma." A pobreza dessa linguagem frente àquela da arte, a ausência de revolta que ela contém e a normatividade que implica não podem senão fazê-lo recusar todas as suas manifestações. Curiosamente, ele é otimista em relação a esse assunto: "Note-se que essa invasão da ciência promete à arte dias muito felizes. É nela que veremos nosso único amigo e defensor. Ela acabará por ser o nosso único documento de identidade." E, em consequência, as disciplinas artísticas são designadas a uma missão que desafia a mentalidade científica e as ideologias triunfantes da época. Ele propõe o homem como horizonte e como projeto. Seu individualismo defende o gosto de ser ele mesmo. Enrique Vila-Matas explica sua paixão por Gombrowicz graças a esse sentimento partilhado: "Não sei quem sou, mas sofro quando me deformam, é simples." E aqui novamente a condição de exilado e a distância que ela impõe são os melhores argumentos, presos entre a experiência do cotidiano e suas perspectivas teóricas. O espírito científico nivela e formata enquanto a arte é um convite à diferença e à expressão da individualidade. Gombrowicz diz sem demagogia: "A arte é aristocrática até a medula dos ossos, é um príncipe do sangue. Ela é a negação da igualdade, culto da superioridade [...] Enfim, ela é cultura da personalidade, da originalidade, da individualidade." A arte é anti-ideológica, o lugar da afirmação da diferença e das particularidades, o território das perturbações e das comoções.

A ideia de escrever em um jornal é a mais perfeita expressão desse desejo de individualismo. Não se pode insultar Gombrowicz acusando-o de mimetismo em relação a Gide. O "eu" desse texto é o intérprete de seus pensamentos e de suas experiências. Mais que em outro lugar, ele engaja todo seu ser na escrita, engloba as pulsões íntimas e reflexões há muito ruminadas. Fiel à sua postura, o escritor polonês sabe que também ali ele propõe uma construção, que joga com o leitor. Ele ri da sinceridade, pois "é o que mais temo... ela não leva a nada". Assim, esse exercício praticado dia após dia, até sua morte, será um formidável meio de jogar, de se esconder, de se expor também. E, por fim, para aqueles que compreenderam as regras, de cotejar as angústias, as dúvidas e as certezas de um dos mais lúcidos espíritos de seu tempo. Por isso mesmo, Witoldo permanece fiel a seus votos de ver a literatura diretamente impregnada e alimentada pela vida. Ele elabora seu texto sem indicar datas precisas, com exceção dos anos; deixa "segundas-feiras, terças-feiras etc." marcarem a passagem do tempo. Traduz assim o caráter não anedótico dos episódios que chamam sua atenção e o desenrolar do tempo.

Seu jornal é o intérprete mais fiel de sua literatura e de seu sentido do jogo, da manipulação e da cabotinagem confessa. Ele declara nas páginas do primeiro ano: "Ao fazê-los penetrar nos bastidores de meu ser, obrigo-me a me entrincheirar nos mais profundos recônditos." Ele evolui em uma mistura de timidez e de arrogância, características que manifesta desde sua infância e que o jornal põe em evidência. Sua atitude perante seus interlocutores suscita comentários unânimes. Segundo Alejandro Russovich, um de seus amigos mais próximos: "Ele cria as palavras para ser a um tempo artificial e convincente." Marie Sweczewska exclama ao final da narração de uma anedota: "Ele nos agradece e, subitamente, ei-lo que se ajoelha! Parece-me, agora, que era algo teatral." O próprio autor concorda com isso: "Meus anátemas eram ornados com uma vestimenta de bufão."

Desde sua infância, contada por Tadeusz Kepinski, até as célebres entrevistas, recolhidas por Dominique de Roux, ele posa, sabe que a percepção que dele se tem deve ser fundada sobre uma construção, apenas por ele controlada. Aos dez anos de idade, ele bate à porta de um amigo. À mãe, que pergunta "Quem é?", o rapazote responde: "Senhor Gombrowicz." Assim será por toda a vida: mistura solenidade e ironia, passa de um respeito por vezes excessivo a um desdém irremediável e, sobretudo, mostra-se de uma lucidez que lhe faz ver que sua obsessão pela forma no registro criativo deve ser igualmente aplicada à sua maneira de estar no mundo. Ele foi grande dramaturgo, e os princípios da encenação não lhe são estranhos. Constrói suas narrativas com um gosto pronunciado pela manipulação, e o grotesco prova como chega a zombar do gênero "jornal literário" e dele próprio. Lembremos como começa:

> Segunda Eu
> Terça Eu
> Quarta Eu
> Quinta Eu

O tom irônico sublinha e ridiculariza seu ego que, sabe-se, não é nada negligenciável. Mas ele consegue, assim, torná-lo aceitável. Orgulho e modéstia estão igualmente presentes na plêiade de sentimentos contraditórios que o animam. Com frequência, ele se oferece ao leitor de modo bastante preciso, ora com exagero que convida à medida, ora com astúcia que provoca uma sincera admiração.

Graças a seu encontro com a Argentina, Gombrowicz descobre um lugar geográfico que se associa sem esforço à sua noção de "imaturidade". Ali, mais do que em sua pátria, ele pode celebrar a grandeza da juventude, as qualidades que destaca contra a tolice, o imobilismo e o mimetismo. Daí retira um de seus maiores paradoxos: a juventude é a inferioridade, a juventude é a beleza, portanto a beleza é a inferioridade. Ele cultivará esses valores, dará a eles forma romanesca e um lugar de destaque em seu jornal. Para ele, assim como para outros, a terra latino-americana é aquela do frescor, do inacabado e do esboço em oposição ao mundo ocidental em que a solidez das convicções e os contornos da verdade são particularmente definidos. Gombrowicz encontra, assim, sua sorte e transforma uma tragédia potencial em destino plenamente assumido: saído de uma Europa cujo centro e periferias o cansam, encontra em Buenos Aires o espaço onde vive o que já conseguiu colocar em forma em seu *Ferdydurke*: a imaturidade. A desordem e o caos, próprios aos países latino-americanos, são como um desafio para a disciplina europeia, tediosa, morosa e sem humor. A pulsão que o leva a utilizar com frequência o jogo, essa espécie de regra de vida e de disciplina na escrita, unidas mais uma vez, o desejo de ver na criação um ato marcado pela sinceridade e, por isso, pela pureza, e a atração que sobre ele exerce a juventude mais livre e mais disponível são os sinais que revelam o centro de suas preocupações: "imaturidade", motor e fim da escrita. Gombrowicz entende esse conceito como elaboração de uma forma de ser e, consequentemente, de um sistema de produção literária que confere lugar central ao vigor, à despreocupação e ao frescor da juventude.

Em 1933, ele publicou na Polônia seu primeiro livro de novelas: *Memórias de um tempo da imaturidade*. No prefácio da edição francesa de *Pornografia*, ele escreve: "O homem está suspenso entre Deus e a juventude", significando que as duas tentações residem no fato de desejar ser ao mesmo tempo Deus e permanecer jovem. Durante toda a vida, essa ideia retorna, obsedia-o e lhe dá um tom e um eixo para seguir seu percurso: chegar à plenitude divina e viver na candura e na espontaneidade que parecem reservadas à juventude. Ele desembarca na Argentina já convencido e, rapidamente, identifica essa ideia à paisagem e às pessoas que a cercam. A sensação de viver em um país novo, em formação, favorece essa aproximação entre o país e o conceito. O escritor polonês está aqui bastante próximo da famosa "inocência" ou "selvageria" que os europeus por vezes atribuem às terras americanas. Nenhuma terra é mais inocente que outra. A ela atribuir essa qualidade diz muito sobre o desejo de projetar suas próprias quimeras em territórios ditos "novos". Gombrowicz não reserva a "imaturidade" a esse continente, pensa que ela floresce lá onde a cultura não implantou profundamente seus valores, lá onde o espírito ainda não está muito adormecido, tanto em escala individual quanto social. Ele se recusa a se ligar a essa cultura, a esse acúmulo de conhecimentos ou de leituras; para ele, o essencial se situa no elã que nos impulsiona em sua direção: "Não é a cultura que me interessa, mas nossas relações com ela." Ele se joga com despreocupação na perturbadora noite do "Retiro" que o leva, sem choques, em direção à fruição e à volúpia. Sempre coerente, será um pífio leitor, mais apaixonado pelas camadas de vida real do que pelas criações dos outros escritores. Diz, então, que uma criação cuja finalidade é participar de um mero acúmulo inanimado está morta assim que foi formulada e produzida. Ela deve ter uma dinâmica, propor emoção, perturbar e evidenciar a infelicidade de ser e o prazer de viver. Está encarregada de dar forma ao desejo e ao fascínio, à derrisão corrosiva e à beleza da inocência que avança em direção de sua destruição, ao desejo de imaturidade que nos aproxima dos fogos da juventude e à instalação fatal da maturidade que sufoca sub-repticiamente seu contrário. Os últimos anos de sua estadia argentina foram marcados pela presença de muitos jovens em seu *entourage*, discípulos, admiradores ou amantes, que apreciam a força e a originalidade do surpreendente exilado. Ele acaba por aceitar um convite para ir a Berlim, onde permanecerá menos tempo do que previsto, preso aos ataques orquestrados pelos comunistas que o detestam. Terminará seus dias no sul da França, com sua esposa Rita, enfim reconhecido e traduzido no mundo inteiro. A doença o impedirá de voltar às margens do rio da Prata, onde finalmente foi tão feliz.

Hoje, as ideias e as obsessões de Gombrowicz lhe reservam um lugar de precursor e criador vivo. Imerso em uma originalidade surpreendente, encontrou na condição de exilado a imagem a que aspira o artista verdadeiro, solitário, ermitão e concentrado em sua obra. Seu primeiro romance, *Ferdydurke*, começa com a seguinte frase reveladora: "Nesta terça, eu acordei sem alma e sem graça para o momento em que a noite se acaba enquanto o amanhecer ainda não pôde nascer." Com essas palavras, ele nos diz, logo no início, seu gosto pelos espaços indefinidos, pelos momentos instáveis e pelas verdades flutuantes. Polonês, ele não adere por completo à tradição ou, ao menos, conhece os limites estreitos dessa moldura; não procura se tornar argentino e, ainda menos, francês. Vive no universo que criou para si e que a nós oferece. Gombrowicz habita em sua língua, esse jargão estranho e fantasioso que veste suas ideias e suas miragens. Ele percebe em Buenos Aires os lampejos de impressões fugazes que conferem uma fisionomia de pátria a algumas certezas. Ele vive como que entre parênteses, imerso na cidade, mas longe do destino a que teria podido aspirar: mergulhado nas margens da sociedade, ali se expressa com alegria. Gombrowicz percorre os territórios da imaturidade que constrói desde sua juventude: a Argentina reenvia um eco singular das quimeras que assombraram o espírito desse autor único. Assim, viu em sua terra de adoção um espaço que está em harmonia com os sonhos e os pesadelos que até o final o perseguiram.

CAPÍTULO CINCO

A opulência das encruzilhadas e a acuidade dos extremos
Robert Desnos e Cuba

Para X. d'A

A escrita é um modo de apreender as delimitações da existência e fazer recuar suas margens. O escritor tem por função acompanhar o leitor nessa aventura singular que consiste em desordenar as extremidades do ser. Robert Desnos é um dos mais convincentes intérpretes dessa perspectiva e justifica plenamente o título da biografia que lhe foi destinada por uma de suas mais atentas leitoras, Marie-Claire Dumas, *Robert Desnos ou l'exploration des limites* [*Robert Desnos ou a exploração dos limites*].

De fato, ele é bem-sucedido, em sua vida íntima e em sua obra, assim como em sua trajetória intelectual e em seu engajamento político, em circunscrever as bordas e agir de tal modo que cada ato se torna uma maneira de apreender nossas limitações e recusar a fatalidade e a surda aceitação. Ele perscruta os limites e aborda espaços novos. Não aceita as fronteiras impostas e olha para os mais distantes horizontes. Da juventude até seus últimos dias, mostra uma originalidade sincera, talvez mesmo uma extravagância fértil: suas obras são profundamente marcadas pelo desejo de escapar ao *déjà-vu* e ao imprevisível.

Em razão de sua trajetória, essa vontade de romper os limites é notável: autodidata, ele acolhe com a mesma curiosidade folhetins populares e poemas clássicos; aprecia com igual fervor os versos de François Villon e as aventuras de Fantômas [personagem de ficção policial]. Desnos não conhece barreiras entre cultura popular e arte reconhecida como tal. Não recusa as vanguardas nem os grandes nomes do passado: sua fome é tal que assimila sem esforço criações de ressonâncias distantes e formas diversas.

Ele escreverá sobre cinema e música popular, que não são completamente considerados como arte. Prospecta, investiga, busca, transmite suas paixões e suas emoções; emprega todas as expressões para legar suas perturbações e seus entusiasmos. Esse "Robert, o diabo", de que falou Louis Aragon, gosta antes de tudo de reconciliar os gêneros mais distanciados, uni-los na grande onda de sua acepção criativa. Em *Calixto*, ele escreve: "Unir a linguagem popular, a mais popular, a uma atmosfera inexprimível, a imagens agudas." Romper os limites nada tem de gratuito, já que isso pode produzir fulgurâncias que os gêneros artísticos negligenciados penam em fazer eclodir.

Ele se diverte inventando formas: pratica o desenho automático e desvia letras de nomes próprios para dar lugar a jogos gráficos, usa de combinações sonoras de palavras que podem fazer rir ou sorrir, aprecia tomar dados fixos e previsíveis para transformá-los em material flexível e pessoal. No campo poético que, evidentemente, constitui seu domínio de predileção, sabe multiplicar as formas, os tons e as relações com a tradição. Entretanto, conserva no centro de todos os seus trabalhos um humor que permanece como a mais sincera marca de sua personalidade. É o menos solene dos escritores e o mais refinado artista popular que existe. Se a gravidade de seu engajamento na criação não pode ser posta em dúvida, seu senso de humor lhe garante uma distância sadia e benéfica.

Deixará, assim, obras que se inscrevem em gêneros facilmente reconhecíveis (poesia, sobretudo, mas também romance) e criações mais surpreendentes para seu tempo: quadrinhos, roteiros de filmes, folhetins radiofônicos e trabalho jornalístico. Desnos inova, busca, cria formas novas: os roteiros, como aquele de *A estrela do mar*[1], intrigam ou fascinam; seus desenhos e seus quadrinhos testemunham seu amor por criações populares; e os folhetins radiofônicos como *La grande Complainte de Fantômas* [*O grande lamento de Fantômas*] (1933) são considerados obras-primas (ele adapta de Walt Whitman e compartilha o gosto por seus poemas grandiosos).

Trabalha também como jornalista e publicitário, atividades que o farão sobreviver. Isso explica, em parte, o desentendimento com Breton: os surrealistas não devem, segundo as regras impostas por seu principal pensador, comprometer-se com uma atividade profissional que os afaste de trabalhos artísticos convocados para libertar o espírito. Mas Desnos

---

1. O filme *A estrela do mar*, com direção de Man Ray, é de 1928, e tem em seu elenco a mítica modelo, cantora e atriz Kiki de Montparnasse. [N.T.]

tem um lado malandro, desobediente e contestatório que o conduz à insubmissão, ainda que integre esse grupo rebelde.

Se o trabalho é profundamente marcado por essa busca constante, a existência dá testemunho de sua relação com os limites e o desejo de se movimentar à margem do mundo. É de modo bastante natural, portanto, que participe do movimento surrealista, e que Breton declare em 1924: "O surrealismo está na pauta do dia e Robert Desnos é seu profeta." Ao longo das sessões de seu sono hipnótico, ele se revela um talentoso médium, e seu entusiasmo pelos aspectos lúdicos das atividades do grupo, suas amizades com Antonin Artaud ou Michel Leiris, sua revolta existencial e seus sentidos sempre despertos para a novidade fazem do jovem Robert um elemento brilhante no seio de uma das mais notáveis aventuras vanguardistas do último século. Desnos brilha nesse círculo e diverte-se com seu sucesso. Como seus companheiros, demonstra uma atração estranha pela América Latina, sobre a qual pouco sabem. Graças a um retrato de Alfonso Reyes, escrito em 1926, ele dá mostras de sua simpatia pelo México, esse país distante que conduziu uma revolução exemplar, deu terras aos camponeses e defende a educação das massas. O surrealismo olha para além-mar a fim de encontrar uma terra de esperança e futuro.

Desnos vive no turbilhão da Paris surrealista e inventa sem cessar meios de se aproximar dos limites da vida. Homem da noite, aposta no esgotamento de seu espírito para que os sonhos aflorem sem esforço. É considerado um especialista do erotismo, tema sobre o qual compõe, em 1923, um dossiê a pedido de Jacques Doucet. Sua vida amorosa tende ao impossível quando se apaixona loucamente por Yvonne Georges, cantora de *music hall*: segundo seus amigos mais próximos, esse sentimento nunca será compartilhado, e a vedete, consumida por uma vida muito agitada, morre em 1930. Mais tarde, as atividades eróticas e amorosas de Desnos encontram em Youki Foujita sua musa, e na liberdade do casal Foujita um cúmplice, fascinado que ele está pela bela jovem mulher, tão emancipada e extravagante. Ele persiste em suas explorações das margens e perturba de bom grado seu espírito pelo álcool e pelas drogas. E festeja a cocaína em sua "Ode a Coco":

> Coco! A prostituta pálida com pinturas decompostas
> Cheirou esta noite estranhos perfumes.
> Tenho campos de papoulas soturnos e perniciosos
> Que, mais do que você Coco! me azularão os olhos.

Mais tarde, ele fala sobre o ópio em sua narrativa intitulada *Le Vin est tiré* [*O vinho está servido*], em que descreve o malogro de uma cura feita por desintoxicação. As drogas o atraem, como acontece com a maioria de seus contemporâneos. Nomes como Guillaume Apollinaire, Jean Cocteau, René Daumal, Roger Gilbert-Lecomte, Alfred Jarry ou Marcel Schwob acompanham o seu na longa lista de artistas e escritores que se entregam aos entorpecentes, sobretudo ao ópio e à cocaína. Desnos acrescenta a isso um gosto pronunciado pelo álcool: sabe jogar com o tempo e a vida, distorcer o real para torná-lo mais rico e mais variado. "A noite é teu território": com estas palavras, Aragon oferece uma ideia, em seu poema "Robert le diable" ["Robert o diabo"], da vida de Desnos no seio desse grupo de amigos pouco avaro com notívagos e festeiros diversos. Seu famoso olhar, tão pesado quanto enevoado pela falta de sono, diz muito sobre suas noites agitadas.

Desnos acumula tudo isso com um frenesi permanente e um senso criativo nunca desmentido. Em política, caminha na direção da resistência e da revolução. Alinhado, inicialmente, às posições de Breton, não aprecia a aproximação com o Partido Comunista, e a sanção emerge. Breton escreve em seu *Segundo manifesto do surrealismo*: "Uma grande complacência em relação a si mesmo, eis o que reprovo essencialmente em Desnos." Ao que o interessado responde com *Thomas l'imposteur* [*Thomas o impostor*], incluído no panfleto "Un cadavre" ["Um cadáver"], de 1930. Ali ele conclui: "Eis o que dirá o fantasma fétido de André Breton. E a última vaidade desse fantasma será a de feder eternamente entre as pestilências do paraíso prometido à próxima e certa conversão do escroque André Breton. Escrito em Paris, com a alegria segura de ter realizado uma tarefa indispensável." O mínimo que se pode dizer é que nesse relato se exprimem um rancor e um amargor profundamente amadurecidos. Para além dos empregos remunerados que ocupa contra a opinião de Breton, acumulam-se outras contrariedades que provocam a ruptura, em particular seu individualismo, seu apetite pelas formas novas, sua recusa de se restringir a exercícios impostos, sua insubmissão fundamental que o torna pouco apto a se unir a um grupo, naquelas noites de derivas e com seus textos que escapam da vanguarda.

Nesse destino marcado por um desejo de estar em outra parte que não no agora, a viagem é curiosamente pouco presente. Sabe-se o quanto seu serviço militar no Marrocos o maravilhou e que nomes de lugares distantes embelezam seus textos. Um de seus primeiros poemas, aliás, se intitula "Chicago". Mas ele viaja, sobretudo, pelo sonho, ancorado em seu bairro Saint-Merri, próximo dos Halles. Se aspirou visitar algum país desconhecido, Desnos não foi um viajante intrépido. Nesse sentido, sua viagem a Cuba e as consequências profundas que nele se inscreverão são particularmente notáveis.

Em fevereiro de 1928, Desnos parte de Saint-Nazaire para Havana. Ele participará de um congresso de jornalistas de imprensa latino-americana, substituindo um de seus amigos, León Pacheco. Pouco à vontade nesse tipo de ambiente, tomado pelos outros participantes como "surrealista" escandaloso, Desnos atravessa o Atlântico pela primeira e última vez. Entre os passageiros, nota-se a presença do guatemalteco Miguel Ángel Asturias. Ao chegar a Cuba, o surrealista não deixa de interpelar os representantes franceses: "E agora são vocês os metecos!" Há muito escolheu de que lado estaria. Depois de quinze dias de viagem e diversas escalas, desembarcam em Havana, onde Desnos é interrogado pela imprensa local sobre seus escritos e o movimento surrealista. Ali encontra Alejo Carpentier, que o leu, e imediatamente simpatizam um com o outro: ele será seu guia e amigo durante essa breve estadia, rica em encontros e descobertas.

Nessa época, Cuba está sob o comando de Machado [Gerardo Machado y Morales], ditador implacável que busca, com a organização desse congresso, fazer bonita figura na cena internacional. As prisões estão cheias e a miséria é imensa. Os jovens intelectuais militantes são presos com frequência, como aconteceu com Carpentier, que conhece Desnos depois de sair de cinco meses de prisão. O jovem Alejo fala perfeitamente francês e conhece maravilhosamente bem a cultura popular de sua ilha. Ele dará a conhecer ao visitante o som da música cubana e lhe fará descobrir a beleza do lugar com sagacidade e generosidade. Quanto ao congresso em si, com seus discursos esperados e tediosos, não terá muitos atrativos para Desnos; ele prefere percorrer com seu novo amigo as praias cubanas, onde jovens negros dançam ao ritmo das músicas tropicais que começa a apreciar. Embora sua estadia seja breve (de 6 a 16 de março de 1928), é intensa graças às festas e aos banquetes que embelezam essas jornadas. Mais que assistir aos acontecimentos do programa oficial, Desnos se liga com maior interesse ao grupo de amigos de Carpentier, o "grupo minoritário", do qual, aliás, é o convidado de honra para um banquete.

O evento que definitivamente confirma a amizade entre eles acontecerá no dia da partida, data da evasão do jovem cubano. A partir de uma ideia do escritor francês, Carpentier utiliza os papéis de identidade de Desnos (muitos sem fotos) para ocupar um lugar a bordo do navio que parte para a França. Em seguida, Desnos se apresenta no cais e declara que perdeu esses mesmos documentos. Membros da delegação de jornalistas o reconhecem, argumentam em seu favor e ele é admitido a bordo. Estamos bem longe do rigor dos controles que hoje conhecemos. Uma vez no mar, os dois amigos explicam a situação ao capitão, sem que isso provoque qualquer drama. É assim que Alejo Carpentier chega à França com o estatuto de refugiado político. Ali viverá e trabalhará durante longos anos, em grande parte graças à ajuda de Robert Desnos. Essa viagem de regresso é ornamentada por anedotas, a mais saborosa é aquela em que Desnos zomba de Fernand Gregh, convidado do congresso que ele julgou particularmente grotesco e solene. Quando os dois homens se cruzam, Desnos carrega um grande número de discos de música cubana. Gregh o interroga. Robert Desnos lhe responde que se trata de um presente do presidente Machado e finge surpresa diante de uma injustiça tão flagrante. Como assim, o senhor não recebeu uma tal marca de generosidade? Desnos chegará mesmo a dizer que o barbante que envolve o pacote é o cordão da "Grande Ordem da Rumba", cordão que o próprio presidente Machado lhe teria dado.

Repletos de fervor e amizade, esses dias marcaram profundamente o parisiense, pouco habituado àquele sol, àquela paixão, àquele entusiasmo. Desde o regresso de sua viagem, e até sua morte, experimentará uma grande simpatia pela cultura e pelo povo cubanos; tentará ajudar seus amigos de Cuba, se dedicará a estudar a música dita popular, a fazer conhecer e apreciar expressões pouco conhecidas na Europa. Desempenhará um papel importante no domínio político, favorecendo e encorajando os oponentes do regime repressivo da jovem e frágil república.

Desnos fará o que sabe fazer de melhor: escrever. Começa com uma série de artigos em que se coloca mais como observador do que como especialista, mais como curioso fascinado do que como *connaisseur* bem informado. Elogia a modernidade de Cuba, espanta-se com a energia e o vigor que experimenta e permanece admirado com a beleza do lugar. Descreve o encantamento, impregna-se da música e de sua história e denuncia a mão forte dos Estados Unidos sobre a ilha. Nisso insiste em particular quando dá conta da riqueza e da complexidade das melodias ouvidas (traz, como já se viu, muitos discos de seu périplo), e se manifesta sobre a noção de mestiçagem, o que não é muito divulgado na época. Nos textos que se seguirão sobre o assunto, descreverá não apenas o caldeirão cultural de influências diversas, mas também como essa música constitui uma excelente maneira de apreender a incomensurável generosidade dessa terra. Sabe que aí está o símbolo e a marca da cubanidade: o que confere valor a Cuba e à sua música é a reunião incrível do melhor de todas as influências. O título de sua série de artigos é revelador: *Un Carrefour du monde* [*Um cruzamento de ideias do mundo*]. Antes de qualquer coisa, ele é sensível ao resultado produzido por todos esses cruzamentos, compara a música das costas litorâneas, marcada pelo mundo africano, àquela das montanhas, que conserva um traço da Europa. As tradições não são rígidas, vivem melhor com esse enriquecimento mútuo.

Ele será particularmente ativo no domínio político, junto aos oponentes cubanos em Paris. Continua a ajudar seu amigo Carpentier e discute política com os intelectuais latino-americanos que vivem nesse momento na capital francesa como Asturias, Uslar Pietri e Jorge Custa, sem falar dos incontáveis exilados cubanos que chamam o ateliê da rua Blomet, onde vive Desnos, de "a embaixada de Cuba". Acolhe em sua casa um grande número deles e não deixa de apresentar seus textos para as revistas das quais é próximo (*Documents, Bifur*) ou seus manuscritos aos editores, como foi o caso, sem grande sucesso, de Asturias, na Gallimard. A literatura latino-americana ainda não desfruta do prestígio que terá mais tarde, e o futuro Prêmio Nobel guatemalteco deverá esperar para ver seus livros traduzidos em francês. Desnos escreve de bom grado sobre a paixão por Cuba: *La Joie des enfants cubains* [*A alegria das crianças cubanas*], por exemplo, é um texto de 1935 destinado a jovens leitores. Ele escreve *Mœurs de Cuba* [*Costumes de Cuba*] em 1933, lança um ambicioso projeto de ópera em colaboração com o compositor Eliseo Grenet em finais de 1934, *Le Trésoir des Caraïbes* [*O tesouro do Caribe*]. Pensa Cuba, respira Cuba, fala sobre Cuba com uma constância que exprime a profundidade do encanto que essa terra distante provocou nele.

Desnos tem contato permanente com toda a América Latina: encontra Pablo Neruda e escreve, em 1943, o relato de seu encontro com o pintor mexicano David Alfaro Siqueiros, sob o título *La fea et la bonita* [*A feia e a bonita*]. Nas rádios, insiste sobre a riqueza das melodias cubanas, trabalha com Carpentier para fazer conhecer a literatura do Caribe graças a uma antologia (que nunca será publicada por falta de recursos), colabora com a revista *Imán*. Participará, sobretudo, da criação do Comitê de Jovens Revolucionários Cubanos, representação da organização clandestina cubana, ABC. Parece que não apenas participou dessa organização, como foi um de seus organizadores. É por um sólido e ativo engajamento que militará ao lado daqueles que, na ilha, defendem a luta armada, chegando mesmo ao terrorismo. Essa filial parisiense publicará uma brochura, *La Terreur à Cuba* [*O terror em Cuba*], em que facilmente se reconhece a marca de Desnos, o jornalista. Ele, que nunca quis se filiar a um partido político francês (como ao Partido Comunista no momento da aproximação com o grupo surrealista), parece não forçar sua natureza para dar sua ajuda a uma ação tão radical. Ele fala nas reuniões, escreve textos de apoio, ouve seus amigos latino-americanos, solidariza-se com sua indignação e suas esperanças.

Não se pode observar a relação entre Desnos e Cuba sem se surpreender com sua dimensão e potência, ainda que ele tenha passado pouco tempo na ilha. Nas profundezas desse encontro, vibram as pesquisas do poeta, seus gostos e suas fascinações, seu desejo de encontrar um lugar que acolha suas quimeras e o poderoso entrelaçamento de suas mais caras visões. Cuba é o *carrefour* do mundo e vem daí a extremidade de seu universo. Situação paradoxal, mas bastante compreensível no espírito de Desnos.

Inicialmente, há o mar, os portos e os faróis, que atuam como fio condutor em sua obra. Ele, que viajou tão pouco, encontra nessa atmosfera marinha um espaço de liberdade que usa com insistência. Desde 1919, ele escreve:

> As putas de Marselha têm irmãs oceânicas
> Cujos beijos insalubres decomporão vossas carnes

Em seguida:

O mar é a noite que dorme durante o dia.

Sempre em busca de liberdade, amor e fôlego emancipador, como tantos outros poetas, Desnos descobre na profundeza oceânica o espaço mais propício para a exaltação desses valores. E na confusão do mundo, no oco da grande perturbação que nos habita, algumas luzes têm um brilho singular e nos guiam. Assim ele fala dos faróis:

> Ao frágil horizonte longo tempo enviam
> O desesperado apelo dos Cristóvão Colombo
> Antes de terem, na marca de um pé selvagem,
> Resposta concedida à sua prece desenvolta.

Ele faz ali a apologia de uma certa "barbárie" e intitula o poema de "Os vigilantes de Arthur Rimbaud".[2] Essas palavras foram escritas antes da viagem a Cuba, como se esperasse confrontar suas pulsões com um espaço real, uma terra luxuriante e generosa. Vê Cuba antes de lá estar e, mais do que conhecer um lugar, reconhece ali seus sonhos.

A ressonância particular que Desnos experimenta desde sua chegada a Havana vem de muito longe. Mas ele procura não torcer a realidade para aproximá-la de seus fantasmas: contenta-se em dar destaque ao que vê, em dizer suas belezas e sublinhar seus traços mais surpreendentes. Ele nada inventa: observa e diz. Com fascínio, desejo e vontade de ali

---

2. Os versos em destaque figuram em Robert Desnos, *A liberdade ou o amor*, tradução e apresentação de Aníbal Fernandes, Lisboa, Sistema Solar, CRL, 2016, p. 21. [N.T.]

se inscrever, percebe essa sensualidade e apreende o quanto suas aspirações encontraram uma terra de eleição. Chega mesmo a rir da beleza das mulheres: "Há poucas mulheres velhas. Não há feias. Elas devem estar escondidas ou mortas."

Depois das primeiras impressões, descobre como os jovens intelectuais lutam pela liberdade. A eles permanecerá fiel até o fim. Dessas relações, destaca-se a amizade com Carpentier: os diálogos entre os dois escritores devem ter sido muito ricos, pois, em suas trocas, refletem-se a multiplicidade e a variedade de projetos comuns. Um foi o guia do outro: Alejo explica os ritmos musicais e as literaturas hispano-americanas a seu amigo francês, e Desnos lhe consegue um trabalho em Paris, entrega-lhe as chaves das redes parisienses, ricas e complexas nesses tempos. Os dois têm gosto pelas criações populares e recusam a separação entre expressão dita clássica e entretenimento. O francês viveu o surrealismo, o cubano refletiu sobre o "real maravilhoso". Como não aproximar essas duas perspectivas e essas duas práticas literárias? Em seu texto *De lo real maravilloso americano* [*Sobre o real maravilhoso americano*], Carpentier busca evidenciar uma diferença notável entre os universos latino-americano e europeu: para ele, sua terra natal é o lugar onde o maravilhoso se esconde na realidade naturalmente, e o escritor atento põe em destaque essa confusão singular, utiliza-a na progressão de sua obra para melhor decifrar os mistérios do mundo. Na Europa, o mesmo entrelaçamento é maculado por um lado "artificial", forçado e intencional que é visível nos trabalhos, por exemplo, dos surrealistas. Ele conclui seu texto com uma interrogação: "*O que é a história da América senão, integralmente, uma crônica do real maravilhoso?*"³ Esse debate deve ter alimentado numerosas discussões entre os dois amigos, em particular com Desnos entusiasta que rompeu com Breton de modo violento e que observa a evolução do movimento com um olhar duvidoso.

"Robert o diabo" experimentou seu encontro com Cuba como uma perturbação que lhe permitiu encontrar um lugar para seus sonhos secretos, encontrar uma terra real e os intérpretes que vivam esses desejos. Quando fala de seu amor por Yvonne Georges, ele confessa: "Latente em nós, a paixão desperta e nos lembra de que está próximo o tempo em que devemos nos submeter à lei dos encontros dramáticos." Um fatalismo pesado que se nota no coração da exaltação ligada ao sentimento amoroso. Em outros domínios, mais cedo ou mais tarde, a febre dos momentos felizes arrefece e o drama recupera seus direitos. Cuba lhe dá tanto prazer que o reverso dessa felicidade não pode tardar a se manifestar; o paraíso não existe sobre a terra, e Desnos necessita dessa repercussão para dar livre curso à sua afeição, ao tormento que torna ainda mais sensível sua relação com o lugar. Ele não pode amar senão sob uma ameaça que paira sobre o objeto de sua paixão, uma sombra que escurece o notável esplendor da ilha adorada. A repressão, a pobreza e o terror poderiam atenuar sua afeição, mas não afetam seu entusiasmo fundamental: avivam a chama mais do que a apagam. Esse país é ainda mais belo em seu sofrimento posto a nu. Se não houvesse a solidariedade dos oponentes, os gestos de desafio contra o poder e um certo

---

3. Em itálico e em espanhol no original. [N.T.]

frenesi em sua busca de dignidade, Desnos talvez não tivesse amado essa terra com tamanha intensidade.

Já em 1927, um ano antes da travessia transatlântica, afirma em um texto intitulado *Fantômas, les vampires, les mystères de New York* [*Fantômas, os vampiros, os mistérios de Nova York*]: "Não há vício senão para os impotentes; a sensualidade, ao contrário, justifica todas as formas de vida e expressão." Em sua escala de valores, a lascívia e a volúpia são colocadas bem no alto: esses prazeres constituem a expressão da própria vida. Em seu primeiro artigo sobre Havana e a música que ali ouve, ele diz: "Talvez aí resida seu charme, charme a um tempo empolgante e lânguido dessas noites em que se pode morrer indiferentemente por amor ou liberdade."

Robert Desnos vê em Cuba um lugar extremo, um desses lugares onde se opõem polos distantes, tão afastados entre eles que a tensão criada não pode provocar senão febre e paixão. O encanto que ali descobre, a beleza celebrada e as amizades espontâneas e, ainda assim, profundas e sinceras, chocam-se com a injustiça, a miséria que se mantém e a podridão que avança. O contraste provoca a paixão e exacerba as tensões. Para dar conta do lugar, ele não modifica a realidade: apenas sublinha o que aprecia, como um iluminador que concentra a atenção sobre um ponto preciso. É por isso que se diz sensível a essa especificidade cubana de *carrefour*, de cruzamento. Não por acaso ele a ilustra com a música local em diversos momentos. Há a África nesses ritmos, mas, sobretudo, a hibridização, o acréscimo e a mistura. Ele está encantado com esse universo que aglutina sem impor limites, e oferece suas criações sem julgamento de valor nem vontade de impor uma separação entre a cultura da rua e o restante.

O homem dos excessos, da noite e do amor, esse "pastor dos longos desejos e dos devaneios rompidos", encontrou em um único lugar um território que o atrai e o cativa. Lá, mais do que em qualquer outro, sabe que pode mergulhar em uma existência cruel carregada de selvageria. Isso provoca nele exaltações e efervescências que o impelem à criação poética, ao gesto criador e aos abusos das noites muito longas. Desnos reconhece ali as mesmas vertigens. É como se Cuba morasse muito perto dele e avançasse na mesma direção que seus excessos e transbordamentos. Havana arde de um fogo particular que desperta no poeta os sentidos aos quais ele oferece um lugar central. Os dias ali passados iluminam sua existência, como se tivesse podido concentrar, em um lapso de tempo tão curto, sua capacidade de desfrutar plenamente da suntuosidade de um lugar enriquecido pelos cruzamentos da história. Conheceu no país a intensidade de cada instante, de cada tensão, que o renvia às experiências mais frenéticas já vividas. Em Cuba, mais do que nunca, Desnos foi o "explorador dos limites".

CAPÍTULO SEIS

"Nada é verdadeiro. Tudo é permitido."
William S. Burroughs no México

Quinta-feira, 6 de setembro de 1951, é o dia em que a vida de William S. Burroughs mudou de rumo. No México, onde mora com sua mulher Joan e seus filhos há quase dois anos, ele leva uma existência atormentada em que o álcool substitui a droga. Os conflitos com Joan são frequentes, e as aventuras homossexuais fugazes e por vezes sórdidas, fáceis de serem provocadas. Nesse dia, o casal, que bebeu muito, vai à casa de um amigo norte-americano onde o aprendiz-escritor deve vender um de seus revólveres a um compatriota. Eles fazem parte de um grupo de jovens norte-americanos que adoram festas e se aproveitam dessa sociedade permissiva para viver exaltações pouco admitidas em seu país de origem. Como sempre, a embriaguez de todos provoca fricções entre eles e Joan acaba por propor um desafio a Burroughs: mostrar sua habilidade no tiro. De comum acordo, escolhem brincar de Guilherme Tell, exímio arqueiro suíço. Joan coloca um copo sobre a cabeça, as testemunhas da cena ficam tensas, e o tiro é dado. A bala aloja-se no crânio de Joan, que morrerá ao chegar ao hospital. Em razão desse gesto assassino, certamente involuntário, Burroughs experimenta uma perturbação profunda e, como dirá mais tarde, se torna então escritor. Como se já estivesse invadido por um demônio, que o perseguirá até o final de seus dias. Passou treze dias na prisão e foi libertado graças a um veredito duvidoso de "imprudência criminal". Quase um ano mais tarde, deixará definitivamente o México. Ele declara na época: "Aqui estou, levado a concluir, com consternação, que nunca teria me tornado escritor sem a morte de Joan, e a considerar quanto esse acontecimento orientou minha vida e determinou minha obra. Vivo na angústia constante da possessão, na necessidade de sempre fugir das forças de possessão, de todo controle. A morte de Joan me terá colocado em contato com o invasor, com o espírito do mal, e terá me obrigado a optar pela resistência durante toda minha vida, sem me dar outra escolha senão aquela de escrever e me libertar ao escrever."

Ele resume o ato de escrever como uma forma de oposição, de barreira ao espírito perigoso e diabólico que dele se apoderou nesse momento crucial e que pode novamente se manifestar. É uma maneira de defender sua inocência em relação a esse assassinato e de expiar a culpa durante toda a vida. Quando se dedica à pintura, já no final de sua existência, jogará sobre as telas, com seus *shotgun paintings* [pistolas de pinturas], manchas de tinta como as projeções de um tiro de revólver dado sobre um pote. O fantasma de Joan o perseguirá até o final. E, por isso, ele evitará definitivamente o México, terra da fatalidade e do gênio do mal.

"NADA É VERDADEIRO. TUDO É PERMITIDO."

Originário de uma família abastada, detestando sua origem, Burroughs aproveita a ajuda econômica de seus pais. Estuda na Universidade Columbia, em Nova York, e conhece muito bem os *bas-fonds* da cidade: movimenta-se entre drogados, ladrões e notívagos alucinados. Seu universo reúne a alta cultura universitária e os drogados dessa Nova York que transborda de vagabundos e marginais. Frequenta um clã tão agitado quanto ele, dedicado à literatura, um clã que verá os mais dotados triunfarem sob o rótulo *beats*. Uma de suas grandes paixões amorosas, o poeta Allen Ginsberg, faz parte desse grupo, e o narrador emblemático dessa geração, Jack Kerouac, já escreve em ritmo desenfreado. Esses jovens consideram Burroughs um irmão mais velho, mais culto, mais mergulhado na droga e na destruição. À barba e ao aspecto hippie que logo assumirá Ginsberg, e à cara de beberrão de Kerouac, Burroughs opõe uma fisionomia e um aspecto de funcionário de escritório. Ele vive de renda e manterá essa aparência até a morte. Nesse grupo, dividem-se apartamentos, leituras e drogas; apresentam-se eventuais amantes e trocam-se sonhos e obsessões. E cai-se em excessos, acaba-se na delegacia ou, então, se é expulso de casa.

No meio dessa confusão, Burroughs conhece o deleite e o tormento da heroína, as seringas e as pequenas colheradas em que a água misturada à droga chega à ebulição. Ele conta como vê representado seu mundo no primeiro romance, *Junky*. "A droga não é um prazer. É um modo de vida." Com estas palavras, define sua relação com a droga e, subsequentemente, com a existência. Ele é e permanecerá um ser à margem. É feito para a vida paralela e tem a frieza calculista do toxicômano. Burroughs é ainda apenas um jovem escritor sem obra e sem grande confiança diante da certeza de querer escrever. Grande leitor, impressiona seus amigos e os faz descobrir Ferdinand Céline, Arthur Rimbaud, Charles Baudelaire, Marquês de Sade, Jean Genet. No coração desse tumulto, é apresentado a uma jovem mulher, culta e brilhante, que cuida sozinha de sua filha, bebe e se droga pesado: Joan Vollmer. Ela sabe muito bem que Burroughs vive plenamente sua homossexualidade, mas pouco liga para o fato. Essa liberdade de pensamento teve grande ressonância na relação entre eles, pois, muito rapidamente, Burroughs passa a viver com Joan. Fascinados um pelo outro, formam um casal surpreendente. Joan acaba por ser internada em hospital psiquiátrico, vencida por seus excessos. Seu companheiro a retira de lá, mas compreende que o acúmulo de problemas conduzirá a um drama. Ele é condenado depois de uma batida policial que confisca receitas falsificadas. Joan e William decidem deixar Nova York.

Tudo leva a crer que a relação entre eles, apesar dos desequilíbrios e de seus abismos, é marcada pelo sentimento amoroso. Embora Burroughs não transborde de afeição, suas cartas a Ginsberg mostram, ainda assim, falhas em sua couraça, e ele sofrerá muitíssimo com a separação. Joan será sua interlocutora, ela o motiva, o critica mas o apoia. No âmbito literário, ela não tem razão para ter ciúmes e perturba seus próprios sentidos com a mesma violência. Eles se destroem, ela aceita suas relações homossexuais e não recusa os avanços de outros amantes, não deixando de comentar favoravelmente o comportamento de seu homem na cama. Uma mulher liberada e forte que sabe se impor diante dele, até esse último desafio de 6 de setembro de 1951 em que perderá a vida.

Depois que partem de Nova York, a família de Burroughs, que ainda acredita em sua reabilitação, dará a ele nova ajuda financeira. Burroughs lança-se, então, a uma empreitada agrícola com um amigo. Mas a experiência é um fiasco, sobretudo por causa da cultura de maconha. E o interior do Texas profundo não é feito para a dupla, que precisou viver em condições precárias, sem água e sem eletricidade. Forçados a partir, instalam-se em Nova Orleans, cidade cujos *bas-fonds* são plenos de possibilidades.

Nesse meio tempo, Joan tem um filho de Burroughs, que nasce com uma dependência congênita à droga. A família torna-se um peso em razão dos vícios: o pai com suas seringas e a mãe com seus inaladores de benzedrina. Uma vez mais são pegos pela polícia, que os deixa escapar por tecnicidade. E Burroughs de fugir mais uma vez. E sempre. Diante dos problemas, ele prefere a fuga. Seguindo os conselhos de seu advogado, atravessa a fronteira, a única que margeia efetivamente os Estados Unidos, aquela do Sul.

No final de 1949, o casal parte para o México, e essa viagem será uma fuga e uma libertação. Ele evita assim ir a julgamento, quando sua condenação é dada como certa. A família Burroughs chega à Cidade do México e encontra moradia no bairro adotado pelos jovens norte-americanos que vêm ali morar: a Colônia Roma. A cidade, no início dos anos 1950, não tem quase nenhuma semelhança com a megalópole dos dias atuais. Aqueles tempos são marcados por uma forte atração pelos Estados Unidos, em que o cinema e a música são de qualidade e desfrutam de uma grande reputação em toda a América Latina. As artes mexicanas abrem-se para o mundo exterior, a vida ali é doce e fácil, as noites animadas, os cabarés, numerosos.

Miguel Alemán será o primeiro civil a ser eleito para a Presidência da República, desde o início da revolução, e o país inteiro tem sede de libertação e modernidade. São os tempos em que Luis Buñuel filma *Os esquecidos* [*Los olvidados*], em que os atores Tin Tan e Maria Felix são grandes vedetes internacionais. É a época em que Pedro Infante triunfa com *Nosotros los pobres* [*Nós, os pobres*] e se torna um astro da canção popular. A Cidade do México é extremamente alegre, com suas rumbeiras que dançam até a madrugada, e com o compositor cubano Pérez Prado, o rei do mambo, que se instala na cidade. É o começo da televisão local e das legítimas aspirações a se tornar um país desenvolvido. Esses tempos de transição e esses grandes atores e artistas não se esquivam de um William fugitivo, mas ele sente a eletricidade no ar e, se não participa de noites eufóricas dos notívagos experimentados, vagueia com frequência pelos lados de San Juan de Letrán, um bairro mais lúgubre e mais pobre. Não se reconhece na alegria das boates e então se mistura mais facilmente à vida obscura de lugares sórdidos, sem outra finalidade do que aquela de satisfazer o vício.

Com os subsídios que sua família lhe dá, Burroughs pode oferecer aos seus algum conforto. Durante sua estadia, os amigos de Nova York, Ginsberg e Kerouac, virão visitá-los. Graças a uma bolsa concedida àqueles que combateram durante a Segunda Guerra Mundial ou que dela foram dispensados — é o seu caso —, ele pode assistir a cursos sobre as civilizações maia e asteca e experimenta uma forte fascinação pelos sistemas de escrita e transmissão de saberes.

O país o encanta: a amabilidade dos habitantes e sua discrição proporcionam um sentimento de distância que o seduz e o ajuda. Ele escreve em suas cartas: "Simplesmente pouco importa a quem quer que seja aquilo que os outros fazem" ou "[A Cidade do México] é um dos raros lugares no mundo onde se pode realmente viver como um príncipe". Mas também fala sobre a "atmosfera geral de liberdade que ali predomina". Ele deseja permanecer nesse "país nobre e livre". Escreve ainda: "O México é o meu lugar. Quero viver aqui e que meus filhos cresçam aqui."

Os primeiros tempos são aqueles de sedução e descoberta. Ali, pode carregar uma arma permanentemente (outra grande paixão, armas de todos os tipos), passar tempo com os usuários de drogas locais à procura de doses, visitar jovens norte-americanos que vêm se liberar longe de seu país, estreito e repressivo. Burroughs perambula pelos *bas-fonds* e conhece o reverso do cenário. Escreve para Kerouac: "As pessoas defecam na rua, deitam-se e dormem enquanto moscas entram e saem de suas bocas."

Apesar dos defeitos, a Cidade do México lhe oferece um espaço de tolerância do qual explora todo o potencial. Ele se vira para encontrar droga, pois os "médicos mexicanos não se parecem com os médicos ilegais dos Estados Unidos. Eles não atuam jamais em comédias do homem da arte". Burroughs é pragmático, não se lança em comparações muito argumentadas. Apenas sabe que os médicos de seu país deixam-se envolver pela moral fácil e têm um senso de dever forçado pelo medo da repressão imposta pelo poder. Trata-se também de uma bela ilustração da recusa que experimenta por seu país de origem e pela sedução que a terra de acolhida exerce sobre ele. Afinal de contas, sua condição de *junky* não lhe permite senão esses critérios de apreciação bastante singulares. Para preencher a vida, ele perambula pelos bares, onde jovens meninos a ele se oferecem sem dificuldades, e não se vê forçado a grandes obrigações senão àquelas de prover às necessidades de sua família. A presença crepuscular de Burroughs adapta-se bem ao lugar, e ele projeta certa fascinação pela Cidade do México, onde pode exercitar plenamente seu gosto pela solidão.

O México manifesta respeito pelo outro, sobretudo se for estrangeiro, e isso convém perfeitamente a Burroughs. Ele gosta dessas regras não ditas e encontra razões para se sentir superior: vê essa amabilidade, que penetra todas as classes sociais, como uma marca de consideração que lhe é familiar. De fato, pertence a uma classe social bastante abastada, aproveita a renda gerada por uma invenção familiar bastante rentável (uma máquina de calcular) e julga bastante confortável, e totalmente justificada, essa polidez de que é objeto em sua vida cotidiana. De resto, aprecia usar esses códigos e essa maneira para marcar um distanciamento respeitoso. Isso lhe permite dissimular sua falta de interesse profundo pelo país e viver uma relação, um tanto condescendente, com essa sociedade ainda em atraso, segundo os critérios da época. Não se sabe ao certo o que ele aprende da realidade mexicana, mas é inevitável reconhecer que, após uma estadia de cerca de três anos, ela não parece provocar paixão. No entanto, o cenário mexicano será motivo de inspiração em seus romances *Junky* e *Queer*. Ele encontra facilmente *junkies* locais que o ajudam em suas pesquisas, mas que não são de grande utilidade. A polícia, por sua vez, não se intromete em nada, e ele sabe perfeitamente manter as aparências.

Burroughs e Joan alternam períodos de consumo de droga e momentos de desintoxicação, durante os quais bebem tequila, da manhã à noite. Um médico chega a aconselhar Burroughs a voltar às drogas a fim de evitar uma destruição total pelo álcool. A liberdade que experimenta na Cidade do México provém, em grande parte, da tolerância demonstrada pelos valores distintos daqueles de seu país de origem. Ele é sensível à discrição e à indulgência que esse lugar manifesta. O país parece feito do mesmo barro que ele, uma mistura de selvageria profunda e um grande controle de si que dá a sensação de viver um equilíbrio instável entre barbárie e amabilidade, exaltação selvagem e boa vontade. Ele escreve: "Vi muitas touradas. Nada mal. Esta tarde irei ver uma briga de galos. Gosto desses espetáculos brutais, sangrentos e degradantes." E tudo isso dito em um tom calmo e seco.

Burroughs não gosta da indolência e das desistências, e esse país também não. Indiferença e polidez fazem bem a um e a outro, e o individualismo ou o egoísmo são valores que convêm ao jovem norte-americano. Burroughs celebra a Cidade do México, pois se reconhece em muitas das sensações que sacodem o visitante. Para se sentir livre, basta observar e compreender as regras, fazer seus os costumes locais. É aí o único espaço ao qual pode se adaptar.

Nessa ressonância surpreendente, não se deve reconhecer apenas uma harmonia entre um autor em construção e um espaço singular. Esse obscuro encontro e a tragédia que o encerra são as marcas de um destino levado a cabo. William se consolida graças a esse contato, torna-se cada vez mais ele mesmo. Assenta sua maneira de ser e trilha um caminho pessoal; enriquece com sua vida na Cidade do México e, sem estar plenamente consciente disso, evolui com naturalidade graças a essa doce fusão entre a cidade e ele. À sua maneira, desabrocha, e é assim que pode confessar suas palavras à página em branco. Aliás, é provável que *Junky* tenha sido concluído antes da morte de Joan. Burroughs faz parte desses escritores que dão a impressão de progredir como se cavassem um poço: sem olhar para os entornos, sem receber outras influências senão aquelas de sua própria caminhada e insistindo sem cessar nos mesmos temas e nas mesmas imagens. Seu universo não depende talvez da Cidade do México, mas a passagem de quase três anos na cidade alimenta e desencadeia uma obra que se compraz no registro do pesadelo e do crepuscular.

Durante toda a vida, William Burroughs falará desse gênio do mal que o invadiu de uma só vez e contra o qual luta graças à escrita. E que fez dele um escritor. Evidentemente, essa explicação é muito confortável para um assassino, um homem assombrado por um drama que obviamente em parte provocou, mas do qual também é vítima. Sua leitura do momento fatal lhe dá um lugar passivo, e ele tenta conferir um aspecto positivo a esse instante terrível, como se o assassinato tivesse desencadeado a eclosão de um artista.

Mas, nessa leitura parcial dos fatos, acaba por esquecer que já é um escritor em evolução. A simbiose com o lugar no qual vive confortou-o em sua vocação. O acidente deve tê-lo perturbado e ele se sente culpado. Permanece ainda um ano na Cidade do México, sozinho. Espera pelo julgamento, perdido nos labirintos da justiça mexicana. Seu advogado desonesto, que sabe muito bem se adaptar às leis, morre em um acidente, e Burroughs decide partir. Fugir mais uma vez. No entanto, respeita os habitantes, mesmo os piores entre eles, como escreve em uma carta a Ginsberg: "Durante minha estadia na prisão, fiquei impressionado com a amabilidade e a decência dos mexicanos." Mas, por vezes, queixa-se delas: "Tudo o que quero é partir dessa cidade fria e miserável." Assim, em 1952, depois de três anos passados na Cidade do México, aproveita o carro de um compatriota para deixar o país. A ele nunca mais regressará.

O traço mais marcante no temperamento de Burroughs é seu gosto pela destruição. Gosta das drogas mais devastadoras e cultivará até o final da vida um gosto mórbido por armas de fogo. Mais do que a própria violência é a destruição que o seduz. A sensação de agir sobre as coisas, sobre os outros e sobre si mesmo a fim de acelerar o aniquilamento. Não há dúvida de que a terrível cena da morte de Joan carrega as pulsões suicidas que há muito o invadem e que, excitadas pelo álcool e pela provocação, fazem emergir esse terrível pendor para provocar o mal e a desolação. Não haveria gênio do mal algum que se teria dele apoderado, nem mesmo o surpreendente acaso. Há, sim, uma espécie de realização de um gesto ligado à sua vontade de devastação. Ele aproveita o lugar, esse país cruel e violento que reconhece com um sorriso e transforma em cúmplice. Não precisa aprofundar suas relações com os habitantes, basta-lhe seguir os métodos de seu advogado ou injetar heroína em si mesmo no escritório de um político local para compreender o quanto a corrupção e a impunidade gangrenam a sociedade. Ele cultiva o gosto pela destruição que o ajuda a escrever. Seu biógrafo, Graham Caveney, descreve em detalhes a impossibilidade de copiar Burroughs, pois seu gesto criador é também um gesto de negação: "O problema que se apresenta aos aspirantes a Burroughs é que eles são confrontados com textos que escrevem contra si mesmos. A escrita de Burroughs é a expressão de um niilismo compromissivo, de um ato de sabotagem que desmorona assim que é montado." Nesse sentido, Burroughs permanece fiel a ele mesmo; não pode inovar senão graças a construções que supõem a negação da linguagem literária, como seus famosos *cut ups*, reconstrução de um texto com fragmentos de outros textos tomados ao acaso. Não apenas seu desejo de destruição se traduz em livros, mas a ideia central de sua escrita caminha no mesmo sentido: "Minha teoria de base […] é que a palavra é literalmente um vírus […] a palavra tem claramente a única marca característica de um vírus: é um organismo sem outra função interna senão aquela de sua própria reprodução."

William Burroughs viveu por e para o aniquilamento. Sua estadia no México foi o momento mais intenso. Preferiu chamar a isso de "gênio do mal" e atribuiu a morte de Joan a esse ser exterior. Mas sua trajetória é de uma coerência rara e vertiginosa, que o impulsionou a esses extremos. Ele faz parte de uma longa linhagem de escritores norte-americanos com tendência à autodestruição (de Edgar Allan Poe a Ernest Hemingway, passando por William Faulkner e Stephen Crane). Mas Burroughs acrescenta a essa linhagem um pendor inegável à destruição, tanto em sua vida quanto em sua obra.

Mais tarde, já em Paris, apaixona-se pela Ordem dos Assassinos [seita fundada no século XI], assim como fizeram certos escritores no século XIX. Encontra ali um ponto em comum com seu amigo Brion Gysin, com o qual colabora. Ao ler sobre o assunto, descobre a frase do imame Nizâr, adotando-a: "Nada é verdadeiro. Tudo é permitido." Essas palavras combinam perfeitamente com sua personalidade e Burroughs se reconhece nelas. São elas que descrevem com mais fidelidade o sentido de sua estadia no México.

CAPÍTULO SETE

"Cominus et eminus"
Roger Caillois na Argentina

A anedota é famosa e significativa: no final de 1934, em companhia do jovem Roger Caillois, André Breton observa feijões saltadores que lhe trouxeram do México. As bolinhas saltam diante dos olhos dos dois e desencadeiam o entusiasmo do grande surrealista, que ali reconhece um fenômeno procedente da magia. Caillois mostra-se cético e propõe dissecar essas curiosidades para compreender o fenômeno. As duas posições que se enfrentam são irreconciliáveis e traem modos de pensar e de ser radicalmente opostos. Consciente desse fato, Caillois envia ao grupo de Breton, que frequenta há pouco tempo, uma carta aberta de ruptura. Explica sua posição sem agressividade nem rancor; Breton e os seus optam pelo maravilhoso, pela poesia, pelo lirismo, quando ele aspira a pesquisas rigorosas fundadas na observação e na análise. Entretanto, pensa permanecer como uma espécie de "correspondente do surrealismo", mas deseja compreender melhor como funciona o imaginário e apreender de onde ele vem, menos do que vivê-lo ou alimentá-lo. Roger Caillois se define como um intelectual que não se deixa levar pelos sentimentos, mas que busca dar forma a um pensamento que não se iludiria com a embriaguez das palavras ou a exaltação das percepções. Pensa seu futuro e define seu talento como de um pesquisador apaixonado pelos mais originais avanços no domínio da sociologia, do estudo dos mitos e do sagrado. Seus projetos serão abalados pelo imprevisível sentimento amoroso que a ele se impõe e pela longa estadia na Argentina que daí decorrerá.

A América Latina se apresenta a Roger Caillois sob os aspectos de Victoria Ocampo. Oriunda de uma grande família argentina, particularmente influenciada pela cultura francesa, ela é mecenas e diretora da revista *Sur*. Escreve em francês e mantém uma rede de autores ao redor do mundo. Foi amante de Drieu la Rochelle, recebeu Rabindranath Tagore em Buenos Aires, aprecia frequentar os meios artísticos europeus, é ligada a Ortega y Gasset, Virgina Woolf, Aldous Huxley e Jules Supervielle, mas deseja afirmar sua originalidade latino-americana. É refinada, bela e brilhante, possessiva e independente. Victoria apaixona-se por Lawrence da Arábia, sobre quem escreve e que será publicado pela editora Gallimard. Quando vier o tempo do reconhecimento, será a primeira mulher eleita para a Academia Argentina de Letras. Soube ganhar suas cartas de nobreza ao mesmo tempo em que lutava contra a sociedade conservadora argentina, afirmando um evidente feminismo. Ela viaja bastante e assim alimenta sua revista, que se define como a porta de entrada da literatura internacional e do pensamento ocidental para a língua espanhola. Com a criação em 1932 da revista *Sur*, pensa em reunir um grupo de autores argentinos que formam o núcleo sobre o qual ela se apoia: Jorge Luis Borges, Eduardo Mallea, Adolfo Bioy Casares — marido de sua irmã Silvina, ela mesma autora de talento. Latino-americanos como Pedro Henríquez Ureña e Alfonso Reyes, todos muito receptivos às literaturas internacionais, completam um conselho de redação brilhante e diversificado. À revista acrescenta-se uma editora, que propõe traduções de autores emblemáticos dessa época. Leonor Acevedo, a mãe de Borges, traduz D.H. Lawrence. Essa grande burguesa esclarecida não tem escrúpulos nem complexos: considera suas viagens como uma maneira de colecionar futuros autores, dá mostras de uma curiosidade insaciável e um gosto indiscutível. Em dezembro de 1938, assiste a uma sessão no Collège de Sociologie, um dos mais brilhantes espaços de reflexão de Paris. Em seguida, por ocasião de um jantar na casa de Supervielle, é apresentada ao mais jovem animador desse colégio: Roger Caillois. Esse encontro mudará a vida de ambos.

O jovem intelectual cresce em Reims, onde se relaciona com seus vizinhos Gilbert-Lecomte e René Daumal, aos quais submeterá seus primeiros textos. É um estudante brilhante, frequenta a École Normale Supérieure[1] e é *agrégé*[2]

---

1. Prestigiosa instituição francesa de ensino superior, da graduação ao pós-doutorado, a École Normale Supérieure, conhecida como Normale Sup., foi fundada em 1794. Por ali passaram os mais conceituados intelectuais, de todas as áreas, como Louis Pasteur, Marie Curie, Samuel Beckett, Louis Althusser, Jacques Derrida, Pierre Bourdieu, Simone de Beauvoir, Jean-Paul Sartre, Simone Weil, entre outros. [N.T.]

2. Ser *agrégé* significa ter prestado concurso público no Ministério Francês da Educação — *Agrégation* — que visa recrutar professores para

de gramática. Mergulha na atividade intelectual da Paris dos anos 1930 e é rapidamente reconhecido em razão de sua originalidade e do vigor de seu pensamento. Começa a publicar ensaios críticos em revistas para, depois de deixar o grupo surrealista — ao qual nunca realmente se integrou —, organizar com Georges Bataille e Michel Leiris esse Collège de Sociologie que tem tanta repercussão. Busca entender o fascismo e o nazismo, o que faz com que se pense erroneamente que ele poderia simpatizar com essas ideologias. Além disso, esse jovem ensaísta sabe usar seu charme e experimenta numerosas aventuras amorosas. Publica *O mito e o homem* e já trabalha em sua obra *O homem e o sagrado*; logo se impõe como figura de interlocutor de qualidade para muitos escritores franceses. Ele tem vinte e cinco anos. Victoria, quarenta e oito.

O encontro de Roger Caillois e Victoria Ocampo é fulgurante. A paixão é à primeira vista. Ele é sensível a seu charme e ao mundo que ela representa. O jovem autor sabe que ela é ligada a múltiplos criadores nos domínios da arte e do pensamento. A correspondência entre eles testemunha o amor, a afeição, a amizade, a incrível cumplicidade e também mútuas e incessantes censuras. O casal parte para o sul da França, onde Victoria o apresenta à amiga Gabriela Mistral. Uma viagem à Argentina é logo mencionada, tendo como motivo, ou como desculpa, a organização de uma turnê de conferências a ser realizada por Caillois. Ele não fala espanhol

---

o ensino médio. Obter a *agrégation* significa, depois do doutorado, abrir portas para a docência e pesquisa no ensino superior. Trata-se de concurso público dos mais concorridos e mais prestigiosos. [N.T.]

e se expressará em francês para um público atento às novas ideias provenientes de Paris.

Em 23 de junho de 1939, deixam Cherbourg. Ainda ignoram, como ocorreu com Gombrowicz, que a guerra obrigará o escritor francês a permanecer em Buenos Aires por vários anos. Ele pisa o solo americano pela primeira vez por ocasião de uma escala no Brasil. Chegam em 11 de julho à Argentina, e o jovem francês rapidamente mergulhará no cenáculo local dos escritores e intelectuais que Victoria costuma frequentar, e são eles que observam o casal com atenção. Ela já chamara a atenção anteriormente em razão de um casamento fracassado e amantes pouco discretos. Entretanto, ela volta em outro contexto. Caillois dá conferências em Buenos Aires e no interior do país. Mas, em 3 de setembro, eclode a Segunda Guerra Mundial, e ele terá de permanecer na Argentina. Não há mais ligação alguma com a Europa.

A paixão que experimentam impõe provações tanto a um como a outro. Ela o vê como sua propriedade, com orgulho, ciúmes e ardor. Está certa de seu talento, e mesmo de sua genialidade, mas sofre terrivelmente com sua aparente frieza: "[...] o que você pode DAR, o que você pretende DAR, quando não está em estado de receber? A alegria de matar, eis aí sua alegria. Seja feliz, caro Caillois, os danos são consideráveis." Desde o início da relação entre eles, os papéis foram assim divididos: Roger é a garantia intelectual, é a Paris mais inovadora, o pensamento independente e exigente, o intelectual frio e ambicioso sem limites. Victoria é a generosidade impulsionada a seu extremo, a porta de entrada desse mundo novo, seu mundo, aquela que facilita o desenraizamento forçado do francês. Mas Victoria é possessiva e Caillois, preso na Argentina, sente-se rapidamente oprimido mas forçado a aceitar sua hospitalidade. Desde o começo, ele fala sobre a sensação de asfixia; ela não deixa de lhe pedir mais espontaneidade, mais calor humano. Mas suas trocas são feitas de escutas recíprocas, leituras cruzadas, interesse pelos trabalhos do outro. Nesse jogo, Caillois faz figura de eminência parda, de guia na escrita. O modo de funcionamento de ambos permanecerá o mesmo até o final: censuras e ternura, paixão e reprimendas, críticas ácidas e reconciliações. Isso durará até a morte de Roger Caillois, em 1978. Victoria falece um ano depois.

Caillois suscita interesse mas também inveja e críticas. Ele mesmo, sempre exigente, mostra-se bem pouco afeito a numerosos interlocutores. Para se defender, "desembarca" sem preparação alguma em um universo estrangeiro, o que não o impede de fazer julgamentos por vezes desagradáveis. Em uma carta a Paulhan, escreve: "Vi Borges, ele é muito inteligente, mas julgo uma pena que escreva muitas coisas como aquela que *Mesures* publicou [...] Temo que no dia em que desejar se expressar seriamente, lhe será dito que não há mais interesse." Algo que contradiz Drieu la Rochelle, que havia declarado: "Borges vale a viagem." E o que diz sobre Bioy Casares: "Esse homem me entedia." Felizmente, depois de anos de observação e leitura, e melhor conhecimento da língua espanhola (que jamais falará muito bem), ele saberá apreciar as obras de Borges e de Casares. Na época, Borges o vê como um sociólogo sem requinte e sem sensibilidade literária, e inquieta-se com a influência que poderia exercer sobre a revista *Sur*.

Politicamente, a Argentina é neutra, mas penderia mais para o lado das forças do eixo, enquanto os Estados Unidos querem empurrá-la para entrar em guerra contra os nazistas. Isso se produzirá apenas ao final do conflito. Nesse sentido, Caillois evolui em uma cidade próspera, brilhante, onde residem poucos franceses. Rapidamente, no seio da comunidade, as oposições vão se organizar. Os franceses que se colocam ao lado do general De Gaulle, como Caillois, e aqueles que pendem para o lado de Philippe Pétain e dos vencedores do momento, nazistas e fascistas reunidos. Caillois então escreve: "O sistema hitlerista é um abcesso de que a Europa precisa se curar." Os clãs se enfrentam e não se poupam. O ex-aluno da École Normale Supérieure abandona um emprego na embaixada francesa — que se tornou representante da ordem petainista — e dá cursos, aproveitando a generosidade de Victoria. Sente que tem uma espécie de dever e acredita que os escritores no exílio devem ser "os intérpretes atentos de seus camaradas reduzidos a se expressar em sussuros".

Victoria terá de enfrentar uma dura prova: em março de 1940, Yvette Billod, a companheira de Caillois que ficou na França, dá à luz uma menina em Marselha. Ele não sabe como contar a notícia para sua anfitriã, justamente quando ela o encoraja, publica seus textos e lhe oferece a possibilidade de fundar a própria revista em francês, *Les Lettres Françaises*. Acaba, afinal, por lhe revelar a existência de sua esposa e o nascimento de sua filha. Uma terrível angústia abate-se então sobre Victoria. Sente-se abandonada, usada, enganada, aniquilada. Depois de momentos bem sombrios, recompõe-se e se comporta como a grande dama que é: graças à sua ajuda,

Yvette poderá se juntar a seu companheiro em Buenos Aires, em março de 1941. Victoria abriga o casal — a criança permanece na França, junto à família, e Roger não conhecerá sua filha senão em 1945. Victoria coloca à disposição deles um apartamento e facilita a integração do casal à comunidade local. Eles são vizinhos do poeta espanhol Rafael Alberti. Ela se tornará amiga de Yvette e não raro, em sua correspondência, se dirige não apenas a Caillois mas ao casal, sem segredos. Roger e Yvette moram e trabalham juntos para dar cursos. Eles se separarão pouco depois de regressarem à França. Victoria leva todo o tempo de que precisa para absorver a nova situação, mas percebe a emergência de uma nova cumplicidade entre Caillois e ela; ouve suas opiniões, deixa-o desabrochar como autor e editor. Repete para ele: "Em tudo o que diz respeito ao coração, você é uma espécie de cego de nascença." Consciente de que ele pode alimentar uma certa inquietação quanto à sua frágil situação, ela não impõe condição alguma para sua ajuda: "Não faço senão a minha parte." Com grande nobreza, embora ferida em seu íntimo, ela não deixa de encorajá-lo, apoiá-lo, sem nada pedir em troca.

Roger Caillois é um homem ocupado. Deve atuar em várias frentes: como escritor, diretor da revista *Les Lettres Françaises* — o que implica uma pesada correspondência e um ativismo efetivo —, professor e responsável pelo Instituto Francês de Estudos Superiores fundado por ele e alguns amigos. Essa instituição, uma cópia daquela criada por intelectuais franceses em exílio em Nova York, será um lugar de formação, em francês e em diversas esferas. Apesar de sua idade, Roger Caillois figura como líder.

Les Lettres Françaises desenvolve-se graças a seus contatos e também à ajuda de Victoria, fiel e solidária apesar das circunstâncias. A revista está a serviço da França livre e propõe textos de alto nível de autores exilados ou escritores que residem na França e publicam sob pseudônimo, como Henri Michaux. Ele entretém relações frequentes com escritores como René Étiemble, André Breton, Jean Paulhan ou Jacques Maritain. Visita Supervielle no Uruguai e Bernanos no Brasil. Para ele, o grande encontro intelectual será aquele com Saint-John Perse. O futuro Prêmio Nobel vive nos Estados Unidos e, graças a uma troca de cartas densa e apaixonante, torna-se um interlocutor ímpar. Com a ajuda de Victoria, *Les Lettres Françaises* diversifica suas atividades e a revista, como se viu, se torna uma editora. O autor de predileção é Saint-John Perse, cuja poesia reconcilia Caillois com o gênero. Sua coletânea *Exílio* é publicada em Buenos Aires, com o reconhecimento e as felicitações do mais velho para o mais novo em razão do cuidado com a edição e do sucesso do livro. A relação entre eles se transforma em uma amizade respeitosa, plena desse sentimento obscuro que habita aqueles que são obrigados a viver longe de casa. O jovem diretor da revista recebe o apoio de André Masson, de Raymond Aron, e publica os textos de uma desconhecida, Marguerite Yourcenar. Com dificudades, envia sua publicação para todos os lugares possíveis, mas a maioria dos leitores se encontra na Argentina. Caillois se ressente de não ter interlocutor de envergadura *in loco*, pois os autores locais que poderiam desempenhar esse papel são distantes ou indiferentes. A relação com Saint-John Perse é assim mais bem fluida, e a correspondência entre eles é marcada por um diálogo efetivamente profundo e uma admiração recíproca.

No sumário de *Les Lettres Françaises*, encontra-se o nome de Borges, com o qual Caillois mantém um relacionamento difícil. Atento a conservar boas relações com a revista *Sur*, revista-irmã, ele está consciente, apesar de suas reticências, da originalidade do curioso autor argentino e o inclui, traduzido em francês, em sua publicação. Além disso, o jovem pensador parisiense escreve e propõe um ensaio sobre o romance policial, gênero de que se vangloria seu colega argentino. Mas Borges, após ser solicitado, fará uma resenha na revista *Sur* tão pérfida quanto comedida sobre o gênero. Caillois se ofende. Em *Les Lettres Françaises*, publicará as traduções de Borges, realizadas por Nestor Ibarra, acompanhadas de uma nota de apresentação que, é o mínimo que se pode dizer, não mostra entusiasmo algum. Os tempos não trazem ainda sucesso e as relações entre os dois homens, por ocasião da estadia de Roger Caillois na Argentina, permanecerão frias. Borges nem mesmo estará presente ao jantar de adeus oferecido por Victoria em homenagem ao escritor francês.

As atividades de editor e de professor não impedem que Caillois trabalhe em seus próprios textos e avance em sua reflexão. Ele escreve e publica diversas obras que circulam rapidamente junto aos leitores: *Le Roman policier* [*O romance policial*], *La roca de Sisifo* [*A pedra de Sísifo*] (em espanhol, em 1942, pela Sudaméricana; e em francês, em 1946, pela Gallimard), *Patagonia* [*Patagônia*], *Puissance du roman* [*Poder do romance*], *La Communion des forts* [*A comunhão dos fortes*] e *Les Impostures de la poésie* [*As imposturas da poesia*]. Um conjunto impressionante que mostra evolução em sua obra. Dois livros são reveladores de seu pensamento dessa época. *Les Impostures de la poésie* provoca severas críticas, em particular da parte de André Breton e de seus antigos amigos surrealistas. Ele declara em seu texto: "Sempre estive mais disposto a combater a poesia do que me entregar a ela." Mais que um requisitório absurdo contra um dos gêneros literários dos mais exigentes, trata-se de se opor ao lirismo, à falta de robustez e clareza que certos autores se comprazem em manter. Caillois aspira à exatidão e lhe parece que a escrita poética se deixa por vezes levar pelas sonoridades e esquece de fazer sentido. O vivo interesse pela obra de Saint-John Perse vem justamente da precisão com a qual o poeta do Caribe francês se serve da língua, sem deixar que a embriaguez das palavras o faça perder o fio da meada. Esse texto pode, afinal, ser lido como uma espécie de homenagem a um tipo de poesia; mais tarde, Caillois acabará por se julgar poeta.

O outro escrito fundamental, *Patagonia*, é o traço de uma viagem que realiza ao sul da Argentina. Nesse texto, ele descreve a atmosfera desolada, a natureza impressionante e a marca do homem como aquela de um "usurpador sobre a terra". Ele próprio dará, na sequência, uma ideia da comoção que então experimentou: "Na cultura, tanto aquela terrena como aquela da alma, vi uma espécie de aposta insensata. Nutri pelos êxitos do homem um imenso respeito que não mais me abandonou." Diante dessa paisagem desolada, varrida pelos ventos, Caillois experimenta tamanha perturbação que pensa em confessar suas impressões por escrito. Em *Le Fleuve Alphée* [*O rio Alfeo*], livro autobiográfico publicado no final da vida, ele diz: "Fiquei tão impressionado com uma caminhada na Patagônia que não me impedi de lançar sobre o papel algumas das impressões que experimentei. No dia em que as publiquei, refinadas de todo detalhe anedótico ou pitoresco para dar às páginas a mesma nudez que à da localidade que me esforçava para descrever, me tornei escritor, apesar de mim mesmo."

A palavra está lançada: "escritor". Caillois deseja tomar a palavra para partilhar emoções e não mais para tão somente comunicar um pensamento. A observação da natureza, como aquela das pedras, transforma-se em material de escrita, e a experiência do vivido lhe fornece os temas que o inspiram. Em uma entrevista concedida para a revista *Nouvelles Littéraires*, ele declara: "Aprendi tudo nos livros, mas foram afinal as viagens que tiveram importância. Seja como for, falei um pouco disso em *Le Fleuve Alphée*, e espero, ao menos, ter feito uma sugestão: nada como uma estadia na Patagônia para se convencer de que o mundo não deixa de existir cinco metros depois do terraço do Café Flore." A natureza e o vivido passam à frente da erudição e dos conhecimentos acumulados. Nesse livro repleto de lembranças, ele insiste: "Minha estadia na América Latina, onde os livros e aqueles que os leem contam muito menos que a natureza e os iletrados, foi um sério alerta." Percebe-se, assim, porque sua biógrafa, Odile Felgine fala, com razão, de "virada americana"; a existência de um universo concreto, natural, e a celebração do mundo e da vida opõem-se, segundo Caillois, ao conhecimento que sai exclusivamente das páginas de um livro. Por isso mesmo, transformam o autor e incomodam a sua obra. Nunca mais ele será o mesmo.

A vitória dos Aliados em 1945 provoca o regresso de Caillois à França. A viagem é feita em companhia de um grupo de intelectuais franceses; o périplo os leva, entre outros países, ao Chile, onde encontram Pablo Neruda. O grande poeta lê para eles "Alturas de Machu Picchu". Caillois surpreende-se com a extensão do poema, ainda que critique o autor em uma carta endereçada à sua confidente argentina: "Ele nos leu um longo poema sobre Machu Picchu com grandes belezas. Entretanto, há ali um não sei quê de fácil e barato. E ele fez a leitura com modos de um cabotino insuportável." Apesar das reservas, Caillois o traduzirá para o francês.

Em seu retorno a Paris, Caillois percebe que os tempos são duros e a reorganização da paisagem cultural deixa pouco espaço para independentes como ele; os comunistas e os existencialistas dominam o meio de modo exclusivo. Mal se reconhece o frágil jovem que partiu em 1939: sua temporada argentina, sob o signo do abandono, de comida e bebida, fizeram-no engordar, ao contrário de seus amigos que permaneceram na França. Ele conservará o hábito de comer boa carne e consumir álcool e vinho: seu organismo sofrerá com isso e sua morte prematura, aos sessenta anos, foi em parte causada por excessos que começaram às margens do rio da Prata. As terras distantes levaram aos transbordamentos.

Após momentos difíceis, Caillois encontra um emprego na Unesco, onde fará uma carreira respeitável, cujo principal interesse será fazê-lo viajar e poupá-lo de passar por necessidade. Caillois será responsável pelo programa das "obras representativas" da Unesco, que permite fazer circular textos fundamentais das mais diversas culturas. Ele concederá um grande espaço à América Latina, como que para pagar uma dívida com esse mundo que o acolheu durante as horas sombrias da guerra.

Desde seu regresso à França, ele pretende partilhar o que descobriu ao longe: uma literatura brilhante e quase totalmente desconhecida dos franceses (e dos europeus). Em seu *modus operandi*, percebe-se que ele quer divulgar os mais notáveis livros dessa cultura ainda injustamente marginalizada. Nota-se seu desejo de se mostrar generoso para com seus anfitriões latino-americanos. Propõe a Gaston Gallimard a criação de uma coleção de obras traduzidas do espanhol e do português, para colocar em evidência essas letras que parecem tão distantes. O grande editor francês aceita o projeto e a coleção "La Croix du Sud" ["A Cruz do Sul"] nasce rapidamente, ainda que o primeiro volume seja publicado apenas em 1951: *Ficções*, de Borges. Caillois dirige a coleção de modo autoritário e será censurado por traduções muito livres, por cortes em certos textos. Entretanto, permanece como precursor e "divulgador de textos" da América Latina, antes que surjam as ricas horas do boom latino-americano. Ele publica cinquenta e dois livros até 1970, em um catálogo brilhante em que estão, entres outros, os nomes de Jorge Luis Borges, Miguel Ángel Asturias, Alejo Carpentier, Julio Cortázar, Mario Vargas Llosa, Jorge Amado, Guillermo Cabrera Infante, Sábato Magaldi, Julio Ramón Ribeyro, Juan José Arreola, José Maria Arguedas. A coleção é interrompida quando alguns autores de primeiro plano, como Carlos Fuentes, desejam ser publicados na coleção "Du Monde entier" ["Do mundo inteiro"], ao lado de autores da literatura universal. Eles se recusam a ir adiante no que entendem ser agora um gueto. É verdade que "La Croix du Sud" é a única coleção dedicada a um território particular; as outras literaturas não se beneficiam de tal privilégio.

O sucesso foi imenso e o talento de descobridor de talentos de Caillois permanece indiscutível. Borges diz em uma entrevista: "Creio que devo muito a alguém a quem eu não era ligado por uma grande amizade, a Roger Caillois. Creio que se Caillois, com o qual eu estava brigado naquele momento — digo isso em homenagem a ele —, não tivesse pensado em me traduzir para o francês, nunca teriam pensado em me traduzir para o alemão, o sueco, o italiano." De seu lado, o editor exalta-se e declara, em 1960, a respeito dessas literaturas: "Tudo ali aparece informe, visceral, desmedido, abundante, indomável e telúrico." Pode-se pensar que ele fala de paisagens que tanto o surpreenderam durante sua estadia.

O relacionamento com Victoria continua complexo e apaixonado: veem-se às vezes, apesar das viagens. Ela pode lhe ser indiferente ou, ao contrário, voltar a ser sentimental. Mas quando os eventos o obrigam, Caillois sabe mostrar a afeição, a admiração e o apoio à sua colaboradora. Em 1953, quando Juan Domingo Perón, o presidente argentino, faz com que Victoria seja presa, uma ampla campanha internacional é organizada e Caillois, apesar da reserva que deveria obrigá-lo ao silêncio como estrangeiro, protesta vigorosamente. Victoria é libertada depois de cerca de vinte dias. Mas sua fortuna se esgota, ainda que se esforce para manter a *Sur*. Victoria renunciará à revista depois de 1970. O casal escreverá cartas até o fim, pois Caillois, que morre em 21 de dezembro de 1978, lhe teria endereçado sua última mensagem em 12 de setembro. Victoria não sobreviverá a ele senão por um mês: ela morre em 27 de janeiro de 1979, como que para afirmar uma vez mais a complementaridade e a proximidade muito íntima de ambos.

Eles apreciam pensar, juntos, a relação Europa-América Latina, por vezes com alguma nostalgia. Victoria escreve: "Compreendo que, para os europeus, a estadia nas Américas é uma espécie de purgatório (de inferno, para alguns). Mas não é culpa das Américas, que fazem o que podem." Em 1950, quando ele trabalha na Unesco, cujos escritórios estão instalados no hotel Majestic, Caillois escreve: "Não há semana em que eu deixe efetivamente de pensar que estaria bem melhor em Mar del Plata do que nesse escritório do Majestic [...] Para mim, meus anos americanos foram de um grande enriquecimento interior, metade por sua causa, metade por causa do país. E agora que gasto meu tempo à toa, penso nisso como no país da força e do amadurecimento." Ele tem consciência de sua dívida e procura pagá-la, dando um destaque maior aos escritores sul-americanos. Caillois sabe o lugar que esse período de sua vida ocupa em sua trajetória e diz sobre sua evolução em *Le Fleuve Alphée*: "Quando vem a hora em que estamos saturados pelas ideias e pelos livros, tememos que provoquem uma perigosa e falaciosa intoxicação. Tememos que o universo que eles transportam escondam de nós o outro, e nos torne incapazes de perceber o frescor e a verdade." A América Latina se mostra como escola de vitalidade e espontaneidade contra a Europa carregada de saberes, de profundidade, presa ao conhecimento por escrito, mas fixada em uma realidade pouco emocionante.

Os livros e o pensamento do velho continente obscurecem a realidade, impondo uma outra que afasta o leitor da beleza do mundo e de suas exaltações. É paradoxal que Caillois, ao buscar celebrar essas terras que descreve tão verdadeiras e tão frescas, proponha justamente a edição de livros que delas aflora: parece querer apresentar esse "novo mundo" em pé de igualdade, modo talvez de reequilibrar as relações, como se a América Latina acedesse enfim a uma espécie de idade adulta ao conservar as qualidades da juventude.

Ele dá forma a essa reflexão em *Espace américain* [*Espaço americano*], publicado em 1949. O autor reflete sobre a força desse continente que "permanecerá durante muito tempo desconhecido do restante do mundo". Diz, com um senso de comparação que faz eco às suas próprias sensações, como essas terras foram conquistadas. "A Europa povoou a América com todos aqueles que dela fugiam: perseguidos e aventureiros, caçadores de ouro, missionários, misturas de gatunos audaciosos e apóstolos temerários; ali estavam reunidos desesperados, santos, ávidos, todos ansiosos por estarem longe e por agirem livremente." Nessa migração de rejeitados, ele garante para si um lugar. Gosta de repetir que a Europa é sabedoria e organização, enquanto a América Latina evolui sob o selo de sua natureza grandiosa e selvagem. Aqueles que chegam à América buscam espaço e liberdade, e sabem que esse lugar de encantos e forças insuspeitas fará com que ressintam a possibilidade de recomeço. Caillois demora-se na potência da natureza responsável por fixar os limites e as fronteiras. Sabe, por ter ali vivido, que essa terra tem capacidade de liberar os espíritos e trazer o frescor àqueles que o buscam, às vezes até o excesso e os transbordamentos. Ele agradece esse universo por tê-lo reconduzido aos desejos ligados à própria vida.

Em 1939, no início da relação, quando ainda estavam na França, Victoria Ocampo lhe envia um mapa que representa um porco-espinho. A legenda é precisa: "O porco-espinho, emblema de Luís xii. Divisa: *Cominus et eminus* (De perto e de longe). Segundo os antigos, para se defender de seus inimigos, o porco-espinho eriçava seus ferrões contra aqueles que se aproximavam dele, e os lançava contra aqueles que via ao longe." Victoria se desculpa por se parecer com esse animal. É perturbador observar que esse mapa é pleno de premonição, que a divisa mencionada pareça, de fato, feita para ela, mas, sobretudo, para seu correspondente. Caillois nunca deixará de jogar com a proximidade e com a distância. Em relação à literatura, saberá se aproximar de Victoria para se tornar "escritor", observando-a de lado sem nunca sucumbir à tentação do lirismo e das vertigens que provoca. Em relação à América Latina, que ele experimentará e celebrará bem mais depois que tiver regressado à França. Quanto a Victoria Ocampo, com a qual manterá um relacionamento passional e profundo, sempre oscilará entre o desejo de proximidade e a necessidade de certa distância. "De perto e de longe": a máxima de um autor que terá encontrado em sua terra de exílio um novo equilíbrio para a vida.

CAPÍTULO OITO

Do mundo de ontem à terra de futuro
Stefan Zweig no Brasil

Quem se quer matar quando se mata a si mesmo?
Jean-Louis Giovannoni

Em seu total despojamento, a foto é tocante. Seria possível pensar em uma simples sesta. Em uma cama que parece modesta, Stefan Zweig está deitado de costas, com a boca levemente aberta. Como que impelida pela ternura, sua cabeça pende para o rosto de sua jovem esposa, Lotte, ela também deitada, de lado, com os olhos fechados, colada ao braço esquerdo do marido. Ele usa uma gravata escura e roupas tropicais — por causa do calor. A mão esquerda da esposa segura a mão direita do marido, como se quisesse dizer o quanto é apegada a ele e não poderia nem desejaria dele se separar. Aflora dessa imagem uma espécie de calma, uma tranquilidade transmitida graças ao último abandono desses dois corpos. Perante demônios e as trevas de seu tempo, preferiram se dar a morte. Nesse Brasil escolhido como último exílio, deram as costas para a vida; essa terra, que inspira tão facilmente a exuberância e se move sem esforço em celebração da beleza e da vida, tem também a capacidade de inspirar a tristeza e o desespero. O gesto último do casal Zweig não apenas demonstra o abatimento profundo, mas marca também o lado implacável de um destino que se cumpre, ainda que o universo circundante parecesse, antes, convidar Zweig a uma reconciliação com a existência. Ao menos é o que nota o leitor de sua correspondência e seus últimos escritos.

Pouco antes da morte, o escritor envia a seu editor o manuscrito daquilo que se configura como memórias, *Autobiografia: O mundo de ontem: memórias de um europeu*. Esse texto fecha uma das obras mais emblemáticas da literatura de língua alemã do século passado. Ele deixa com suas palavras o traço de um universo agora consumado, sabe dizer sua riqueza e celebra sua grandeza. Zweig lamenta seu desaparecimento e, em uma última homenagem a essa cultura que o formou, dá-nos o retrato do jovem que foi e que, de certo modo, persiste em ser. Seu primeiro capítulo intitula-se, de modo revelador, "O mundo da segurança" e sublinha como a Viena de sua infância e juventude era confortável, o quanto essa sociedade vivia em um ambiente sereno, sem asperezas nem paixão. Nesse longo texto escrito em primeira pessoa, descreve esse universo já desaparecido e revela o essencial: o caráter plural de sua cultura. Atribui a Viena, de modo preciso, um papel de crisol do pensamento e da criação europeia. Zweig está convencido de que a riqueza da cultura vienense foi possível graças às contribuições dos países vizinhos, de línguas distantes e múltiplas influências.

Ele cresceu em uma família receptiva a essa mistura cultural. Sua mãe falava italiano, e ele mesmo se familiarizou rapidamente com as línguas francesa e inglesa. Recebe uma educação rigorosa e descobre muito cedo a genialidade dessa Áustria ainda calma e confortável. Frequenta Rainer Maria Rilke e Hugo von Hofmannsthal, usufrui das noites na ópera e assiste a numerosas representações teatrais. Aproveita sem hesitar desses tempos radiosos. O jovem Stefan escreve poemas que publica sob a forma de coletânea e que negará a seguir. Entretanto, no relato de sua vida, diz ao leitor o quanto está dividido entre o conforto no qual cresce e o desejo de fuga. Viaja, conhece as grandes capitais, encontra-se com autores e intelectuais por todos os cantos pelos quais passa: Zweig constrói-se como um europeu, recusa-se a se enclausurar em uma língua ou uma pátria únicas.

Ele é de família judia, não praticante, como, aliás, muitos vienenses. A história se encarregará de lembrá-lo de sua origem. Dela teme o lado fechado e opressor. Em 1916, escreve a seu amigo Martin Buber: "Apenas lhe direi que, conforme a minha natureza, que não aspira senão à ligação e à síntese, não desejo que o judaísmo seja uma prisão do sentimento, que faça obstáculo à minha compreensão do restante do mundo." Deixa, portanto, a comunidade judaica e sua sabedoria antiquada. Ele é pacifista, apesar de uma reação de orgulho nacionalista no início da Primeira Guerra Mundial. Sua amizade com Romain Rolland, o mais convicto dos antibelicistas, é marcada por um valor comum: a Europa conhecerá a paz quando os nacionalismos tiverem deixado de provocar as catástrofes que se inscreveram no destino dessa geração. Sem ser um militante muito ativo, Zweig detesta a violência, recusa o uso da força para impor qualquer visão que seja. Contudo, durante muito tempo, permanece um homem discreto, até mesmo secreto, embora com uma visão precisa daquilo que o circunda. Em 1932, ele escreve a Romain Rolland, tendo como alvo seus inimigos: "É preciso dar medo neles […] É preciso ações de nosso lado. O papel da palavra é grande, mas nunca imediato; os protestos se seguem aos acontecimentos e nosso dever é aquele de antecipá--los." Está dividido entre sua personalidade real, discreta, delicada, mas pouco empolgante, e as aspirações ou visões mais carregadas de coragem e firmeza. Sua existência oscila entre esses dois polos e com frequência ele deixará a vida tomar decisões em seu lugar.

Nosso autor não aprecia a grandiloquência, as declarações tonitruantes nem os anúncios vociferantes; conservará durante toda a vida uma atitude discreta diante da notoriedade, que o faz conhecido como o escritor de língua alemã mais lido e mais célebre dessa época. Suas vivas dores, tão profundas, talvez provenham disso: não é feito para assumir esse papel. O homem é encantador mas reservado, e sua obra tem mais a ver com a música de câmara do que com uma sinfonia. Escreve contos, ensaios, biografias, romances, sempre conduzidos pelas análises psicológicas sutis e pelos dramas cheios de mal-estar e interrogações turbulentas e profundas. Também traduz, faz conhecer. Trabalhador incansável, percebe-se em sua correspondência o quanto se preocupa com a vida dos outros, o quanto ajuda seus pares (Hermann Broch, por exemplo, mais velho do que ele e a quem dá dinheiro sem pestanejar) e como deseja ser útil. Não é egoísta nem avaro. Aprecia a discrição, o tom íntimo, a palavra comedida. Quando os tempos se tornam duros, quando os nazistas, que não o poupam (seus livros estão entre os primeiros a serem queimados), tomam o poder na Alemanha, depois na Áustria, ele compreende a catástrofe. Depois de uma busca violenta em sua casa, sabe que a tranquilidade dessa Áustria, um pouco idealizada em suas memórias, desapareceu e, invadido pela inquietação, não tem vontade de lutar contra esse mal que cresce; mantém uma postura distante, marcada por certa falta de militância. Isso lhe valerá a inimizade de alguns e o desprezo de Hannah Arendt.

O mundo de ontem apresenta uma textura singular. Ao avançar na leitura, cada um sente com precisão o espírito do tempo, o ambiente dessa sociedade e o fim de um mundo saudoso. Mas quase nada se sabe sobre o que ressente o autor, o que o perturba ou o emociona. Zweig escreve memórias, deseja ser o que reúne lembranças de uma época, mas não pensa em se descrever, colocar-se em cena, muito menos se revelar. Não deseja escrever uma autobiografia, um texto que o desnude e o mostre tal como é. O livro mantém um tom gracioso, marcado pela reserva. As palavras servem mais para esconder o personagem Zweig, para lembrar o escritor sutil que é, do que para propor uma confissão ao leitor, uma introspecção sem pudor. O autor austríaco permanece um homem retraído.

Em suas relações de amizade, dá mostras de admiração que nem sempre são recíprocas. Freud por vezes se cansa da insistência do jovem escritor. E mesmo Romain Rolland profere palavras duras em relação a esse admirador que lhe ofereceu, contudo, um verdadeiro lugar no mundo literário em língua alemã. Em 1933, o escritor francês (Prêmio Nobel) escreve em seu jornal algumas palavras sobre o jovem: "Quantas vezes eu o vi vacilar, flutuar de um sentido para o outro, procurando se convencer de que permanece o mesmo." Há também certa crueldade no retrato que Karl Kraus faz de Zweig: "Esse elegante jovem de rosto fino e nervoso, que não se sabe se é de um poeta ou de um funcionário de banco, esse temperamento dinâmico e empreendedor que nunca se desvencilha da gentileza forçada do filho de burguês bem-educado." Não é possível julgar simpáticas essas palavras cruéis e sinceras. Em sua própria escrita, Zweig hesita entre um classicismo que é garantia do espírito europeu que tanto aprecia e um desequilíbrio que se aproxima da loucura que o perturba, seduz e atemoriza.

"Para mim, escrever é intensificar o mundo ou a si mesmo", escreve em uma carta em 1928. Como contraponto, sublinhemos que muito antes ele já sabe o que deseja realizar: "Eu também muito me esforcei para viver — apenas me falta a última emanação, a embriaguez. Continuo sempre um pouco reservado." Mais uma vez percebe-se que se sente dividido entre essa reserva, tão afastada da chama da revolta, e a tendência de adivinhar que os grandes textos e os grandes destinos surgem de grandes desequilíbrios, até mesmo de fúria transmitida por palavras e atos. Mesmo quando traduz, busca acalmar o jogo, esconde as asperezas mais inquietantes. Propõe em alemão uma versão de poemas escolhidos de Baudelaire, mas suprime aqueles que julga muito violentos ou provocadores. Transforma assim o grande poeta maldito em um escritor convencional. Em seu livro *O combate com o demônio*, estuda três autores particularmente habitados por perturbações e angústias, dominados pela loucura: Heinrich von Kleist, Johann Friedrich Hölderlin e Friedrich Nietzsche. Ele escreve que o demonismo é ainda "essa inquietação primordial e inerente a todos os homens que o fazem sair de si mesmos e se lançar no infinito". Não simplifiquemos Zweig e saibamos reconhecer sua inteligência notável que lhe confere a lucidez de ver suas deficiências e suas lacunas. Não tem razão em reconhecer seu espírito conformista e de assim expô-lo? Ele não escamoteará esses desequilíbrios em seus textos narrativos. A última novela que escreve no Brasil, *O livro do xadrez*, mostra justamente uma guinada em direção à loucura. E um de seus textos mais famosos, *Amok ou o louco da Malásia*, irradia demência.

Suas memórias não podem se apresentar como uma introspecção honesta e sem pudor, pois Zweig está certo de que esse jogo literário continua marcado pela hipocrisia, pela mentira ou pela dissimulação. Ele leu Freud e compreende as astúcias do espírito. Canaliza seu texto a fim de descrever os tempos e suas guinadas. Entretanto, esconde-se mais do que se revela. Talvez seja um pouco diferente no que diz respeito à sua vida amorosa. Ele tem paixão pelas mulheres e coleciona aventuras; aí encontra certa exaltação. Entretanto, divide sua vida com Friderike, sua amante, que é já mãe de duas meninas. Apesar disso, continuará a multiplicar as aventuras, sempre com discrição, para se casar com sua assistente Lotte em seu exílio londrino. Apesar da paixão que o impulsiona, continua a ser um personagem discreto, mais próximo do grande burguês esclarecido do que do criador atormentado. Ele tem um charme inegável, desfruta de uma imensa notoriedade e sabe passar de uma mulher a outra sem drama nem brigas. Como se precisasse dessa vertigem. Ele anota: "O erotismo me apavora porque me domina, e não inversamente." Pouco controla suas pulsões, encontra um espaço — sem grandes riscos, é verdade — em que pode se deixar levar, deixar de ser esse "filho de burguês bem-educado", já mencionado por Karl Kraus. Mas novamente não se sabe se ele joga, se esconde, foge ou procura por si mesmo.

Stefan Zweig tem o senso inato da fuga. Quando os acontecimentos o pressionam, empurrando-o a tomar decisões, ele se adapta, deixa-se finalmente guiar pela solução a que chega seu espírito. Não se antecipa às coisas, demora a apreendê-las. Essa fraqueza talvez lhe permita escrever alguns de seus mais notáveis textos, as biografias de personagens célebres, pois elas lhe dão tempo de apreciar, compreender e explorar um destino. Contempla essas existências com o recuo e o tempo necessários, a fim de entender toda a sua complexidade. O estilo impecável de Zweig biógrafo sabe pôr em evidência as crises e os momentos de felicidade, as acelerações do tempo e o torpor das esperas, as razões escondidas que fazem agir as personalidades estudadas. E ele sabe explicar, com sagacidade, obras e vidas brilhantes e atormentadas. Começa com os escritores que considera como mestres (Honoré de Balzac, Charles Dickens, Fiódor Dostoiévski), passa em seguida àqueles que lutam contra o demônio (Kleist, Hölderlin e Nietzsche) e, enfim, chega aos "poetas de suas vidas" (Stendhal, Casanova e Tolstói). Continua essa tarefa com personagens históricos (Maria Antonieta, Joseph Fouché, Maria Stuart e Fernão de Magalhães). E capta uma última figura, reveladora de suas obsessões: Michel de Montaigne. Seu interesse pela vida do outro é sempre marcado por uma parte de sua própria existência. Stefan Zweig saúda os modelos, interroga-se sobre os mais atormentados de seus pares e busca nos destinos históricos o que constrói suas trajetórias. Tem a preocupação legítima de descobrir a atitude adequada ante esse imenso desafio que consiste em ser um escritor célebre, um guia ou um "mentor". Neles, busca a solidez, a segurança dada por um destino incomparável, a partir de agora encerrado. Cada um dos personagens que escolhe está diante de um dilema, escolhas difíceis, conflitos. O último entre eles esclarece o personagem Zweig: Montaigne. "Ele morreu como viveu, sabiamente." E o autor austríaco, sem descendência, observa, como se tentasse uma derradeira identificação, que o nome de Montaigne apaga-se com o desaparecimento do autor de *Ensaios*. Aprecia a sabedoria desse escritor do mundo interior, a novidade de sua escrita e "como em uma época semelhante à nossa ele próprio se libertou interiormente; e como, ao lê-lo, podemos nós mesmos nos fortalecer graças a seu exemplo". Sempre inquieto com o tempo que passa, angustiado com seus últimos aniversários, Zweig encontra junto a Montaigne a figura do sábio cuja obra resiste ao tempo e que a morte não relega ao esquecimento. Saboreia o recolhimento e a solidão escolhidos por seu distante colega francês, identifica-se muito provavelmente com ele que soube encontrar, afastado dos outros, a calma necessária para a escrita. A torre de Montaigne e o Brasil de Zweig devem, para o austríaco, ocupar a mesma função.

"Sinto que não poderia morrer antes de ter conhecido toda a Terra." Desde sua infância, Zweig tem o projeto, a vontade e o desejo de viajar. Conhece as limitações desse mundo calmo e confortável que, no entanto, celebra. Mas, em seu íntimo, manifesta-se a vontade de escapar ao *entourage* que a vida lhe impôs, que o impulsiona à descoberta de novos horizontes. O motor da escrita e essa vontade de partir repousam sobre uma base comum: assumir as heranças que escolheu para si mesmo, recusar as outras, lançar-se ao longe. Em grande parte, Zweig constrói sua identidade graças à contribuição de línguas, culturas e modelos estrangeiros. Suas amizades, suas leituras e suas estadias carregam a marca do mais sincero cosmopolitismo, o ódio das fronteiras e dos nacionalismos. Ele sabe que "o mais importante seria começar do zero, descobrir um novo modo de vida, uma outra ambição, uma outra relação com a existência — emigrar, e não apenas exteriormente". Tudo está dito nessa frase. Ele mantém, no íntimo, esse desejo de ser outro, saber emergir das zonas escondidas, preservadas, ter coragem e ambição de não viver somente para fixar uma conquista. Essa aventura se chama "ser escritor". Ele está dividido entre essas duas tentações: assentar sua escrita sobre uma cultura sutil, que sabe apreender o ser humano, suas paixões e suas perturbações, ou se deixar levar pelas efervescências do espírito, das torsões da alma e dos limites inquietantes. Entrevê os abismos e sabe reconhecê-los nos outros. Mais que um homem das trevas, Stefan Zweig mostra-se um autor do crepúsculo, testemunha de um universo que se apaga, inventor de personagens que mergulham docemente na penumbra. Com narrativas como *Amok, Carta de uma desconhecida, A ruazinha ao luar* ou *Noite fantástica*, põe em cena "heróis" perturbados por paixões devoradoras. Ele tem o senso inato de inquietar a narração e instalar um elemento perturbador. Mas o texto permanece sensato, dá pistas para entender as situações e, assim, tranquilizar o leitor que se inquieta com o desfecho. Mais que a escuridão, Zweig convida a conhecer as brumas.

A ruptura com a vida confortável impõe-se por si só: em 1934, ele deixa a Áustria para se instalar em Londres, tendo ali iniciado sua estadia no ano anterior. Vive como um exilado de luxo, pois a venda de livros e suas conferências lhe dão um certo conforto. Não se sente muito à vontade no papel do judeu austríaco abastado nesse mundo anglo-saxão, inquieto e tenso, que sente a guerra se aproximar. Tem o mesmo sentimento em Nova York, onde sua nacionalidade suscita rejeição e irritação, apesar de sua notoriedade. Aliás, fora de um círculo restrito de amigos, não aprecia o ambiente que reina entre os refugiados. Obtém um passaporte britânico quando a Áustria é anexada pela Alemanha: pode agora viajar, afastar-se do conflito.

Em 1936, Zweig aceita com prazer um convite do Pen Club da Argentina e do governo brasileiro: é convidado a falar sobre a situação e o papel do escritor. Nessa época, desfruta de uma forte popularidade e suas traduções em espanhol e em português são muito bem acolhidas. Se o congresso no Pen Club o deixa cético, a beleza do lugar e a gentileza dos habitantes do Rio de Janeiro, quando visita a cidade, deixam-no absolutamente fascinado. Em seu regresso, escreve para Romain Rolland: "Meu caro amigo, ao voltar da América do

Sul, quero lhe contar um pouco sobre minhas impressões. Elas são excelentes. Os países são profundamente pacíficos, o lado terrível do nacionalismo não é ainda virulento, e há, entre os homens — graças ao espaço entre eles — menos ódio […] E não acredite muito naquilo que contam sobre os ditadores: são paraísos comparados aos nossos." Essa atração pelas ditas terras novas é paixão à primeira vista. Já em seu livro amplamente divulgado, intitulado *Os grandes momentos da humanidade*, Zweig havia mostrado toda a simpatia que experimentava pelo continente americano: o capítulo 2 dessa obra dizia respeito à descoberta do Oceano Pacífico; o capítulo 7 sobre a corrida em direção ao ouro na Califórnia; e o capítulo 9 sobre a instalação da linha telegráfica transatlântica. Ele desejava dar ao leitor doze histórias concretas que desestabilizaram a história da humanidade. E três entre elas acontecerão no continente americano. Em suas conferências, denuncia a barbárie nazista, mas persiste em tentar reequilibrar os debates, declarando que os judeus talvez tenham sido muito chamativos, muito visíveis, e que precisavam ter sido mais reservados.

Diante dessa Europa que mergulha no conflito, o autor, já exilado, experimenta a necessidade de se distanciar ainda mais dela. Movido pelas terríveis circunstâncias, decide-se por viver no Brasil com Lotte. Ele poderia escolher: os Estados Unidos, com suas bibliotecas, o dinheiro fácil, o conforto e os amigos, ou o Brasil, mais tranquilo, onde sua necessidade de calma e solidão poderia se desdobrar. Essas duas Américas se opõem em sua mente ao mesmo tempo que os temperamentos desses países convidam o autor a observá-los. Em 1929, escreve a Joseph

Roth: "Envergonho-me um pouco de lhe dizer que minha vida transcorre sem choques, enquanto, em meu íntimo, eu sinta medo e um misterioso desejo de perturbações trágicas." Stefan Zweig será ouvido. Escolhe o exílio mais distante, a terra mais afastada e a mais radical solidão para prosseguir sua existência. E talvez já saiba que não haverá escapatória para além disso, outra terra mais distante a alcançar, outra fuga a ser tentada. Parte para o Brasil pois, para ele, o país é o fim do mundo, o ponto extremo para onde se retirar, o lugar de onde não pode regressar. Há um lado de "guinada" nessa partida, nesse desejo de se tornar outro, de não mais poder voltar atrás. Como jogar cara ou coroa, ganhar ou perder.

A estadia de Stefan e Lotte na América do Sul, de agosto de 1940 a fevereiro de 1942, é interrompida por diversos meses passados em Nova York, de janeiro a agosto de 1941. Em suas cartas e seus escritos, sua escolha não deixa dúvida alguma: o universo norte-americano o impele a ser indiferente e ali não permaneceria se não houvesse bibliotecas, editores e leitores. "Sou um cético sobre os métodos da educação puramente americana, que é superficial, e não saberia formar senão arrogantes semicultos." E ainda: "Você não pode imaginar o quanto nós estamos enojados com a impolidez, a grosseria, o comportamento arrogante das crianças americanas." Esse novo centro do mundo causa repulsa, apesar do respeito que Stefan tem pela cidade de Nova York, enérgica e cosmopolita. Mas é verdade que, desse lado, o Brasil não tem nada a dever.

A chegada provoca menos barulho do que em 1936, mas o casal Zweig é muito solicitado pela imprensa, pelos eventos sociais. Em particular na Argentina, onde dá conferências e, fiel à sua personalidade, alterna discursos muito bem pagos e atos militantes ao oferecer sua ajuda a fundações ou grupos que tentam coletar fundos para fins humanitários. Recebe convites de numerosos países latino-americanos e só tem dificuldade de escolha. Lotte conhece um vivo sucesso, garante a administração do dia a dia e as traduções, pois seu marido fala em público em diversas línguas, inclusive o espanhol. Ele prefere claramente o Brasil à Argentina e instala seu lar em Petrópolis, para que o calor não os faça sofrer demais. Como muitos outros autores, Zweig projeta suas obsessões sobre o novo lugar para viver. Em outubro de 1940, declara ao jornal *La Nación*: "A América do Sul tem um espírito semelhante à Europa de outrora, a Europa dos nobres ideais, cara ao coração daqueles que foram antes felizes." Ele estabelece uma analogia entre esse Brasil mestiço e enérgico e a Viena de sua juventude, aquela das misturas, dos cruzamentos de culturas. Não surpreende que trabalhe nesse momento em *Autobiografia: O mundo de ontem: memórias de um europeu*: a paz e a felicidade não podem existir sem um caldeirão de culturas, e os dois lugares, tão diferentes, traduzem esse pensamento. Admira a capacidade dos brasileiros de se lançar em uma empreitada sem preconceitos sobre raças ou culturas. E, em suas memórias, quer descrever um mundo à beira da asfixia, um universo sem força, varrido pelos nazistas, pela estupidez e pela barbárie. Zweig constata que as trevas invadiram a Europa para permanecer ali por um longo tempo: "A Europa, nossa pátria, aquela pela qual vivemos, foi devastada por um tempo que se estenderá para além de nossas vidas."

Ao mesmo tempo, ele publica uma obra bastante surpreendente, *Brasil, um país do futuro*, na qual exprime seu entusiasmo em uma mistura de história e análise do país e salpica com impressões de viagem bastante pessoais. O resultado surpreende, e alguns chegarão mesmo a acusá-lo de ter redigido um livro encomendado pelo governo brasileiro. Lembremos que Zweig, depois de sua primeira estadia no Brasil, escreve em 1936 para Romain Rolland dizendo que essas ditaduras da América do Sul não são tão nefastas, que "são paraísos comparados às nossas". Getúlio Vargas dirige o Brasil desde 1930 e seus métodos nada têm de democráticos. Escritores como Jorge Amado, militante comunista, são obrigados a fugir do Brasil durante seu mandato: o país atrai escritores exilados, mas expulsa seus próprios autores. Zweig não fala de política, permanece no domínio das generalidades e não poupa o leitor de clichê algum. Mas sejamos justos com ele: acaba de chegar, fala mal o português, e sua personalidade o impele a descobrir qualidades em tudo o que vê. E repete obsessivamente que seu universo europeu constitui "o mundo de ontem" e que o Brasil é "a terra do futuro": "Portugal, o velho país histórico, sonha com seu passado que nunca mais reviverá; o Brasil tem os olhos voltados para o futuro." E, quando fala da população, o escritor austríaco não está longe do essencialismo. "O brasileiro" torna-se um ser único, cujo comportamento observa com atenção. Nesses tempos muito inquietantes, não hesita em escrever: "O brasileiro é, por natureza, um excelente trabalhador. É maleável, produz e compreende rapidamente." O "por natureza" soa de modo surpreendente, como um eco que perturba tudo o que a

Alemanha produz de mais repulsivo. Além disso, ele afirma sua admiração pela tolerância e pela delicadeza das populações locais: "As mais variadas classes tratam-se com uma polidez e uma cordialidade que sempre surpreendem os homens de uma Europa cruelmente voltada à barbárie." Ou ainda: "Essa delicadeza de alma, essa incapacidade de ser brutal, o brasileiro a compensa com uma forte, talvez excessivamente forte, sensibilidade." Os habitantes do país são sensíveis ao excesso, amáveis e trabalhadores. A propaganda colonialista nem sempre foi gentil com os povos conquistados, mas compartilha os mesmos princípios empregados por Stefan Zweig.

Ele insiste sem pudor sobre a essência desse país que acaba de conhecer. "A vida em si é mais importante que o tempo": eis o que justifica o problema da falta de pontualidade. O texto é um exercício de complacência estranha com aqueles que o autor considera seus anfitriões: "Do ponto de vista econômico e técnico, essa falta de elã, essa não avidez, essa não impaciência, que eu considero uma das mais belas virtudes do brasileiro, poderia bem constituir uma deficiência." Os habitantes observados não são perfeitos, mas seus defeitos têm igualmente valor de qualidade. Esse livro sobre seu país de acolhimento propõe aproximações documentadas e elegantes e oferece, além disso, uma versão séria da história, da geografia e da economia locais. Ele tem ainda o estatuto de narrativa de viagem, confiando ao leitor as mais marcantes sensações experimentadas pelo homem de passagem. Mas Zweig tem um lado de "funcionário de banco" que o aproxima do turista em busca de exotismo, aquele que coleciona fotos de suas excursões e as impõe a seus colegas de escritório.

Com audácia, conta que prefere passear pelas ruas antigas e típicas do que pelas avenidas, modernas e arejadas, como se essa preferência constituísse a garantia do bom gosto e o diploma de bom viajante.

Esse homem já idoso maravilha-se, com razão, com uma paisagem fascinante e uma população encantadora. Mas seu refinamento de espírito nunca se impõe nesse texto convencional, comum e pesado. O capítulo sobre a cultura desconcerta: nenhuma palavra sobre uma literatura magnífica e original: *Macunaíma*, de Mário de Andrade, é publicado em 1928; os poetas brasileiros estão há muito engajados nas vanguardas literárias e as elites culturais brilham com esplendor. Claro, Zweig compreende mal o português, não conhece bem o país, mas essa sucessão de clichês e banalidades procede de um espírito que, por vezes, se revela simplista. Ele, que tem o dom de enunciar as complexidades e os refinamentos do espírito humano, deixa-se seduzir por lugares mais corriqueiros. Assim escreve em uma carta de setembro de 1940: "Os negros, que trabalham ao ar livre, como à época da escravidão, agora estão contentes e sempre sorridentes." Ou, falando dos primeiros habitantes das favelas, "Esses negros se sentem mil vezes mais felizes que os proletários de nossos subúrbios." Mas, felizmente, para salvá-los da pobreza e dos problemas de saúde, "a natureza brasileira impede o homem de ser triste e moroso, o consola sem cessar com sua mão carinhosa". O mínimo que se pode dizer é que o paternalismo existe.

A falta total de espírito crítico, o tom superior e o acúmulo de lugares-comuns provocam a ira de numerosos intelectuais locais, o que surpreende Zweig. Esperava-se outra coisa de um dos autores mais celebrados da Europa distante. Além disso, seu silêncio sobre a política brasileira e sua complacência quanto ao regime não lhe são favoráveis. Zweig pode ser desculpado, como vimos: está há pouco tempo no Brasil, sente-se em dívida com o país que o acolhe e vive um momento muito delicado de sua existência, momento em que se sente invadido pela depressão e pela angústia. Lotte sofre de asma e o clima local não ajuda. Apesar de uma correspondência abundante, sentem-se sós, sem amigos verdadeiros. Escolheram esse refúgio, mas se sentem presos pela armadilha, sem vontade de superar as dificuldades. Stefan escreve, então, seu *Montaigne*, diz sua admiração por um escritor que justamente escolheu o silêncio para melhor escrever, como se o escritor austríaco desejasse entender a mecânica criativa que a solidão provocou junto ao autor de *Ensaios*. Escreve *Brasil, um país do futuro*, em que abundam os lugares-comuns, como se o autor confessasse sua incapacidade de se integrar; *O livro do xadrez*, em que diz como a solidão leva à loucura, e *O mundo de ontem*, memórias que encerram uma época vivida. Os escritos no Brasil dão as costas para o futuro e privilegiam as angústias do passado, as interrogações de sempre e as banalidades enunciadas pelo visitante de passagem.

O casal vive em relativa solidão. Leem os jornais, tomam conhecimento das notícias que balizam a guerra, dedicam bastante tempo à correspondência: mantêm um forte laço com amigos e familiares que permaneceram na Europa. São muito sinceros em suas cartas e frequentemente falam do Brasil com ternura e condescendência. Queixam-se dos funcionários domésticos, um tanto preguiçosos e pouco rigorosos. Permanecem fiéis à sua mentalidade de europeus, com esse misto de admiração e paternalismo para com o lugar e seus habitantes.

Em fevereiro de 1942, tomados pelo desejo de ver o Brasil efervescente, vão ao Carnaval do Rio e lá, por ocasião das festividades, ficam sabendo que Singapura caiu nas mãos das forças japonesas. Perturbados pela notícia que julgam, corretamente, trágica para os Aliados e para a Frente do Pacífico, decidem voltar para Petrópolis. Não se sabe exatamente em que momento Stefan tomou a decisão, nem como nem por que Lotte a aceitou de pronto. Zweig permanecerá fiel a si mesmo até o final: como um funcionário de escritório consciencioso, organiza papéis e negócios, escreve cartas de adeus, agradece uma vez mais ao Brasil em uma "declaração". Em 22 de fevereiro de 1942, suicidam-se ingerindo veneno. Na véspera, haviam jantado com um casal de amigos alemães, seus vizinhos, os Feder. O marido, Ernst, escreve para a família de Lotte alguns dias após a morte deles e conta sobre a vida cotidiana e o estranho último encontro. Diz o quanto achou Stefan distraído, até mesmo deprimido. Durante dias, o célebre autor dá adeus ao mundo e à vida. Ele escreve para seu editor brasileiro, Koogan, para lhe dar instruções bastante precisas sobre a distribuição de seus direitos autorais. Disse a diversas pessoas: "Sinto-me muito feliz desde minha decisão", "Cansado da duração desse tormento, dessa minha vida nômade". Mas é em sua carta de adeus a Friderike, sua antiga amante, que demonstra as razões de seu gesto. Evoca a depressão, que associa à derrocada do mundo europeu que tanto ama; a evolução do conflito mundial que pende para o lado ruim; a doença de Lotte, que torna a existência tão pesada; a falta de livros, de amigos, e o sentimento de não mais progredir em seu trabalho. Não consegue escrever sobre Balzac, por falta de fontes disponíveis e, talvez, por falta de vontade; essa obra devia ser sua obra-prima no domínio da biografia, mas não tem mais força vital suficiente para enfrentar tal gigante.

Faz alusão à idade, ele que já passou dos sessenta anos e sofre terrivelmente com a passagem do tempo. "Depois dos sessenta anos, é preciso ter forças particulares para recomeçar inteiramente mais uma vez. E as minhas estão esgotadas por esses longos anos de errância sem pátria", declara na nota de adeus. Muitos exilados conhecem sofrimentos ao menos comparáveis, mas a sensibilidade de Zweig é bastante diferente, bem longe da energia de um Bernanos, também refugiado no Brasil, que tentou um pouco antes lhe dar esperança. Nesse fim de mundo, não há outra escapatória; em sua fuga e em seu refúgio, Zweig sabe que não há mais moradas aceitáveis. Diz ter encontrado o mais belo lugar do mundo mas, ainda assim, as angústias o impulsionam ao abandono. Essa morte voluntária constitui o paroxismo de um destino estranho, de uma existência friável e de uma obra delicada e cheia de sabedoria. Seu gesto, impelido por uma firmeza inabitual, é uma renúncia carregada de fatalismo. É como dizem suas últimas palavras: "Sempre foi uma vida provisória." A fulgurância de seu encontro com uma terra nova não bastou para lhe dar a esperança de que essa vida podia tornar-se definitiva. Somente o suicídio foi capaz disso.

CAPÍTULO NOVE

Viagem e correspondência
Malcolm Lowry no México

Como que levado pela fatalidade, Malcolm Lowry desembarca em Acapulco em fins de outubro de 1936. O robusto jovem de vinte e sete anos vive com Jan Gabriel uma paixão amorosa atormentada e publica apenas um livro, intitulado *Ultramarina*, livro promissor e próximo das aventuras dos heróis de Joseph Conrad. Ele vem de Hollywood, onde não obteve o sucesso esperado e está em busca de um lugar agradável e barato para se lançar à escrita com maior constância. Escreve há vários anos, apesar de sua inclinação pelo álcool, solidamente instalada. Desde muito cedo se entrega a uma de suas atividades preferidas: alterar a realidade para torná-la mais bela e, sobretudo, mais significativa. Ele contará como chegou em um 2 de novembro, dia da Festa dos Mortos, data emblemática na sociedade mexicana. Já encontra em torno de si ressonâncias e coincidências que empreendem significação à existência. Sente que os elementos que o rodeiam são como a célebre floresta de símbolos de Charles Baudelaire e que ao escritor cumpre decifrá-los. Transforma a realidade e a torna significante para acalmar suas angústias ante o absurdo da existência. O México desempenha um papel bastante particular em sua história e em sua obra. Há em Lowry a vontade de descobrir um lugar que lhe diga algo, um lar e um espaço ideal para escrever. O país lhe fornecerá o cenário desejado, e de cenário passará a ser quase um tema.

O casal se instala em Cuernavaca, pequena cidade situada ao sul e a uma hora da Cidade do México, onde a natureza e o clima são particularmente agradáveis. Lowry vê ali uma espécie de paraíso terrestre, um sonho que convida a ser saqueado, e começa a escrever sua obra-prima, *Debaixo do vulcão*. A potência desse romance ofuscou o conjunto de sua obra; sua relação com o México é intensificada por poemas e por um livro surpreendente, *Dark as the Grave wherein My Friend is Laid* [*Escuro como o túmulo onde jaz meu amigo*]. Produziu-se um encontro frutuoso e surpreendente entre o jovem escritor e o espaço geográfico, o México dos anos 1930; desse impacto sai um dos textos literários mais perturbadores do século xx. Uma relação de fascínio/repulsa constrói-se com o país, onde ele será feliz durante algum tempo, antes de sua descida aos infernos e ser obrigado a partir em razão do consumo excessivo de álcool e das confusões que provoca.

Lowry vive de uma pensão que seu pai lhe dá: sua dependência econômica é uma das causas do sentimento de culpabilidade que atiça sua ira vigorosa contra o *establishment*. Ele não aprecia o meio de que veio; seu desejo de escrever e seu alcoolismo são, em geral, observados por seus biógrafos como manifestações de um mal-estar enraizado desde a infância.

Pouco importam as raízes do mal, o essencial é o que produzem e o levam a criar. E que o impulsionam a ruminar os temas que o obsediam: a culpabilidade e a impossibilidade de recomeçar, a passagem do tempo que sempre leva ao passado que acusa, o fascínio pela inocência que não pode ser da ordem do vivido, a perda definitiva da pureza inicial e a chegada implacável do castigo.

Debaixo do vulcão dá a impressão de ser uma espécie de autobiografia de Lowry: a personagem do cônsul britânico Geoffrey Firmin apresenta muitos pontos em comum com ele. E, em menor escala, alguns traços e algumas aspirações de Hugues, o meio-irmão, lembram o personagem Malcolm Lowry. História terrível de amor que não pode recomeçar apesar do desejo tenaz dos dois protagonistas (o próprio Lowry se separa no México), *Debaixo do vulcão* pode ser lido como uma tragédia em que cada personalidade é culpada por alguma falta, tenta se redimir e perde inevitavelmente a salvação. O cônsul, por exemplo, deixou sem titubear que marinheiros alemães fossem massacrados durante a Primeira Guerra Mundial. Em diversas ocasiões, abandona-se a seus remorsos. Hugues cortejou a mulher do cônsul, seu meio-irmão, e se sente culpado por não combater na Espanha, nas Brigadas Internacionais esmagadas pelos franquistas. E Yvonne, a esposa que tenta voltar ao lar e abandona o marido, que mergulha a infelicidade no álcool. Nesse romance, prevalece o sentimento de culpa com rara constância.

O primeiro capítulo transcorre um ano após os fatos, que são em seguida relatados: o diálogo entre dois amigos do cônsul, Laruelle e o doutor Vigil, é marcado por arrependimentos e remorsos. Eles se sentem em parte responsáveis pelo drama que leva à morte trágica do cônsul (talvez a buscasse desde o início) e à morte acidental de sua esposa (mas o que é um acidente em um mundo desprovido de acaso?). O romance é dominado pela ideia do destino onipresente e pela impossibilidade de se redimir dos erros. Quando o manuscrito é recusado pelo editor Jonathan Cape ao final de 1945, Lowry está em Cuernavaca com sua nova companheira, a quem quer mostrar o cenário do romance que ocupou seus dias durante muitos anos. Essa viagem resultará na redação de *Dark as the Grave wherein My Friend is Laid*. Mas a recusa de Cape em publicar o romance sob a forma proposta leva o autor a escrever uma das mais extraordinárias cartas da história literária: ele dedica páginas inteiras a desmontar a máquina que tão pacientemente elaborou, fornece as chaves e interpreta os símbolos e as intenções escondidas. Lowry desnuda seu texto e expressa a genialidade de uma construção extremamente complexa e ambiciosa. Essa carta é o ensaio mais inacreditável que se pode escrever sobre *Debaixo do vulcão*, pois é construído no interior do próprio texto. O autor joga com o verso e o reverso dos argumentos da leitura feita pelos pareceristas da editora, deles mostra a superficialidade e, no contrapé, expõe a construção sobre a qual se estrutura o romance. Ele faz o que um autor não deve fazer: revela suas intenções e explica como chega a seus fins. É o preço a pagar para salvar seu trabalho e fazê-lo publicar. O escritor inglês responde ponto por ponto às críticas, mas, sobretudo, evidencia a necessidade de sua construção, seu vocabulário, suas referências, e propõe uma leitura infinitamente mais perspicaz e profunda.

É assim que insiste sobre as noções de falta e redenção, fala da impossibilidade de mudar uma trajetória. Diz, afinal, tudo o que um romance deve ser, com uma quantidade impressionante de citações e referências como apoio. O escritor irritado insiste, rigorosamente, sobre a cabala e a Bíblia, como se fosse para ele um ponto de honra evitar ser taxado de leviano ou superficial. Nosso escritor ferido dá também mostras de um sentimento de grande fragilidade, pois muito se esforça, como um bom aluno, para demonstrar a qualidade de seu trabalho, para revelar as engrenagens que fazem funcionar essa máquina impressionante. Seu argumento é sobrecarregado de referências a grandes obras, como que para justificar suas escolhas, de acordo com as perspectivas de seus augustos predecessores, como se procurasse por aliados junto aos grandes autores do passado. Mas nada disso impede que sua carta seja um modelo de clareza, inteligência e coragem.

Um dos pontos evocados é aquele do país escolhido, o México, como pano de fundo do drama. Aliás, as primeiras páginas do livro descrevem o país e instituem o cenário como que para dizer a importância destinada à localização da história. A cidade fictícia de Quauhnahuaca é uma cópia da Cuernavaca real. Mas o escritor coloca sua narração no coração do simbólico, porque não quer que pensemos que se trata de um romance realista. Por isso mesmo, utiliza o nome pré-hispânico do lugar para ligar sua história a um tempo mítico, uma era antes da culpa. O emprego do nome "Cuernavaca" ancoraria inevitavelmente o romance no presente, enquanto aquele de um nome fictício equivaleria a rejeitar o local escolhido. Lowry torna isso de modo explícito: a narrativa se desenrola em um espaço de ficção, em um universo situado fora da realidade e impregnado pelo sonho dos tempos pré-hispânicos. Sob a aparência de diletante, Lowry observa o país, assimila suas ideias mais divulgadas (o tempo cíclico dos calendários astecas, a religião ligada à morte) e dá conta dos episódios históricos mais emblemáticos. No capítulo x, por exemplo, Lowry coloca o foco de sua narrativa em Tlaxcala, símbolo da traição para os mexicanos desde que, durante a conquista, os habitantes da região se aliaram aos espanhóis. Também aqui o sentimento de culpa, tão próprio dos mexicanos, tão vívido, seduz Malcolm Lowry, que deve ter conversado a esse respeito, durante horas a fio nas *cantinas*, com seus amigos autóctones.

Ele também gosta de mistério, esse elemento tão útil para o narrador preocupado com sua construção e sua intriga. "Aqui, a polícia é como você, ela ama o mistério", diz Yvonne a Hughes. O lado fanfarrão do meio-irmão diverte o escritor, que dele critica, com ternura, o aspecto ridículo. Mas trata-se da personagem que diz as coisas com um quê de inocência e permanece sensível aos aspectos mais paradoxais do país. A natureza grandiosa, a imagem obsedante da ravina e a onipresença do vulcão, a um tempo ameaçador e tranquilizante, constituem uma forma de pontuar a narração. Graças à miséria, à desorganização e à resignação dos habitantes, Lowry coloca em evidência traços exóticos e desesperadores de um país tão diferente do seu; nessa desordem, ele encontra um lugar ainda inocente, cujo aspecto bruto, inacabado, permite imaginar um futuro diferente. Pouco importa a legitimidade dessa visão ou o desejo que move o autor (tantos vieram ao México em busca do absoluto, de Antonin Artaud a André Mandiargues, passando por Jack Kerouac ou Leonora Carrington, enquanto Lowry chega sem ideias preconcebidas), o essencial é que ali se pode desenrolar uma tragédia de dimensões sobre-humanas, uma luta que seria o símbolo dos mais desesperados combates e o reflexo de todas as batalhas perdidas. Os contrastes são mais marcados, os sentimentos mais violentos, os remorsos mais profundamente escondidos.

Em sua carta a Cape, o escritor justifica sua escolha de situar sua história no México. E volta a isso diversas vezes: "Local ideal para nosso drama do combate humano entre potências das luzes e das trevas" ou "Trata-se de um lugar paradisíaco mas, igualmente, de um lugar infernal"; ou, ainda, "Ritmo lento, trágico e melancólico" do país. Como em geral acontece com o visitante, ele é interpelado pela beleza inquietante e comovente do país e pelas perfídias das quais pode ser vítima (desde a cena do roubo de um camponês ferido à beira da estrada até a morte do cônsul). Eis o que o coloca bem longe da Inglaterra puritana e rígida. E, se ele pode escrever um drama patético com mais intensidade do que em qualquer outro lugar, é porque há esse encontro curioso entre ele, jovem escritor certo da potência de sua obra que está por vir, e um país que responde a seus anseios, ou que permite os ajustes necessários para o desenrolar de sua história e a evidência de um número impressionante de símbolos.

O México tem uma curiosa qualidade na aparente neutralidade de sua presença e na doce e confortável distância que estabelece com o visitante: cada um pode projetar suas leituras do real e os sonhos mais utópicos. Os habitantes não se cansam de falar sobre a fatalidade que afeta o país e, mesmo assim, celebram os momentos mais dignos de sua história (independência ou revolução, por exemplo) com legítimo orgulho. Quando o autor vive no México no final dos anos 1930, o país atravessa um período muito intenso com as últimas manifestações de um espírito revolucionário. O presidente Lázaro Cardenas nacionalizou o petróleo e expropriou as companhias estrangeiras. Acolheu os republicanos espanhóis e Leon Trótski, e resistiu às pressões dos grupos pró-nazistas. Lowry entende perfeitamente a importância do momento. O cônsul é assassinado por um desses grupos armados que são a alegoria das hordas bárbaras que invadem a Europa. Com seus ares de não se interessar por nada no domínio político, Lowry toma dos elementos da realidade e lhes confere um papel simbólico, ilustrando a luta entre o bem e o mal. O escritor-visitante britânico tem a seu alcance tudo para que a tragédia seja total. E, no entanto, confere a ela uma dimensão íntima, não multiplica nem personagens nem lugares. Ele compreende a lição mexicana, que não diz respeito apenas ao literário: a intensidade é ainda mais poderosa porque a violência é tão somente esboçada, sugerida. Apenas as duas mortes finais se dão com furor, em um *crescendo* que não oferece senão essa saída possível, como se as duas personagens principais fossem vítimas de uma maquinação inexorável. Mas, apesar desses finais, o texto murmura mais do que grita. O combate do cônsul com a vida e seu desespero chega ao leitor graças a um sistema em que cada elemento concreto da narrativa oferece uma explicação. Imagens, números, objetos que atravessam o livro, em diferentes momentos da narrativa, endereçam uma piscadela ao leitor. O exemplo mais evidente é o jardim, como o autor gosta de assinalar, jardim do Éden que o homem saqueou, jardim do cônsul que ele mesmo deixa voluntariamente sem cultivar, ou o jardim público cujos cartazes convidam os visitantes a cuidar dele. Cuernavaca é justamente célebre em razão de sua flora. Lowry deve ter compreendido que detinha aí a mais significante imagem bíblica para a sua história. Ele próprio insiste no número sete, igualmente bíblico, que é a hora em que o cônsul é assassinado, e marca do cavalo que aparece em diversos momentos e acaba por matar Yvonne. O cavalo, aliás, é outro elemento recorrente da narrativa: espectador da morte do *peón* à beira da estrada, meio de transporte em uma natureza glorificada e, por fim, instrumento. A roda, o ciclo, é a forma em torno da qual gira o romance.

A própria estrutura do livro é fundada sobre a circularidade, pois o primeiro capítulo acontece um ano após os fatos. Quando se termina a leitura do livro, tem-se vontade de voltar ao primeiro capítulo e recomeçar a leitura. No que diz respeito à estrutura do texto, encontramos ali a roda da feira que gira inexoravelmente; faz-se alusão à representação do tempo sob a forma cíclica dos astecas e dos maias e, mesmo, do Buda, no capítulo vii. Tudo parece dizer que nada escapa ao destino, que a impressão de linearidade da vida é ilusória: o ser humano é obrigado a viver um eterno recomeço, a mergulhar sempre em seu passado, não pode escapar de um destino implacável já escrito. Ninguém pode se salvar e toda tentativa de evasão culmina com a morte. Lowry encena, ainda, um jogo impressionante com inscrições, expostas aos olhos de todos e que, entretanto, têm sentido oculto. O exemplo mais recorrente é aquele de um letreiro do jardim público: "¿LE GUSTA ESTE JARDIN? ¿QUE ES SUYO? ¡EVITE QUE SUS HIJOS LO DESTRUYAN!" A tradução que o cônsul oferece desse letreiro (e não o autor, que sabe onde está o erro) é falha. Ele propõe "Este jardim o agrada? Por que ele é seu? Nós expulsamos os destruidores!" O texto quer dizer "Você gosta deste jardim? Por que ele é seu? Evite que seus filhos o destruam!" Uma vez mais a personagem toma do real, modifica-o para que suas afirmações sejam endossadas por estas palavras que o cercam. O herói do livro é assombrado pelo banimento, pois a sociedade pode excluí-lo como exclui todos aqueles que destroem o jardim do Éden, que se revoltam contra a vida. O cônsul é igualmente cercado por cartazes ou placas, como aquele slogan que parece desafiá-lo, e reforça seu desespero — *No se puede vivir sin amar* (Não se pode viver sem amar) —, por anúncios de combates de boxe que ilustrariam a luta que trava com Yvonne, e pelo filme *Les Mains d'Orlac* [As mãos de Orlac], que é um piscar de olhos para o mundo do cinema que ele recusou pouco tempo antes e uma homenagem à estética expressionista alemã. O mundo da sétima arte também se faz presente por meio da personagem de Laruelle, envolvido nessa indústria e apontado como infiel em relação ao seu amigo cônsul por ter tido um caso amoroso com Yvonne. Lowry vê o cinema como o mundo do simulacro. Yvonne é atriz, então "desempenha um papel"; é possível ver isso em seu retorno: "Yvonne, em seu trabalho de jardinagem, a menos que não seja seu simulacro tecido a partir de filamentos do passado." Lowry interroga-se sobre a distância entre realidade e aparência, entre espessura suposta do real e construções artificiais. Inspira-se em um dos mais marcantes traços da cultura mexicana: a dificuldade de estabelecer uma linha de demarcação clara entre o fabricado e o autêntico em uma sociedade hábil em criar mitos novos, inventar um passado renovado e elaborar balizas mutáveis. A história oficial pós-revolucionária canta assim, em modo idílico, o passado pré-hispânico; o mundo colonial é extremamente caricaturado e a época da independência é saudada com deferência. Mas os ritos religiosos ou os saberes ancestrais se prestam ao respeito, às dúvidas, às falsificações. Aliás, o autor nos faz mergulhar em uma festa popular, lugar de Carnaval em que a fronteira entre verdade e mentira é voluntariamente nebulosa.

Leitores mexicanos costumam dizer que *Debaixo do vulcão* é um bom romance, mas que Lowry nada entendeu do México. Ora, um autor não tem nada que "compreender um país". Seu universo e sua criação não têm de respeitar o real, a obra se coloca em contraponto, o autor o utiliza para transformá-lo e torná-lo mais pessoal. O México de Lowry pertence somente a ele, que constrói o livro nesse espaço compreendido entre o país que o cerca e a imagem que faz dele. É nesse cenário que dá vida a um universo que logo se torna alegórico. Amplia os defeitos e tira proveito, com respeito e pudor, da grande liberdade que o país oferece ao visitante. Ri disso em seu poema "Carta de Oaxaca à África do Norte":

> O México? Não é o lugar de almas perdidas?
> Retiro dos ianques que buscam o divórcio:

> Ou de todos os nórdicos que vêm aqui se desnordizar[1]:
> De todos os cavaleiros que foram desselados:
> Licenças à maneira de Lawrence pelo brasão da serpente outorgado.

Com tal visão, é natural que ali ele encontre pontos comuns com seus próprios temas e obsessões.

O mistério mexicano atrai Lowry, faz referência a ele em diversos momentos, ele é sensível àquela mistura rara de grande educação e de distância respeitosa, de uma cultura muito antiga, cujas raízes estão profundamente plantadas no passado. Muitas vezes, faz referência à cultura e à história do México como, por exemplo, no capítulo VIII, quando os heróis viajam de ônibus e percebem o corpo de um indígena agonizante na beira da estrada. Sabe-se que esse *fait divers* foi o ponto de partida da redação de *Debaixo do vulcão*: o ataque, o roubo e o assassinato de um bancário. E, como que por acaso, a vítima é um indígena, símbolo dos vencidos que sofrem em silêncio.

O episódio remete aos maiores pesadelos de Lowry. Para ele e para outros, o mundo indígena constitui o que melhor representa a possibilidade de viver em um lugar pleno de inocência, em um sonho (sim, fictício, mas mesmo assim um sonho) no qual se tem a impressão de que os homens ainda não cometeram o pecado original. O cônsul sonha viver como Blackstone, aquele inglês desgostoso com a sociedade

---

1. *Dénorder*, no original francês. Ressalte-se que se trata de um neologismo. Optou-se, por isso mesmo, por outro neologismo em português. [N.T.]

ocidental que partiu para viver com os indígenas. Aliás, Lowry irá morar em seguida no Canadá, em uma cabana à beira da água, como que apartado do mundo. A civilização destruiu o jardim do Éden e todos nós carregamos o peso dessa culpa. Lowry utiliza o mundo indígena e evoca a imagem da inocência perdida com insistência: a onipresença dos cavalos como instrumento do mal, por exemplo, deve-se, segundo o próprio escritor, ao papel central que desempenharam na conquista do México por Cortés. Para ele, esse país representa o espaço ideal para colocar em cena a luta entre o bem e o mal, entre os vencidos fadados ao silêncio e os vencedores que eternamente arrastam sua culpa.

Costuma-se atribuir aos excessos de bebida as aproximações, ou, mesmo, as alucinações de nosso escritor. O álcool tem um papel purificador, age como catalisador que daria uma lucidez particular. Permite transferir suas quimeras com mais facilidade, realizar essa torsão do real já tantas vezes assinalada e ali colocar seus sonhos. A escrita e a bebida estão unidas em um mesmo anseio, aquele de frear a passagem do tempo. O espaço que se deixa abraçar mostra a intensidade do desejo de conter a passagem das horas. Lowry se entrega a essas duas atividades com igual frenesi. A tentação do escritor e do beberrão segue o mesmo mecanismo: inventar um universo onde o tempo é de outra ordem, colocar-se nas bordas do mundo. Um e outro estão à procura do Paraíso, em busca da possível recreação do jardim do Éden.

Mas o beberrão se torna alcóolatra e o espaço estreito em que por vezes consegue entrar, graças a seu estimulante, torna-se um lugar infernal. Sua própria queda faz eco àquela do anjo. No romance, o cônsul bebe e conserva uma lucidez aterradora: caminha em direção à morte com sabedoria e resignação que o tornam mestre de seu destino — seu assassinato tem ares de suicídio. Não existe em Lowry a ideia de que a bebida está ligada ao desejo de esquecimento. A embriaguez está relacionada ao fascínio por um possível retorno a um tempo mítico, à busca de uma forma de virgindade situada fora do mundo sensível. Quanto ao nosso escritor, mergulhado no real, ele alterna tequila e mescal, e não tem o mesmo controle do cônsul. Depois de muitas confusões e muitos escândalos, é preso em Oaxaca; rompe definitivamente com sua companheira, cansada de seus excessos, e deixa o México em julho de 1938. Sua vida muda depois de sua estadia no México, ao menos temporariamente. Ele irá viver no Canadá. Mais uma vez descobre-se nele o desejo de espaço virgem e inocente. Ele quase para de beber durante o tempo dedicado à redação de *Debaixo do vulcão*, anos durante os quais as versões se seguirão umas após as outras até a quarta e definitiva, que ele conclui em 1944.

Onipresente no livro, o álcool é, para o autor, um meio de apreender a ordem e a desordem do mundo. A ele atribui os efeitos próximos daqueles provocados pela vidência do jovem Rimbaud. De um lado, o álcool desperta o espírito, acelera a organização das ideias e suscita uma espécie de clarividência — ao beber, Lowry vê ou pensa ver tudo o que está escondido por trás do visível, tem acesso às chaves da existência. De outro, o álcool o leva à morte, faz com que aspire à destruição e à desordem. Com o mescal, o livro adentra na tragédia. Lowry, que experimentou mescal desde sua chegada ao México e descobriu a potência dele sobre o espírito, respeita-o — mais do que o álcool e menos do que uma droga —, conhece a capacidade de embriagar quem faz uso excessivo. O álcool é libertação e entrave, salvação e condenação, paraíso e inferno. Seu lugar central em *Debaixo do vulcão* não é simplesmente anedótico, pois suas consequências fazem parte da trama. Como todos os elementos que ali aparecem, a bebida não tem nada de presença decorativa: é um dado essencial.

Um dos aspectos mais dramáticos do livro reside na impossibilidade absoluta de dizer os segredos, de sair da terrível solidão que afeta a todos os atores do drama. O papel da palavra escrita é capital, não apenas aquela dos letreiros e cartazes públicos, mas igualmente aquela dos livros (a Bíblia, em particular, e textos esotéricos como a cabala) e das cartas íntimas — um grande mal-entendido advém do fato de uma carta do cônsul nunca ter sido enviada. A importância da cabala é tardia na redação do romance; ao que parece, as leituras e as visitas frequentes de Lowry ao Canadá levaram-no a se interessar por ela. Dali retira a ideia de que a infelicidade do mundo é resultado da separação dos seres nos primórdios dos tempos, da fissura que rompeu a unidade original. "E, no entanto, nada poderá jamais tomar o lugar dessa unidade que outrora conhecemos e que não pode deixar de existir sabe-se lá onde, apenas Deus o sabe", escreve ele, traduzindo sua obsessão pela perda da unidade original. As personagens de *Debaixo do vulcão* estão todas enclausuradas na solidão e ninguém consegue escapar. Até mesmo a palavra escrita, a carta do cônsul, não chega à sua destinatária. A correspondência, meio mais íntimo de se endereçar ao outro, conhece assim o fracasso: não é possível romper com o confinamento. O cônsul encontra na *cantina* Farolito as cartas de Yvonne que pensava estarem perdidas. Embora fossem muito importantes para ele, havia se esquecido delas, em dia de embriaguez. Essa descoberta é como uma ruptura do silêncio, do equilíbrio que leva ao caos e à morte. Contudo, Lowry cita a cabala sem ter profundos conhecimentos esotéricos. Como escritor, toma dali o que julga útil: uma perspectiva sobre o mundo. Nisso se mostra poeta-decifrador de "confusas palavras" que a natureza nos dirige e companhia daquele que "passa pela floresta de símbolos", como diz Baudelaire (que, na carta a Cape, é citado exatamente sobre esse tema). O jovem escritor inglês escreve poemas desde sua infância e continuará a fazê-lo até a morte, com paixão, constância e respeito que surpreendem. Quando tem seu nome incluído em uma antologia de poesia canadense, escreve ao organizador: "Praticamente não penso senão em poesia [...] mas há tão poucos poemas que realmente aprecio de outros escritores que, talvez por falta de senso crítico de minha parte, talvez por narcisismo excessivo, eu me proíba de escrevê-los, colocando a barra em alturas inacessíveis…" Uma vez mais Lowry experimenta a tentação do absoluto: no registro da escrita, a poesia é considerada como o estágio supremo, uma forma de perfeição. Pela via narrativa, ele busca se comunicar com o poético: seus temas e suas intenções pertencem mais à magnificação do que ao romanesco. Lowry se coloca atrás de Dante Alighieri e John Milton, esses grandes poetas que sabem contar em versos uma história. Sabe recusar o anedótico, dado que tudo faz sentido, interroga o essencial que cada um carrega em si. *Debaixo do vulcão* pode ser lido como um longo poema em prosa; se tudo ali é alegórico, é um romance poético e um poema romanesco.

Lowry está em comunhão com o México, que lhe fornece a matéria ideal para uma história terrível enraizada em um meio enigmático. Quase nada sabe sobre o país antes de ali chegar e apenas leu romances de B. Traven que lá se desenrolam. Desconhece a arte mexicana e a literatura local e continuará a ignorá-las durante sua estadia; seus amigos não são do meio intelectual da capital — mesmo que bastante acolhedores em relação aos estrangeiros. Lowry não procura fazer contato, nem pessoal nem por meio de suas leituras. Entretanto, é sensível à atmosfera do país: em seu texto, transcreve impressões apreendidas, e, sem desejar, o jovem inglês veicula elementos que podem ser encontrados na literatura mexicana.

No jogo das comparações, ele se situa na tradição anglo--saxã, com Herman Melville e Joseph Conrad como pontos referenciais mais evidentes, não apenas em razão do tom, mas pelos temas que se sobrepõem. Apesar da universalidade de suas preocupações, Lowry elabora uma obra que entra em ressonância com textos mexicanos do século xx. Citemos indiscriminadamente o sentido da culpa e do desejo de redenção de López Velarde, a presença doentia da morte nos poemas de Xavier Villaurrutia e José Gorostiza, o rancor e as culpas obsedantes do passado de Juan Rulfo e Elena Garro, a comunhão com o pesadelo em Inés Arredondo, ou a crueldade da existência que convida ao humor ácido de Jorge Ibargüengoitia. No México, a presença do passado, da morte na vida e do misterioso na mais corriqueira existência formam a matéria e a textura dos mais brilhantes escritos.

Após muitas desilusões, o autor retorna aos lugares de *Debaixo do vulcão* para mostrá-los à nova mulher. Em Cuernavaca, moram em uma casa que, no romance, é aquela de Laruelle. É ali que Lowry viajará, sobretudo para Oaxaca e Acapulco, lugares já visitados pelo escritor. E, como se o México quisesse fazê-lo pagar velhas contas e voltar às culpas do passado, é expulso do país por causa de uma história de multa não paga em 1938. Malcolm não para de tomar notas, de fixar suas impressões, temendo que não possa mais tarde se lembrar. Essas impressões resultarão na redação do romance, inédito à morte do autor, intitulado *Escuro como o túmulo onde jaz meu amigo*. Esse livro é o relato dessa viagem, mas, sobretudo, o "texto-espelho" de *Debaixo do vulcão*, o avesso da aventura do cônsul. É o guia perfeito para compreender Lowry e sua obra mais importante.

Livro menos imponente em comparação à obra-prima, trata de temas próximos àqueles de *Debaixo do vulcão*; ali se lê frases como "Deixem-nos ser felizes ainda em algum lugar, mesmo que tão somente juntos, mesmo que tão somente fora desse mundo horrível". Os lugares aparecem sob seus nomes, a narração é muito mais realista, menos imagética, menos depositária de intenções visíveis. Ele descobre em Oaxaca que seu grande amigo mexicano, Juan Fernando Márquez, foi assassinado quando saía de uma *cantina*, à semelhança do cônsul. Esse novo romance é bem mais marcado pelo desejo de paz e prosperidade: seu companheiro é morto, mas ele trabalhou para um banco e mudou o aspecto do país, agora próspero e cheio de futuro. Uma das últimas frases do livro — "O banco Ejidal se tornou um jardim" — faz eco às imagens do passado. Esse México idealizado está ainda mais afastado do real que o país de *Debaixo do vulcão*, mas ele não tem a força do primeiro cenário: ao desvesti-lo de sua roupagem sublime que o transforma em um lugar quase mágico, Lowry retira o verniz que o torna fascinante e tão propício às suas próprias obsessões. Comparar os dois romances não faz sentido, pois o segundo é tão somente uma variação do primeiro. Comparar os dois cenários mostra o quanto o autor passou do sublime ao autobiográfico, da obra-prima atormentada ao exercício aplicado.

Em uma entrevista de 1984, quando se pergunta a John Houston sobre a adaptação de *Debaixo do vulcão* que acaba de realizar, sua falta de entusiasmo pelo romance é flagrante. Entretanto, ele é um dos cineastas mais inspirados pela literatura, mas se compraz em sublinhar os defeitos que desejou apagar na tela. É como se houvesse ali um quê de ciúmes: Huston viveu durante muito tempo no México, filmou lá seus *O tesouro de Sierra Madre* (adaptação de Traven) e *A noite do Iguana* (adaptação de Tennessee Williams). Ele se parece com aqueles proprietários que não se deixam enganar. É possível que a diferença de geração explique suas críticas. Entretanto, Huston se sente incomodado, sobretudo pelo lado não realista do México de Lowry. Ele o acusa de produzir um texto "esmagado pelos símbolos", carregado ao extremo, e que utiliza do pitoresco para ilustrar suas proposições. Chega mesmo a declarar que Lowry colocou em seu romance tudo quanto encontrava na rua, todos os detalhes da vida cotidiana. A crítica, de fato verdadeira, incomoda porque a potência do texto advém justamente de sua capacidade de tudo absorver. A grandeza e a genialidade de *Debaixo do vulcão* vêm da faculdade de capturar os detalhes da vida e de desviá-los, conferindo-lhes um significado coerente com o corpo e as intenções do livro. Aliás, a força do México é apresentar múltiplas facetas que permitem a cada um descobrir o que lhe interessa.

Criou-se uma estranha afinidade entre os espectros que agitam Malcolm Lowry e as ideias fixas e os valores que sedimentam a alma do país. Em sua errância mexicana, ele consegue escrever um grande romance sobre a culpa, o destino e a impossibilidade de se redimir. Alimenta-se sem cessar dos componentes de uma realidade que pode deformar, utilizar ou adaptar como quiser. Ele executa o gesto vital do criador: desviar o real para dele se apropriar, impondo ao mundo uma ressonância pessoal. A grandeza do México consiste em oferecer uma matéria neutra e maleável que permite a todos imprimir sua marca. E a de Lowry é ter compreendido isso.

CAPÍTULO DEZ

Papa sob os trópicos
Hemingway em Cuba

A melancolia é a felicidade de ser triste.
Victor Hugo

A casa se assemelhava a um museu. A decoração, a atmosfera, a *mise en scène*: tudo leva o visitante a se sentir impregnado pela decoração organizada a serviço do mito. Hemingway é um dos escritores que mais bem souberam inventar para si um universo próprio, uma imagem e uma lenda. Talvez não tenha desejado conscientemente essa construção, talvez a sinceridade se esconda no cerne dessa elaboração cuidadosa, talvez cada um dos elementos esteja em seu lugar para melhor dizer ao visitante o encanto de um mundo que Hemingway inventou e viveu com fervor. Ele não mente sobre suas paixões e ali estão elas, todas reunidas no interior dessa edificação, La Finca Vigía: a caça e a pesca, os livros e a máquina de escrever, o boxe e a tauromaquia, o álcool e o mar. A casa exala lembrança, nostalgia, participa da lenda do grande escritor e transmite uma certa melancolia. Esse lugar é como o resumo de uma vida sob o signo da aventura e da escrita, da paixão pela existência e do talento para dizê-lo, de certo gosto pela franqueza e do tom direto que se impõe ao leitor como uma prova. Diz-se dessa casa que era um refúgio, uma parada entre duas viagens. De fato, uma vez em Cuba, Hemingway não deixará de partir para longe, caçando na África, "libertando" Paris dos nazistas, trabalhando como repórter em todos os cantos do globo. Mais que um refúgio, La Finca Vigía é vista como uma galeria de lembranças, um lugar de acumulação.

Hemingway apreciava os momentos intensos, aqueles que se encarregam de um peso que somente o drama, a presença da morte e a exaltação dos inebriamentos podem impor. Desde a infância, soube construir armadilhas de caça e fisgar peixes. Em seguida, descobriu a vertigem das noites alcoolizadas, as mulheres e o erotismo, a excitação e o medo quando o toureiro enfrenta o animal na arena, o coração que bate quando sobe no ringue. Claro, levado pelo seu próprio mito, ele mente com frequência. Conta anedotas impossíveis, como aquela de seu idílio com Mata Hari, a espiã alemã, que ele não pôde conhecer. Pouco lhe importa a fronteira entre verdade e mentira, realidade e ficção. Sua obra se alimenta de suas experiências e sua vida está a serviço dessa lenda que reforça sua presença no mundo.

Durante as múltiplas viagens e estadias no exterior, Cuba tem um lugar à parte. Ali, compra e fixa residência por vinte anos. Desde muito cedo, o jovem Ernest tem gosto pelo alhures. Não por acaso instalou uma grande distância entre ele e seu país natal, distância que se percebe em sua obra e em sua existência: apenas um único romance (*Ter e não ter*) se passa, em parte, nos Estados Unidos, onde jamais viverá de modo contínuo. Como para confirmar sua aversão pelos Estados Unidos, passará lá seus últimos meses, doente, antes de se suicidar. Ele recusa seu país de origem, lança-se em direção à Europa onde conhece a guerra na Itália, a vida parisiense do entreguerras, brilhante e excitante, e a Espanha das touradas, que permanecerá sua terra de predileção. Observa seu país com o canto dos olhos e não aprecia os inoportunos com os quais cruza, nem o puritanismo que pesa sobre ele.

As mais caras lembranças da juventude estão ligadas à natureza, ao campo, à caça e à pesca. Hemingway é um dos raros escritores estadunidenses a não ter seguido um percurso universitário: forma-se na prática, trabalha como repórter no jornal *Kansas City Star*. Aprende a escrever sem florear e segue os conselhos dos editores: "Empregue frases curtas, faça parágrafos com começos breves. Utilize um inglês vigoroso. Seja afirmativo, não negativo. Evite o emprego de adjetivos." À leitura de suas páginas, o leitor compreende que ele permanece fiel a esses princípios, não apenas em seus artigos mas também em sua obra literária. Ele, que tanto aprecia o risco, apega-se a essas regras de escrita, como se fosse uma disciplina que lhe evitaria penetrar em novos territórios, mais líricos e mais perigosos. Critica com frequência Faulkner, contemporâneo cujo estilo é mais carregado e com construções mais arriscadas. Entre seus pares, manifesta admiração tão somente por James Joyce. O suicídio de seu pai soma-se ao desgoto que experimenta pela evocação de suas raízes. Uma vez em Paris, voltará muito pouco aos Estados Unidos. Em 1928, graças aos conselhos de seu amigo John Dos Passos, vai para Key West a fim de se entregar a um de seus passatempos favoritos, a pesca. Ele gosta do lugar e aproveita seus dias plenamente. De lá, atravessa até Havana, tão próxima, e descobre o país no qual viverá: Cuba. Já em 1929, descobre a grande ilha do Caribe pelo mar, como um presente ao navegador que se arrisca na Corrente do Golfo.

Para Hemingway, Cuba é, antes de tudo, a pesca e as águas claras. Ele não é insensível aos encantos do local, mas suas estadias não se assemelham àquelas que motivam os compatriotas da época. Até a revolução de 1959, a ilha é um lugar escorregadio onde a máfia impera, onde os parvos vão se acanalhar nos bares e nos bordéis que ali florescem. A América puritana joga-se nesse lugar, e deságua, particularmente em Havana, todas as suas inibições. Política e economicamente, os Estados Unidos têm mão forte sobre o país graças à emenda Platt, que lhes permite intervir assim que sentem seus interesses ameaçados. O escritor passa ali cada vez mais tempo, vai com frequência ao hotel Ambos Mundos, onde corrige as provas de *Death in the Afternoon* [*Morte ao entardecer*] e escreve uma parte de *Adeus às armas*. Apesar de sua reputação de festeiro e grande beberrão, Hemingway é um trabalhador contumaz e disciplinado. Levanta-se muito cedo todas as manhãs, qualquer que seja seu estado ou a noitada da véspera, para escrever à máquina. A verdade é que ninguém sabe de fato até onde Ernest participa dos eventos dos norte-americanos que desembarcam na ilha, sujeitos descontrolados e ávidos por noites festivas e prostitutas baratas. Os cronistas da época não o veem participar de nada disso. Claro, é amigo do barman do Floridita, seu bar preferido, onde tenta bater recordes de consumo de daiquiri. Mas sabe como funciona a cidade e sua rejeição aos Estados Unidos faz com que evite os lugares onde pululam seus compatriotas. Integrou-se de tal maneira ao lugar que nada tem de banal turista.

Em 1934, compra um barco, o Pilar, com o qual vai tanto pescar peixe-espada quanto patrulhar submarinos alemães durante a Segunda Guerra Mundial. Em 1939, sua companheira, Martha Gellhorn, descobre La Finca Vigía, situada a quinze quilômetros de Havana. Hemingway faz fortuna vendendo os direitos cinematográficos de seu romance *Por quem os sinos dobram* e compra a casa. Lá se instala, na tranquilidade, sem saber se permanecerá ali por longos anos. Vive de modo confortável com numerosos funcionários, animais em quantidade, o mar muito próximo e idas e vindas de pessoas, amigos ou inoportunos, que desembarcam a todo instante. Atores célebres de Hollywood, políticos, amigos cubanos, pessoas que estão de passagem, todos querem jantar na casa do grande narrador dessa época. Justamente ele, que buscava um certo refúgio, luta para fazer respeitar sua intimidade.

É junto aos pescadores que melhor se sente, e na companhia deles descobre uma certa cumplicidade e o prazer de viver. Em seu discurso de recepção do Prêmio Nobel de Literatura, declara: "É um prêmio que pertence a Cuba, pois minha obra foi criada e pensada em Cuba, junto com as pessoas de Cojímar, da qual sou cidadão." Tudo está dito: Hemingway gosta de viver com pessoas simples. Aprecia esses indivíduos rudes e discretos que se formaram em contato com os elementos. Seus textos estão repletos dessas personagens marcadas pelos combates da vida e que, humildemente, colocam suas existências em jogo a cada dia. Quando ele responde, em espanhol, a uma entrevista, depois da obtenção do prêmio em grande parte devido à publicação de *O velho e o mar*, declara que "o mar" o inspira profundamente, em particular as marés que se lançam sobre a costa norte de Cuba. E fala, com certa emoção, a respeito da admiração que experimenta pelos pescadores, os mais nobres seres que conheceu. Esse testemunho diz muito sobre as razões que o levaram a viver em Cuba. Ele termina sua declaração com as seguintes palavras, às quais dá um sentido reforçado: "Cojímar é uma coisa séria." Modo de lembrar seu respeito por esse lugar e seus habitantes, afastados da frivolidade ou da futilidade. Ali reencontra os valores que lhe são caros e que tanto apreciou e admirou na Espanha. Aliás, se a Espanha foi para ele um lugar de predileção, em razão de sua paixão pela tauromaquia, a forte presença espanhola em Cuba não pôde senão fasciná-lo. Vai ao frontão assistir às partidas de pelota basca e encontra diversos jogadores, junto aos quais sente certa hispanidade que impregna a vida da ex-colônia tardiamente separada da metrópole.

 Hemingway dá a conhecer sua atração pela ilha em vários de seus textos: *Ter e não ter*, *As ilhas da corrente* e *O velho e o mar*, assim como em um belíssimo conto, "Ninguém morre jamais". Observe-se que os dois primeiros títulos citados são levemente inferiores a outros romances. Cuba nunca esteve à altura de Paris ou da Espanha em seu universo. Mas ali passa bastante tempo e usufrui de seus encantos com um imenso prazer. Entretanto, é o mar que constitui para ele a principal atração do lugar e está no centro de suas ocupações. A segunda parte do livro *As ilhas da corrente* se passa em Havana, mas a capital cubana se reduz ao "Floridita", seu bar, onde põe em cena seu alter ego, um pintor imerso no Caribe que rememora sua Paris distante. O essencial da ação consiste em um diálogo entre ele e uma prostituta sobre o regresso e algumas outras personagens atraídas pelo local. É como dar uma explicação sobre a nostalgia do lugar com prazer em remoer o passado.

Com *O velho e o mar*, que glorifica sua terra de acolhida, Hemingway triunfa e cala as críticas que diziam que sua obra estava acabada. Em um formato que lhe pertence, entre novela e romance, ele conta a história de um velho pescador, cuja luta pela sobrevivência assume uma dimensão épica, aquela do combate desigual do homem contra a natureza, combate que se concluirá com a vitória sobre o destino e a vida e contra a morte. Esse texto lhe dá o Prêmio Nobel de Literatura e uma acolhida triunfal. Transformada em clássico contemporâneo, é uma ode à reconciliação, em que o autor nos convida a um debate metafísico sobre os temas da vitória, do combate e da dignidade, assuntos que o perseguiram durante toda a vida, mas que têm, nessa breve narrativa, uma força e uma simplicidade compatíveis com suas obsessões. A solidariedade humana dali emerge, apesar da solidão aparente do pescador; a nobreza dos sonhos íntimos de cada um ("os leões" de suas noites) encontra espaço para se expressar e a grande comunhão com o mundo é apresentada como o único desafio que vale a pena ser evidenciado no coração de todas as existências, aquela dos humildes e dos poderosos. Ninguém sabe se ele poderia comungar tão bem com esses valores se tivesse evoluído em outro ambiente, mas se sente tocado pela franqueza da população e pela coragem das pessoas simples.

D.H. Lawrence, cuja verve crítica era muito fácil, assim se expressa ao descobrir os escritos de Hemingway: "Eis aí algo de grande honestidade." Ao longo de toda sua obra, a honestidade de suas personagens e a sinceridade que as anima são elementos centrais. Em *Por quem os sinos dobram*, os *partisans* são julgados em função de sua coragem e integridade. E, para Hemingway, a capacidade a superar o medo é um valor primordial. Ela está no coração de outras narrativas, como em "Os pistoleiros". É observada também no momento em que o toureiro entra na arena. Superar o medo é o símbolo da luta de cada um contra o universo. Como aquele velho pescador que, noite e dia, deve lutar até perder tudo para compreender que esse combate lhe devolve sua dignidade e razão de ser. Os textos de Hemingway nos falam das qualidades de todas essas pessoas que o cercam nessa ilha bela e trágica.

Um outro valor a que se mostra sensível é a solidariedade. A citação dos versos de John Donne que abre *Por quem os sinos dobram* é uma prova. E a guerra o lembrou disso: a fraternidade constitui outra qualidade central. Em seus romances da época cubana, essa tendência acentua-se, como se o autor fosse conduzido por esse sentido da comunhão posta como contraponto ao individualismo obstinado imposto pela sociedade norte-americana. Harry Morgan, o herói de *Ter e não ter*, descobre isso no final do livro: "Seja lá como ele age, o homem sozinho está de antemão fodido." O mesmo acontece em "Ninguém morre jamais": a jovem Maria é presa pela polícia cubana quando se envolve em atividades de uma rede de revolucionários. Seu companheiro, Enrique, foi abatido pelas forças da ordem. Ele explicou anteriormente a Maria que seus amigos haviam morrido em combate na Espanha, ao lado dos republicanos. Depois de um momento de legítima tristeza, e quando de sua prisão, ela surpreende seus torturadores fazendo-os compreender que o sacrifício dos outros a obriga a ser solidária com eles. Ela diz diante da incredulidade dos torturadores: "São nossos mortos que vão nos ajudar [...] Ninguém morre por nada [...], eles estão, agora, ao meu lado." Hemingway progrediu depois de seu início: antes, era caracterizado pelo individualismo; agora, a comunidade lhe parece desejável. São os tempos difíceis e conflituosos que o levam a isso: a Segunda Guerra Mundial se seguiu à "sua" guerra da Espanha. Se durante toda a vida mantém-se reticente às ideologias, ele vê, em cada regime autoritário, um inimigo a combater. Mas esses vinte anos de estadia cubana devem tê-lo igualmente marcado, ele que sabe tão bem observar os outros e, em particular, a capacidade de resistência dos despossuídos. Em Cuba, sabe ver esses valores em movimento, em atos.

Durante os anos cubanos, sua correspondência é bastante reveladora de seu estado de espírito. Ele mantém um laço com o exterior, ainda que receba numerosas visitas, de Ava Gardner a diversas personalidades ligadas à política ou à edição. E, sobretudo, viaja pelo mundo. Na França, participa dos combates da Normandia e daqueles em prol da libertação de Paris; na África, a imprensa anuncia sua morte em um acidente de avião. Hemingway mantém-se um homem de ação e seu temperamento o leva para além dos círculos literários. Na França, os GIs¹ o chamam de Papa, e a obtenção do Prêmio Nobel em 1954 é um reconhecimento esperado. Ele é pouco prolixo sobre seu país de residência; percebe-se que deseja manter em segredo sua felicidade, como se não desejasse traí-lo. Mostra-se constrangido quando é perguntado sobre as razões de sua preferência pelo país: "Não me darei o trabalho de explicar. É muito complicado." E descreve as pequenas manhãs frescas, a fauna e a flora que o cercam como um prazer simples que deseja proteger dos inoportunos. A felicidade é mais difícil de descrever que os conflitos ou os dramas. Do mesmo modo, quando é questionado sobre as angústias do escritor, mostra sua máquina de escrever e diz: "Aqui está meu psiquiatra." Hemingway é o contrário de um intelectual e gosta de Cuba por isso: as pessoas de quem se aproxima não têm pretensões dessa natureza e ele, que gosta sobretudo das pessoas do povo, marinheiros ou vizinhos, está plenamente satisfeito com elas. Suas cartas restituem seu estado de espírito e mostram o que os livros dizem: Hemingway não aprecia os pensadores, os críticos e os intelectuais. Em 1952, escreve a Wallace Meyer: "A crítica está sendo contaminada por uma mistura de jovens tipos do FBI, de dejetos de Freud e Jung, e de uma espécie de escola jornalística indiscreta e sedenta de listas de dedo-durismo." Hemingway foge deles, os mantém afastados. Escreve a um outro: "O que vocês estão fazendo aqui? Por que acham que me exilei neste país? Para fugir de enxeridos da espécie de

---

1. GIs — abreviação de *galvanized iron* (ferro galvanizado) — são soldados norte-americanos que combateram na Segunda Guerra Mundial. [N.T.]

vocês." Em 1953, ele diz lucidamente a Lillian Ross: "Não farei declaração alguma sobre *O velho e o mar*, nem agora nem nunca. Todo mundo pode trazer para essa história o que conheceu como bagagem. Mas nunca haverá explicação sobre isso." Ou, ainda, a respeito do mesmo livro: "Todo o simbolismo de que falam é uma besteira." Papa permanece fiel a si mesmo, estranho ao cerebralismo. E Cuba lhe oferece justamente o que ele precisa: o lugar da beleza imediata, da espontaneidade e da dignidade.

Ali vive um momento notável, quando a cultura cubana e, em particular, sua literatura, brilham. É a época em que se publica a revista *Orígenes*, em que se lançam à escrita de obras admiráveis José Lezama Lima, Virgilio Piñera, Eliseo Diego e Alejo Carpentier. Mas Hemingway pouco se importa com outros escritores: se foge dos intelectuais de seu país, não é para ir buscá-los em outro lugar. E esse traço é particularmente comum aos escritores que vão para a América Latina: as obras de seus pares locais não os atraem, eles não viajaram com essa intenção.

O mesmo se dá com a política: Hemingway não tem simpatia pelo regime cubano, e não fala sobre ele. Aceita uma medalha com reticências, sem muito insistir. Vê, sem ilusão, chegar a mudança da revolução. Ele escreve a seu filho, como que para explicar sua partida da ilha: "Cuba está realmente muito feia agora, […] os dois lados atrozes, um e outro, sabem o tipo de coisas e de assassinatos que continuarão a acontecer quando os novos chegarem." Ele encontra Fidel Castro apenas uma vez, em um concurso de pesca. Fidel lhe haveria confessado, no maqui, ter tomado *Por quem os sinos dobram* como uma espécie de manual de guerrilha. Mas o encanto foi rompido. A revolução triunfa no início de 1959 e alguns meses mais tarde Ernest Hemingway deixa definitivamente La Finca Vigía para se instalar em Ketchum, em Idaho. Vive novamente nos Estados Unidos, em plena natureza e longe do mundo. Na manhã de 2 de julho de 1961, ele se suicida com um fuzil de caça. Papa fora internado em duas ocasiões em razão de saúde mental frágil. O retorno a seu país natal lhe foi fatal.

No excelente ensaio que dedica a Ernest Hemingway, o escritor inglês Anthony Burgess tem uma formidável intuição, amparada por uma sensibilidade de leitor pouco comum. Ele escreve sobre o livro autobiográfico *Paris é uma festa*: "Essa prosa é puro Hemingway — simples, bastante sugestiva, mas, como sempre acontece com ele, com tonalidades de melancolia. A melancolia está na própria forma das frases que, evitando regularmente o período, não deixam de morrer ao perder a intensidade." Ele observa o que talvez seja a razão profunda de sua grande atração por Cuba. A ilha, sua capital em particular, constitui o lugar por excelência da nostalgia, um passado real ou idílico. A beleza de Havana é bastante evidente, com sua languidez e sua dinâmica; lá, mais do que em qualquer outro lugar, a atmosfera se encarrega de uma sensação doce-amarga que se mistura a uma fuga do tempo inscrita por todos os lados, em cada muro e em cada elemento da paisagem. A "cidade das colunas" de Alejo Carpentier retira, de um passado incerto, uma beleza que é acompanhada de um sentimento de ruína; as casas fustigadas pelo sal e pelo vento, esmagadas pelo sol, não param de desmoronar, de acompanhar o avanço da morte. Hemingway não para de dizer a mesma coisa em seus livros e, sem teorizar, reconhece a tranquilidade perversa da evolução mortal do estado das coisas. Havana é o cenário sonhado para dar livre curso ao abatimento e ao mal-estar. O destino de Papa é esse: leva uma existência trepidante, intensa e, no contrapé, deixa a morosidade ganhar espaço em sua vida e em seus livros. Sobre isso, Virgilio Piñera dá outra razão em seu poema "La isla en peso" ["A ilha em peso"], quando invoca a condição do habitante do lugar:

> A maldita circunstância da água por todos os lados
> Me obriga a sentar à mesa do café.
> Se eu não pensasse que a água me rodeia como um tumor
> Eu teria podido dormir serenamente.

Pode-se multiplicar os exemplos de textos de poetas cubanos, com José Lezama Lima, Cintio Vitier ou Eliseo Diego, e ver o quanto esses sentimentos são constitutivos da expressão desse lugar. As fotos de Walker Evans evidenciam essa forma de beleza lasciva e misteriosa que poderia parecer decadente. A música local sabe alternar os ritmos dançantes com a languidez do "som" e compartilha um prazer singular, aquele de encontrar uma certa volúpia na tristeza e na indolência. Como tão bem escreve Antonio José Ponte, são as ruínas de Havana que dão a impressão de sempre terem estado lá e que oferecem à cidade um charme que a simples palavra "barroco" não resume.

A releitura dos livros de Ernest Hemingway dá a sensação de um mundo carregado de nostalgia. O antes, real ou inventado, seduz. Suas personagens "foram" mais do que são. O pescador de *O velho e o mar* é sua figura paroxística, ele que constrói a sublimação de seu fracasso graças a esse longo aprendizado da vida que lentamente, profundamente, assimilou. Seus livros carregam um passado incômodo, quase sempre silenciado, e que assume todo seu valor graças ao estilo do autor, à sua incomparável maneira de conduzir as palavras. A imensa melancolia que toma conta dele até o final vibra em seus livros e lhes dá um encanto insubstituível.

Hemingway chega a Cuba por causa de sua paixão pela pesca e pelo mar. Rapidamente se deixa conquistar pela nostalgia do lugar, sentimento que tão bem conhece e que usa com talento em seus escritos. Mais do que morar em Cuba, Cuba é que se interiorizou em Hemingway, com sua beleza tão particular. Ele gosta dessa maneira de saber alimentar os arrependimentos, ele que é atraído por essa volúpia tão singular: aproveitar os odores da doce amargura e descobrir um prazer vago, aquele que consiste em mergulhar na morosidade. Papa lá encontrou o espaço que mais bem se ajustava ao seu estado de espírito e aos seus escritos. Mais que qualquer outra, Cuba é sua terra.

CAPÍTULO ONZE

"E somos nós que temos razão!"
Bernanos no Brasil

Os idealistas entretêm relações privilegiadas com a utopia. Foi o caso de Georges Bernanos, para quem a utopia corresponde às reduções jesuítas no Paraguai. Desde sua juventude, ele sonha em partir junto com amigos para essa terra distante e ali organizar comunidades que viveriam sob a reverência à palavra de Deus, sempre respeitando a cultura e os costumes locais, como aconteceu no século XVII. Ao menos essa é a ideia que ele tem. Nessa época, um número expressivo de jovens é atraído pelas miragens, desejam dar vida a sistemas perfeitos que se inscrevem contra uma realidade muito dura. Bernanos pertence a essa corrente, mas já é um sujeito original e solitário: embora aspire a tal perfeição, mantém distância daqueles que têm tais aspirações. Em geral, os utopistas se dizem adeptos de um socialismo que se opõe radicalmente às convicções políticas do jovem Bernanos. Esse projeto não se concretizará, ainda que alguns de seus colegas se instalem no Paraguai, mas provocará a partida de

Bernanos para a América do Sul. Viverá no Brasil durante sete anos, fascinado pelo povo e pelo lugar. Essa longa estadia irá perturbá-lo, transformará sua relação com a escrita e o levará a pensar de modo diferente. Essas terras serão de uma felicidade entusiasta, movimentada pelo frescor do espírito que sente junto aos habitantes. Além disso, projeta, nesse lugar tão diferente de seu país natal, todas as esperanças de uma possível evolução do mundo.

Georges Bernanos figura entre os escritores mais raivosos das letras francesas do século XX. Durante toda a vida, ele se encoleriza, recusa, reclama, exalta-se e explode com brio. Sua frase é rápida e seu ritmo, vivaz. Suas opiniões e, sobretudo, sua fé católica são originais: não segue as ideias preconcebidas e questiona sem cessar os valores aceitos; opõe-se com certa grandeza àqueles que menospreza, "os imbecis" ou os "bem-pensantes". Em 1926, quando se aproxima dos quarenta anos, publica seu primeiro romance, *Sob o sol de Satã*. Durante muito tempo, vende apólices de seguro em estradas francesas, mergulhado em seu universo popular e cinzento, feito de estações de trem nas brumas das manhãs e hotéis modestos. Contra a miséria, a cada noite, em seu quarto, toma da criatividade para encontrar as palavras que alimentam suas ficções cheias de interrogações metafísicas, torturadas pela falta e pela expiação, pela graça e pelo pecado. Por definição, a escrita é atraída pelo sonho, pela criação de um universo inventado, paralelo ao real. Ele já desafiou a realidade em razão de posições políticas radicais: monarquista, pertence a um grupo de extrema-direita, os *Camelots du roi* [*Cavaleiros do rei*]. Mas suas aspirações não podem ser satisfeitas com as regras dessa organização política. Ele se desentenderá com Charles Maurras, o líder do grupo, e será atacado com frequência por seus dirigentes. Bernanos é um excêntrico, um ser que não se contenta em seguir uma corrente. Quer mais e mais.

O estigma de "insurrecto permanente" se inscreverá nele e não o deixará mais. Ele não aceita. Recusará todas as medalhas e todos os convites para participar de academias. Em 1945, apesar de seu engajamento na Resistênca, vê a depuração com horror e não deixará de lamentá-la. Bernanos, que tanto sofre com a realidade e que desejaria mudá-la, não deixa de se interrogar sobre o mundo que o cerca; no final da vida, escreverá ensaios que convidam o leitor a recusar o reino do dinheiro e das máquinas. Visionário lúcido, reconhecerá seu erro em ter acreditado que o final da Segunda Guerra Mundial varreria o mundo capitalista. Em 1941, no exílio, ele escreve: "Juremos juntos que o mundo será agora libertado da conjuração dos egoísmos econômicos, da ferocidade da guerra e da bestialidade do dinheiro." Homens com aspirações tão puras sofrem com o confronto com o mundo. Desconfiam das hierarquias e dos grupos, dos chefes e das obrigações. Por ter sofrido, durante a escolaridade, as mecânicas mentais dos jesuítas, entre outras, Bernanos permite a seus filhos não seguir o ritmo imposto e sua rigidez. Mergulhado em uma solidão orgulhosa, povoada de quimeras, tem um lado Dom Quixote, uma imensa sede de justiça e de miragens que busca tornar realidade. Os outros raramente estão à altura e, ele mesmo, consciente do imenso desafio, confessa humildemente suas incapacidades. Mas suas reflexões o levam a reencontrar as sensações intensas da infância e perceber que há "velhos camaradas" pelo mundo que pensam, em seu afastamento e isolamento, do mesmo modo que ele. São seus leitores. E ele não entende o exercício de escrever senão graças a essa surda cumplicidade e a essa comunhão pelas palavras.

Se o desejo de utopia serve de motor para a viagem, e para a estadia no Brasil, o desgosto com a França ou, antes, o enojamento que experimenta desde sua infância pela mediocridade de muitos de seus compatriotas constitui o principal motivo do desejo de afastamento. A trajetória de Bernanos é singular. Ele publica bastante tarde seu primeiro livro, *Sob o sol de Satã*. Até então, havia se destacado apenas em razão do ativismo de extrema-direita, do trabalho cinzento e banal de funcionário de companhia de seguros e da participação heroica na Primeira Guerra Mundial — episódio que o marcou para sempre. "O que há de mais nobre no front são os cavalos." Ele minimiza, parece evidente, a importância do gênero humano. Casado, tem seis filhos, e sua tribo o acompanha por todos os lados. Sofrerá crises de angústia por toda a vida, crises de uma agitação intensa que a atualidade de seu tempo não faz senão ampliar. Bernanos se mudará mais de trinta vezes ao longo da vida, que ele gosta de definir como a de um errante solitário.

O primeiro romance é um sucesso, e os livros que se seguem consolidarão uma obra que impressiona. O apoio da crítica ultraconservadora rapidamente se dilui e o mundo das letras na França o festeja como um escritor de primeira grandeza. Dedica-se, então, à escrita em tempo integral e deixa de trabalhar. Com seu panfleto *La Grande Peur des bien-pensants*

[*O grande medo dos bem-pensantes*], deixa clara sua posição e ataca a sociedade francesa que se satisfaz com o conforto e a hipocrisia. O livro mostra que ele sofre de um mal comum à época: o antissemitismo. A isso retornará. Mas sua voz se faz ouvir e seus textos marcam os leitores. Ele deixa a França para se instalar nas ilhas Baleares; não aceita mais a sociedade burguesa bem-pensante e as elites políticas gangrenadas. A história o atingirá com a sublevação franquista; a crueldade dessa guerra civil ignóbil perturbará o escritor em suas crenças. Apegado a seus ideais de verdade e justiça, ele permanecerá fiel, no início do conflito, ao campo franquista. Católico convicto e praticante ativo, apoia as forças que, segundo ele, respeitam seus valores. Mas saberá ver a realidade de frente, e não se esquivará. Atingido profundamente pela traição dos valores cristãos que teriam de ser defendidos pela hierarquia católica, ele nada esconderá das exações de que é testemunha. Bernanos vive intensamente esse drama. E desse terrível momento nasce o livro *Os grandes cemitérios sob a lua*, texto feroz que surpreende os leitores e que dá a Bernanos o estatuto de "justo". Ele adquire estatura e poder moral particularmente saudáveis nesses tempos conturbados.

    O escritor, que pouco desejava ser um "homem de letras", utiliza sua criatividade para atacar uma barbárie que enfim mostra seu rosto. Pouco lhe importa que as opiniões políticas daqueles que cometem ou defendem essa barbárie estejam próximas daquelas que outrora defendeu: coloca a verdade e a dignidade acima das convicções. Franco não se engana a respeito e coloca sua cabeça a prêmio. Ele volta então para a França, mas, rapidamente, se convence de que o espírito do momento leva à vergonha e à derrota: "Vi as elites da França conquistadas pela ideia de uma derrota reparadora." Diante dos ataques que sofre e dos elogios que não faltam, escreve: "Prefiro mais seu vitríolo do que sua pomada." Ele sufoca nesse universo sombrio e derrotista. Sabe que a França não pode se opor à selvageria que logo irá eclodir. Sua decisão está tomada: durante o verão de 1938, parte de Marselha no navio Florida, e desembarca em 4 de agosto no Rio de Janeiro. Fica imediatamente encantado com a beleza do local. A acolhida dos brasileiros, sua francofilia e a amizade que encontra desde sua chegada o seduzem. No entanto, fiel a seu sonho de juventude, parte para a Argentina e, de lá, em 20 de agosto, sobe o rio Paraná de barco, com esposa e filhos, e desembarca em Assunção. Está, enfim, diante de suas quimeras.

Logo compreende que o Paraguai "real" não cabe em seu projeto. Ele escreve: "Há algumas semanas, eu partia para o Paraguai, o Paraguai que nosso dicionário *Larousse* qualificava de 'paraíso terrestre'. Lá não encontrei o paraíso terrestre, mas pressinto que não deixei de procurá-lo, que sempre o procurarei, que sempre procurarei essa estrada perdida apagada na memória dos homens. Provavelmente, pertenço de nascença a esse povo da espera, à raça que jamais desiste, para a qual o desejo é uma palavra vazia de sentido, análogo àquele de vazio. E somos nós que temos razão!" Esse texto testemunha sua lucidez e, sobretudo, define seu pertencimento a uma humanidade em busca perpétua, que não se resigna a abandonar seus sonhos. Ele não pôde dar forma às suas esperanças de antigamente, mas não se desencoraja e irá buscar em qualquer lugar. Durante sua breve passagem pelo

Paraguai, é com emoção que encontra Amaury de Bouteiller e Rollon de Colleville, filhos de seus amigos de infância que fizeram a viagem antes dele, desejosos de implantar colônias-modelo nesse país exótico. Eles confirmam para Bernanos suas primeiras impressões. Sem amargor, lembra-se da acolhida dos brasileiros e se decide: o clã Bernanos ruma para o Rio de Janeiro. Durante sete anos, o Brasil será seu país de residência, seu lugar de exílio e sua terra prometida. Ele então declara: "Na verdade, Assunção não existe."

As citações são numerosas, mas a voz de Bernanos é a que nos oferece uma visão precisa da profundidade de seu encontro com o Brasil, da agitação sincera que o emociona: "Depois de Munique[1], eu escrevi que estive no Brasil para 'amadurecer minha vergonha'. Não amadureci minha vergonha ali, reencontrei meu orgulho, e ele me foi devolvido por esse povo." Mais tarde, de volta à França, explica: "Amei o Brasil por muitas razões, mas antes e acima de tudo porque nasci para amá-lo. Talvez fosse minha vocação. Mais do que nunca, essa vocação é de me esforçar para manter os valores espirituais franceses em um país que ainda lhes é fiel." A França de Victor Hugo, de Auguste Comte e das luzes permanece um exemplo para os brasileiros. Bernanos é bastante sensível a esse gosto das elites locais pelo humanismo à francesa tão

---

1. Bernanos faz aqui referência à Conferência de Munique (29 e 30 de setembro de 1938) que reuniu o francês Édouard Daladier, o inglês Neville Chamberlain, o italiano Benito Mussolini e o alemão Adolf Hitler. Ao final dessa conferência, assinou-se o acordo que teria a finalidade, mal-sucedida como se sabe, de evitar a Segunda Guerra Mundial. [N.T.]

afastado dos valores autoritários que o animam no começo da guerra. No Rio, ele se liga a intelectuais como Virgílio de Mello Franco, que o ajudará durante toda a sua estadia. E, em cada um dos lugares onde morará, tentará se ligar aos pensadores do lugar, professores ou simples leitores; procura interlocutores e fica encantado com o conhecimento que têm da França, a admiração que professam por ela e o amor comunicativo que mantêm pelo seu país.

Bernanos gosta do Brasil por causa de seus habitantes, dos mais simples aos mais refinados, e a beleza do lugar o comove. Ele escreve sobre o Rio: "A cidade triunfante, que emerge toda branca e ainda resplandecente de espuma das praias douradas do mar e que, em seguida, lança-se de montanha em montanha em busca do azul-celeste." Todos aqueles que passaram por essa cidade experimentaram essa emoção, longe dos clichês turísticos, mas raramente isso foi tão bem dito. Ele escreve sua *Lettre aux anglais* [*Carta aos ingleses*] endereçando-se aos brasileiros: "Não são seus intelectuais que me fizeram compreender seus camponeses, são seus camponeses que me fizeram compreender seus intelectuais." Conserva esse gosto pelo bom senso do povo, algo que pode parecer um pouco paternalista, mas que emerge de seu íntimo. O frescor e a energia da juventude brasileira alegram-no demasiadamente. Assim se expressa: "Uma cidade tão plena de juventude e de futuro que faz com que também nos sintamos jovens." Em seu pensamento, esse valor é central: o brilho dos jovens, entre inocência ainda não viciada e força vital, irradia uma sociedade em construção. Em uma carta, dá conta dessas impressões a seu amigo Amoroso Lima: "Você ama muito seu país. Mas é um país criança, suas responsabilidades são aquelas da infância, todas as suas faltas são recuperáveis." Novamente, pode-se acreditar em certa condescendência da parte do escritor francês sobre o país. Não é o que acontece de fato, pois a visão da França e as críticas ácidas que lhe endereça demonstram com clareza o contrário. Ele fala a partir de uma França eterna, idealizada, mas cruelmente ausente, como que enfraquecida e presa às dúvidas. Tem em si enraizada tamanha ideia de grandeza e pureza que se sente mais à vontade em um mundo imaginário do que no mundo real de uma época sufocante, ainda que o espaço geográfico lhe traga muitas satisfações.

Originalmente, Bernanos veio criar um falanstério. Mas rapidamente se consola com outro fantasma, mais terra à terra: tornar-se criador de gado. Pensa que essa atividade lhe permitirá suprir às necessidades de sua grande família e lhe dar tempo para se dedicar à escrita. Mudará muitas vezes, mas sempre entre o Rio e Minas Gerais. Ele escreve no início de seu périplo: "Comprei duzentas vacas e adquiri o direito de não mais me denominar 'homem de letras' mas vaqueiro, o que me parece bem mais preferível [...]: como vaqueiro, poderei escrever o que penso." Mas logo a realidade vai desencantá-lo, pois o ofício de criador de gado é duro, com tantas dificuldades econômicas, e afinal será a escrita que subvencionará sua atividade de "vaqueiro". Descobre uma casa que lhe convém em Barbacena, um lugar chamado A Cruz das Almas, nome que parece diretamente saído de um de seus romances. Bernanos vive na pobreza, e sua família, como ele, sofre com isso. O escritor gosta de se considerar um errante um pouco recluso, ainda que faça amigos facilmente, e participa de reuniões que convoca no café. Seus filhos vivem as angústias da idade e alguns alimentam diversos escândalos.

Ele mergulha no Brasil graças aos homens e aos leitores. Informa-se, tenta compreender o lugar. Se, no começo, está obcecado pela França e por sua decadência, em seguida pela derrota e pela vergonha, debruça-se cada vez mais sobre seu país de adoção; suas reflexões sobre o passado, sobre a riqueza prometida por sua mestiçagem, e os questionamentos sobre sua possível evolução mostram a que ponto desejou se impregnar de seu meio e apreender seus traços mais marcantes. Sua relativa pobreza o impede de viajar e não conhecerá senão uma parte desse país. Ao contrário de Blaise Cendras, que percorreu inúmeras regiões brasileiras, passando como um turbilhão ao volante de seu carro, Bernanos terá uma perspectiva mais vertical do que horizontal, mais voltada à penetração profunda das almas do que à multiplicação dos quilômetros, e mais desejoso de apreender os mistérios do lugar do que acumular as paisagens. Seu temperamento frequentemente irrequieto, suas dificuldades econômicas e uma enfermidade resultante de um velho acidente de moto, que o obriga a andar com a ajuda de duas bengalas, fazem com que não tenha nem vontade nem meios de se lançar em demorados périplos por um país de dimensões continentais. Bernanos está mais voltado ao estudo dos homens e seu destino. Seu Brasil é um Brasil de proximidade, aquele dos amigos e do café da esquina, dos leitores e do passado, do olhar do homem fascinado por um mundo que muito se parece com as quimeras do eterno sonhador em busca do absoluto que ele é.

Vive recluso, longe do mundo, mas entretém relações com outros exilados. Em 1941, encontra Roger Caillois no Rio, trocam livros e, depois, cartas. O mais jovem tem respeito pelo mais velho, e o convida para colaborar com a revista franco-
-brasileira que dirige em Buenos Aires. Na correspondência entre Victoria Ocampo e Caillois, percebe-se a estima e a admiração que têm por Bernanos, cujo discurso é corajoso, intenso. O outro grande exilado no Brasil, Stefan Zweig, visita-o alguns dias antes de pôr fim a seus dias. Segundo testemunhas do encontro, o contraste é notável entre um Bernanos caloroso e combativo e um Zweig aniquilado pela tomada de Cingapura pelos japoneses. O escritor austríaco mais ouve do que fala. Talvez já saiba que, em alguns dias, se suicidará. O Brasil é para ele sua última etapa, o lugar mais afastado do mundo varrido pela violência nazista. O austríaco não é um homem de utopia, ou a sua utopia está fixada naquele "mundo de ontem" que descreve em suas memórias e permanece enterrada naquela Viena requintada e cultivada, agora em ruínas. Bernanos ama o Brasil em razão de seu vigor e seu entusiasmo. Zweig elogia os méritos do país em um livro sem interesse, previsível e ingênuo, intitulado *Brasil, um país do futuro*. Os dois escritores não são feitos do mesmo barro. Em um artigo necrológico, o autor francês arranha seu colega austríaco: "Nessas condições, que escritor digno desse nome se recusaria a falar para aqueles que não podem mais se calar? [...] Com que direito pretendemos, como fez o senhor Stefan Zweig em 1914, depois em 1939,

abster-se de toda posição política?", como que para lembrar sua participação na Primeira Guerra Mundial. Enquanto o escritor vienense optou por um pacifismo de bom-tom, o francês lança-se ao combate, escreve para melhor definir seus temores e seus desgostos.

No início de sua estadia, Georges Bernanos retoma um livro deixado de lado há muito tempo, *Senhor Ouine*, que termina e publica no Brasil. Será seu último romance, inspirado no gênero *polar* [fusão dos gêneros policial e noir], e sempre assombrado pela culpa e pela degradação. O escritor está pressionado pelo tempo: quer falar, denunciar, pôr o dedo em riste. O rigor quase monástico de Bernanos impulsiona-o a intervir, graças a seus escritos, no mundo real, sem utilizar fábula nem parábola. Retorna ao jornalismo, gênero que praticou na época de seu ativismo monarquista. Tornou-se um panfletário temido e respeitado, e suas palavras são ouvidas por todos os lados. As autoridades francesas presentes no Brasil, em particular a embaixada francesa, comandada pelo poder de Vichy, intervêm junto à imprensa local para calá-lo. Em 31 de julho de 1940, escreve para Jules Henry, o embaixador: "Sei que é graças à sua intervenção que a censura brasileira suprimiu a maior parte de meus artigos [...] Se sou o adversário do governo do senhor Philippe Pétain é porque — sejam quais forem suas preferências secretas — ele apostou na vitória totalitária, e eu apostei na derrota totalitária." Apesar dessa oposição, que cessará progressivamente até a participação do Brasil na Segunda Guerra Mundial ao lado dos Aliados, Bernanos irá escrever e publicar um grande número de artigos. Suas publicações são traduzidas em português na imprensa local e seus textos circulam em francês junto a diversos órgãos de informação da *France Libre*.[2] A literatura talvez tenha perdido um grande romancista, mas o mundo em guerra ganha uma palavra firme e lúcida, um talento que se coloca a serviço dos outros para ajudar cada um a dar forma e consistência a um pensamento por vezes mergulhado na confusão ou indolência.

Pode-se pensar que somente a época e seus tormentos impulsionaram Bernanos a abandonar a ficção. De um lado, há sua própria evolução e sua grande desconfiança ante a escrita; ele não aprecia ser homem de letras e o diz com frequência. Está cheio de suspeita quando se trata de evocar a carreira de um autor e as razões que o levaram para esse tipo de atividade: "Para ele (um corajoso padre jesuíta astuto), suponho, um escritor é um sujeito dotado para a literatura, que ganhou os primeiros prêmios de narração no colégio e que, um dia, disse que seu bonito traço de escrita lhe valeria uma carreira brilhante, acesso à melhor sociedade, uma posição conveniente, e, mais tarde — quem sabe? —, graças às fervorosas preces de uma esposa cristã, uma cadeira na Academia Francesa. Minha opção é diferente. Não me fiz escritor sozinho, tornei-me escritor muito tarde e não de bom grado."

Sua situação no Brasil afasta-o ainda mais desse universo mundano e superficial: ser escritor nesse momento faz parte da urgência de recusar a fatalidade e a barbárie. Assim, sua

---

2. Nome do grupo de voluntários que responderam ao apelo do general De Gaulle, proferido em Londres, em 18 de julho de 1940, e que decidiram continuar a lutar contra os alemães mesmo após a decretação do armistício em 22 de junho de 1940. [N.T.]

prática de escrita tem por base a rejeição e a luta política e moral. E o apelo do lugar existe como um desejo da natureza e o contato direto com o mundo, como uma preocupação de imediatismo que faz o ofício de escritor assumir outra forma. "Depois de ter trabalhado tanto desde os vinte anos, somente agora começo a crer que não me enganei, que eu estava condenado a essa espécie de linguagem convencional que é a do escritor. Nunca levei muito a sério essa linguagem; por vezes, chego a detestá-la." Bernanos refere-se aqui, é evidente, a essa língua singular usada nos livros, essa que ele tem o dever de deixar de lado. O tempo e o lugar o levam à maior espontaneidade, a sentir de onde vêm as prioridades e a elas se ater. Se toda a obra que o faz ser reconhecido é constituída essencialmente de romances e panfletos, seu trabalho de escrita no Brasil centra-se no jornalismo e no ensaio, o que hoje se chama não ficção. Os textos dessa época, reunidos sob o título *Le Chemin de la Croix-des-Âmes* [*O caminho da Cruz das Almas*], preenchem quatro volumes quando de sua publicação. Formam o corpo de artigos que nunca deixou de escrever para comentar os fatos do momento e demonstrar sua indignação.

A forma e mesmo a matéria de sua escrita mudam. O pensamento de Bernanos evolui, ele modifica algumas opiniões que até então mantinha arraigadas. Um ponto essencial dessa mudança é seu abandono do antissemitismo. Na França, mais jovem, é monarquista e está mergulhado em uma atmosfera antissemita. O judeu é, para ele e para tantos outros, o símbolo da ditadura do dinheiro, e Bernanos faz parte daqueles que recusam que seja assim. Ligado aos valores tradicionais de uma

França mítica, adversário resoluto da finança que apodrece a sociedade, acusa a "raça" judia de males diversos. Foi, aliás, admirador de Edouard Drumont, autor de *La France juive* [*A França judia*], ensaio particularmente violento e antissemita. Em seu panfleto *O grande medo dos bem-pensantes*, Bernanos mostra seu respeito por esse personagem. No entanto, em nenhum de seus romances aparece a mínima crítica ao judaísmo. E a tomada de consciência que nele se opera durante a Guerra Civil Espanhola será uma verdadeira revolução mental. Questiona suas próprias convicções e seus valores, encontra falhas e evolui em muitos pontos. Ninguém duvida que a estadia no Brasil lhe faz descobrir novos elementos de reflexão. Ele escreve: "Antissemita: essa palavra me causa cada vez mais horror. Hitler a desonrou para sempre." Os tempos e o lugar agem sobre ele: tudo o leva a não mais defender o que havia facilmente aceitado. Élie Wiesel, tão atento a esses problemas, diz a respeito dele: "Sua descoberta do que representam os judeus testemunha sua abertura, sua generosidade." Bernanos enganava-se enormemente. Toma consciência disso e recusa desde então as teses infectas.

Se o essencial de suas atividades está na escrita de artigos (assim como sua renda), Bernanos lança-se a reflexões sobre o mundo emergente e, com a verve habitual, descreve toda a sua repugnância. Em 1944, publica, no Brasil, *A França contra os robôs* que, em 1947, quando do regresso ao país de origem, é publicado. O livro surpreende pela exatidão e por seu lado premonitório. "Nada se pode compreender da civilização moderna se não se admitir que ela é uma conspiração universal contra toda espécie de vida interior." Essa frase é reveladora de seu pensamento no momento: o autor denuncia a emergência de uma sociedade nova, dominada pela técnica e pelo lucro. O homem será apenas mais um instrumento e um consumidor. Ele protesta contra a "ditadura do dinheiro, da raça ou da nação", pois assim "um mundo ganho pela técnica está perdido para a liberdade". Escritos semelhantes poderão ser encontrados mais tarde, no jornal de Gombrowicz, então exilado na vizinha Argentina. Bernanos estigmatiza o universo anglo-saxão em vias de conquistar o planeta e a ele opõe um espírito francês, aquele da revolução de 1789, humanista e sensível, uma forma de estar no mundo que reserva uma parte de destaque às atividades do espírito e à criação e celebra a liberdade. Sem ter consciência disso, há um lado testamentário nesse legado do escritor. Escrito nesse Brasil que respeita com tanta atenção a França luminosa que ele põe em evidência, o livro provém da chama que o autor busca alimentar e para a qual seu país de adoção olha com paixão. Ele não escancara sua fé cristã, tampouco dela se serve para sua argumentação: deseja uma obra aberta, acessível a todos, crentes ou não. Ali expõe seu desejo de rigor, necessário ao espírito de resistência que ele chama de resolução: "O intelectual é com frequência um imbecil que sempre deveríamos tomar como tal até que nos prove o contrário." Ele se faz profeta com uma visão convincente, anuncia as deslocalizações por vir de empresas de produção, pois sabe que, em pouco tempo, custará menos caro fabricar nos países mais pobres, com mão de obra mais barata. Do mesmo modo, sempre impressionado pelo vigor da juventude, declara: "A juventude do mundo tem a escolha entre duas soluções extremas, a abdicação ou a revolução." Essa recusa da sociedade de consumo desembocará mais tarde no Maio de 68. Paradoxo da história é ver um escritor considerado reacionário carregar as mais precisas intuições sobre as revoltas dos jovens em tempos por vir.

Em 16 de fevereiro de 1945, Bernanos recebe um telegrama lacônico de De Gaulle, bem ao estilo do general: "Seu lugar é entre nós." Graças a esse apelo a unir-se à França, o escritor sabe que sua estadia no Brasil está chegando ao fim. Ao longo desses anos sombrios, ele foi uma das mais lúcidas e mais sólidas consciências da Resistência. A ele foram oferecidas honras que acaba por recusar: um lugar no governo, a *Légion d'Honneur*.[3] Quando lhe é proposto um lugar na Academia Francesa de Letras, encontra as palavras para dizer não: "Quando eu não tiver senão um par de nádegas para pensar, aí então me sentarei na Academia." Entretanto, sabe que esperou tanto por esse momento que não pode evitar o retorno ao país de origem. Com o coração apertado, decide voltar. No momento de partir, escreve: "Nunca tive, senão na época do colégio, às vésperas das voltas de férias, a sensação que experimento hoje — ter de realizar uma coisa inteiramente contra a minha vontade. Voltar para a França agora." Esclarece suas relações com o país, escreve *Adieux à la jeunesse brésilienne* [*Adeus à juventude brasileira*] com a preocupação de deixar algumas palavras e algumas ideias para aqueles que energicamente tomarão o país que ele tanto

---

3. Mais elevada condecoração honorífica francesa atribuída a civis e a militares por serviços prestados à nação. Ela existe desde 20 de maio de 1802, tendo sido instituída por Napoleão Bonaparte. [N.T.]

venera. Adverte-os contra o avanço do mundo e o perigo que ameaça. Sabe demonstrar confiança: "O Brasil está em vias de concluir uma nação — como se fez uma nação francesa com bretões, auvernheses e provençais." Insiste em diversas ocasiões sobre a mestiçagem que lhe parece o sedimento que cristaliza o país. Regressa à França e o espetáculo da libertação o deixa doente. Os expurgos e, sobretudo, a falta de visão de futuro o deprimem, mas tem de se acomodar a isso: "A França havia conquistado bastante honra graças à Resistência, e a *France Libre* por perdê-la um pouco por causa da depuração." Há como uma espécie de resignação nessa frase. Ele encontra De Gaulle, tenta se fazer compreender, mas está longe de ser importante para o mundo político. Rapidamente, parte e instala-se na Tunísia em 1947. Ali escreve um roteiro, *Diálogos das carmelitas*, e falece em 1948, vencido pelo câncer, quando tem apenas sessenta anos. Em seu funeral, poucas pessoas, apenas os íntimos, Malraux e uma delegação do governo brasileiro.

Durante toda a vida, Bernanos foi assombrado pela infância. Nela encontrava a expressão do frescor e da inocência. Uma forma de proteção contra o mal e a barbárie, o avesso da gravidade, e, talvez, uma forma de graça, um estado de pureza anterior à culpa. Ele adora a idade em que o ser humano não pode ainda assumir seus pecados ou, ao menos, não tem a plena capacidade de assumir os erros. Em seu magnífico prefácio de *Os grandes cemitérios sob a lua*, ele confessa: "Companheiros desconhecidos, velhos irmãos, nós chegaremos juntos, um dia, às portas do reino de Deus. Bando abatido, bando extenuado, branco pela poeira de nossas estradas [...]

ô olhares que nunca se entregaram! Assim eu os encontrarei, velhos irmãos. Assim como vocês foram sonhados por minha infância [...] Minha infância não pertence senão a vocês." Diz o quanto essa juventude distante foi de aspirações elevadas e nobres, e que jamais deixou de querer a perfeição mais e melhor do que todos. De modo bastante evidente, lamenta não ter sido digno dessas ambições. E mais adiante diz: "O mais morto dos mortos é o menino que fui [...] Mas, justamente, não se fala em nome da infância, deve-se falar de sua linguagem; essa linguagem que busco de livro em livro, imbecil! Como se tal linguagem pudesse ser escrita, como se essa linguagem nunca tivesse sido escrita. Pouco importa! Por vezes consigo reencontrar algumas de suas tonalidades." As palavras "menino que ele foi" estavam à altura de suas quimeras de então; o exercício de escrever não consiste senão em encontrar as tonalidades, a clareza das ideias desse tempo. E, enfim, ele argumenta: "Amarga ironia pretender persuadir e convencer quando minha certeza profunda é que a parte do mundo ainda suscetível de expiação não pertence senão às crianças, aos heróis e aos mártires." Ele põe em diálogo essas três categorias que dão um tom trágico às suas convicções; cada uma delas parece destinada a desaparecer, a não poder durar senão um tempo restrito. A infância passa, o mártir desaparece; apenas o herói mantém a possibilidade de sobreviver, ao menos por um tempo.

Como ele próprio diz, sua obra é um diálogo entre ele e a criança que foi. Durante toda a vida, tentará reencontrar seu universo infantil, a candura e a ingenuidade dos primeiros anos. Seus livros não deixam de se aproximar desses valores, de lhes restituir uma grandeza que a sociedade se recusa a reconhecer. Compreende-se melhor suas palavras quando diz que o Brasil é um "país criança". Aí está, para Bernanos, um modo de celebrar o lugar que o acolhe. Assim formula seu mais pessoal cumprimento e, sobretudo, a explicação de sua paixão por esse lugar que o maravilhou para sempre. Em seus livros de ficção, as personagens observam sua infância como a aurora pura da vida: todas têm em seu íntimo um espaço secreto que conservam na memória como um momento imaculado, um tesouro íntimo. No Brasil, descobre um lugar que, segundo ele, entretém uma relação privilegiada com a infância, a inocência. Essa projeção é frequente e toma parte da construção mítica de um universo virgem, marcado pela simplicidade e pela candura. O lugar do bom selvagem. Pouco importa a veracidade veiculada por essa visão, sua pertinência. O essencial é que Bernanos se atém a ela. Lá, no coração de uma adequação reencontrada entre o mundo e seus primeiros anos de vida, entre um espaço privilegiado e a sensação de participar da aurora da humanidade, ele abandona a ficção para melhor se misturar à vida. Como se essa adesão ao tangível mostrasse que o sonho pode se integrar ao real, como se um desejo de utopia ainda tivesse espaço em cada um de nós. E somente um idealista como Bernanos mantém a capacidade de nos oferecer esses sonhos com tamanha acuidade. Sua América foi o coração e o teatro de suas esperanças.

CAPÍTULO DOZE

"Não, não tenho a honra."
Victor Serge no México

A eternidade está aí, olho calmo do tempo morto
Será chegar realmente quando se chega ao porto?

Benjamin Fondane

Victor Serge nasceu exilado, viveu proscrito e morreu longe, no México, sempre afetado pelo banimento. Seu nome de nascença é Viktor Lvovitch Kibaltchich, mas ele adota um pseudônimo para assinar seus artigos e se fazer conhecer. É a figura por excelência do insurgente: quer escreva seus textos ou pratique a ação revolucionária, não pode aceitar o mundo tal como ele é. Até o final da vida, jamais deixará de levar adiante duas formas de rebelião, sem que uma macule a outra, sem que as torne fracas ou comuns, previsíveis. Sua obra literária não repousa sobre a simplicidade ou a imprecisão que, em geral, são as marcas da literatura militante; sua ação revolucionária jamais cai no romantismo. Seu destino é marcado pela exigência e pela lucidez. Em uma carta a Panaït Istrati, quando enfrenta numerosas dificuldades na Rússia, ele confessa: "Concebo a literatura como um meio de expressão e comunhão entre os homens, um meio particularmente potente aos olhos daqueles que desejam transformar a sociedade. Dizer o que somos, o que queremos, o que vivemos, lutamos, sofremos e conquistamos. É preciso ser dos que lutam, sofrem, caem, conquistam. E, a partir de então, a literatura propriamente dita não assume senão um papel bastante secundário na vida." É difícil expressar melhor o papel essencial e, portanto, "secundário" da escrita literária. Serge não deixa de desejar romper seu isolamento pela ação e pela escrita, de dar a conhecer as perturbações, as tentações e os medos dos homens que ele compreende com profundidade e simpatia: suas qualidades humanas e sua fé no indivíduo se traduzem em livros com ressonâncias autobiográficas, e demonstram sua recusa pelos sistemas que menosprezam o homem. Capitalismo e totalitarismo são duas máquinas a ser combatidas, rejeitadas e denunciadas. Sua vida e seus livros são testemunhas dessa luta.

Ele cresce em Bruxelas (nasce em 1890) em meio a uma família de exilados russos anticzaristas. Sua cultura e sua educação são de um autodidata, e sua inclinação logo se manifestará em favor de doutrinas libertárias. Alterna leituras e empregos menores, em particular no setor da impressão, dominado na época pelos anarquistas de todas as espécies. Mas, sobretudo, o jovem Serge lê febrilmente tudo o que cai em suas mãos. Literatura, política, trabalhos científicos. Nada escapa à sua bulimia, comportamento constitutivo do autodidata inquieto. Publica alguns artigos militantes na imprensa provocadora da ultraesquerda. Em 1909, parte para Paris, lugar privilegiado dos jovens belgas que aspiram a outros ares e centro ativo da agitação política. Milita, provoca, aprofunda seus conhecimentos. E encontra pessoas: já amigo de Raymond La Science (o teórico do célebre grupo

Bonnot), ele tem de se posicionar rapidamente contra a ação armada cega. Outros são mais radicais, ou mais exaltados. Por trás dos termos "anarquia" ou "libertário" esconde-se uma nebulosa de doutrinas que vão das teses de Mikhail Bakunin ou de Pierre Proudhon à prática vegetariana e ao terrorismo sistemático. Muito rapidamente, o jovem russo-belga deve construir para si uma doutrina à qual permanecerá fiel. Ele crê no indivíduo e em sua força para desafiar a história. Aspira a uma sociedade socialista que respeitaria o humano e, sobretudo, deseja "nunca ter de renunciar a defender o homem contra os sistemas que planejam o aniquilamento do indivíduo". Conservará seus princípios, ainda que por vezes tenha de se adaptar a uma realidade opressiva e cheia de constrangimentos. Em todos os seus escritos, ficções, poesia ou ensaios mantém uma fé imensa em um futuro que deseja diferente, em particular quando passa por momentos críticos — e sua vida talvez não seja senão uma sucessão de momentos críticos. Sabe que as ideias que então circulam nas publicações de ultraesquerda estão mais próximas da realidade do que de muitas teses de responsáveis políticos. Ele escreverá mais tarde: "Temos visto claramente, em nossos pequenos jornais de nada, que os homens de Estado vagueiam na tolice arrogante e catastrófica."

Outro traço de seu temperamento é que, uma vez adotada uma causa, ele jamais volta atrás. Não colabora com aquele que considera um inimigo ou que não deserta em caso de guerra. Em novembro de 1911, encontra, no jornal que dirige, *L'Anarchie*, Jules Bonnot. Seus pontos de vista diferem, em particular sobre o uso da violência. Ambos são habitados por um imenso frenesi. Antes da Primeira Guerra Mundial, a sociedade ocidental já conhecia certos questionamentos fundamentais que vêm dos opositores mais radicais. Serge diz: "Uma verdadeira onda de terror e desespero se formava. Os fora da lei anarquistas atiravam na polícia e explodiam a própria cabeça. Outros, mais contidos antes de atirarem a última bala na própria cabeça, dirigiam-se para a guilhotina zombando — 'Um contra todos!'."

Após uma ação violenta do grupo de Bonnot, são encontradas armas no jornal de Serge, lá escondidas sem que ele soubesse. Recusa-se a colaborar com a justiça e declara: "Faço parte dos bandidos." Isso lhe custará cinco anos de prisão, entre os presídios de La Santé e Melun. Não procura se declarar inocente, tampouco denuncia quem quer que seja, apesar de sua ausência total de atividade armada. Fica preso de 1912 até o começo de 1917, e descobre na experiência carcerária a matéria para seu primeiro romance, *Homens na prisão*. A solidariedade, a infelicidade partilhada e a esperança em um futuro melhor aí estão, ancoradas no espírito do jovem. Sai da prisão e é expulso da França. Parte para Barcelona, onde assume o nome de Victor Serge, e participa de uma sublevação abortada das forças de esquerda. O fracasso é retumbante, mas aprende a lição: os defeitos da organização anunciam muitos outros, lá ou em qualquer outro lugar. No entanto, uma notícia desestabiliza o mundo e mobiliza todos os revolucionários: a Rússia acaba de derrubar seu czar e as diferentes forças que organizaram essa insurreição tentam dar forma a um novo modo de governar. No Leste, nesse país que é também seu, Serge sente como muitos outros que o futuro da revolução mundial está em jogo. E que não pode deixar de participar desse futuro. Tenta, em plena tormenta, chegar à Rússia passando pela França, onde é preso porque ainda é indesejado. E volta à prisão para, afinal, ser trocado por outros prisioneiros em janeiro de 1919. Parte então para Petrogrado e ali encontra uma região exangue, ameaçada, atacada e arruinada. Os bolcheviques ganharam, é fato, e assumiram o poder, mas estão cercados por inimigos internos e externos. Serge adere ao Partido Comunista, consciente de seus erros, mas também da necessidade de não fraquejar nesse momento. Assiste ao Congresso Mundial da Internacional Comunista e, dotado para línguas e armado de uma criatividade eficaz, trabalha sem descanso: traduz, escreve artigos e panfletos, edita livros para as novas *Editions de l'Internationale* comunista. Torna-se o secretário muito ouvido de Grigori Zinoviev, dirigente da Terceira Internacional. Entretanto, ainda que faça parte de uma oposição de esquerda, está em desacordo com Trótski e seus simpatizantes, julgando-os muito sectários. Sua relação com "O Velho", como o chama, constitui a síntese das lutas da ultraesquerda. Ele é enviado em missão mais ou menos secreta à Alemanha e se refugia na Áustria depois de uma tentativa de revolução mal-sucedida que acelera sua fuga. Escreve artigos para a agência oficial soviética. Faz parte do grupo que redige informações para que o mundo tome conhecimento do que acontece na URSS, oscilando entre jornalismo e propaganda.

O episódio mais doloroso e que anuncia o futuro será a insurreição dos marinheiros de Kronstadt, conhecida como Revolta de Kronstadt, no mar Báltico, e a repressão que se seguirá. Em março de 1921, diante de uma realidade aterradora, eles se revoltam, exigem eleições livres e são massacrados pelas tropas de Trótski. Suas ideias revelam-se próximas dos ideais anarquistas e recusam um poder imposto de "cima para baixo". Para Serge, companheiros que morrem nas mãos do Partido significa um caso de consciência doloroso. Ele havia dito desde a sua chegada: "Não serei nem contra os bolcheviques nem neutro, estarei com eles, mas livremente, sem abdicar do pensamento e do senso crítico." Preso na armadilha de um país em plena revolução, deve se adaptar, ser tolerante. Em seu livro *Memórias de um revolucionário*, em uma parte intitulada "O perigo está em nós", conta esse momento e faz despontar a certeza de que tudo devia, nessas circunstâncias dramáticas, colocar-se a serviço do partido. Ele protesta e declara: "Nunca havia acontecido antes que nosso partido tenha nos mentido dessa maneira." E ameaça deixar a organização, ao que lhe respondem que "um bolchevique nunca deixa o partido". Ele deve se resignar, reconhecer que os tempos não são aqueles da renúncia. Com o recuo, pode por vezes parecer romântico, idealista. Mas é um revolucionário convicto, mais disciplinado do que se possa imaginar. "Se a ditadura bolchevique caísse, em pouco tempo seria o caos, e por meio do caos o avanço campesino, o massacre dos comunistas, o retorno dos emigrados e, por fim, outra ditadura antiproletária pela força das coisas." E acrescenta: "Eu fazia parte da impotente minoria que se dava conta de tudo." O que ele poderia fazer? Uma oposição mais marcada teria provocado sua queda, mas, mesmo assim, sua declaração é plena de sinceridade, para além do pragmatismo. Ser fiel à revolução e a seus atores, mantendo uma certa lucidez: é assim que Serge pensa sua implicação no século.

Ele permanece lúcido, mas, apesar dos signos premonitórios da instauração de um poder altamente repressivo, é levado pelos ventos da história: a oposição de esquerda é varrida por Stálin e pouco a pouco a repressão se abate sobre os membros históricos do comitê central do partido. Serge é marginalizado, despojado de sua nacionalidade, e, em seguida, exilado nos Montes Urais depois de uma estadia bastante dura na prisão. Uma grande campanha a seu favor é lançada na Europa, onde já é considerado um escritor notável. Seus primeiros romances marcaram os leitores: *Homens na prisão* (1930), *Naissance de notre force* [*O nascimento de nossa força*] (1931) e *Ville conquise* [*Cidade conquistada*] (1932). Nesses textos, ele conta as lutas dos despossuídos, a prisão, a inumanidade dos sistemas que buscam esmagar os recalcitrantes. Parece que foi a intervenção direta de Romain Rolland e de André Gide junto a Stálin que o terá salvado: é expulso do país em abril de 1936. Guarda de seus anos russos uma matéria incomparável para dois de seus romances que denunciam o furor do stalinismo: *Meia-noite no século* (1939) e *O caso do camarada Tulaev* — escrito entre 1940-1942, mas publicado em 1948.

Inicialmente, Serge instala-se em Bruxelas, e volta a Paris quando a Frente Popular[1] no poder suspende as sanções contra

---

1. Frente Popular (Front Populaire), que reunia forças de esquerda, permitiu a chegada ao poder de uma coalisão formada por socialistas, comunistas e radicais. Essa coalisão governou de 1936 a 1938. Seu nome mais célebre foi o de Léon Blum. É importante observar

ele. Sofre numerosos ataques e vexações infectas, é impedido de conseguir trabalho em razão da pressão exercida pelos stalinistas. Mas, mesmo assim, consegue publicar artigos que denunciam os processos de Moscou que demonstram como está destruída a velha guarda bolchevique ou que sublinham as ações dos stalinistas na Espanha. Vê nisso o símbolo de todas as suas lutas: "Será que o que resta do Ocidente civilizado no sentido real da palavra, isto é, do Ocidente sem correntes, sem pensamento, dirigido por ignorantes e carrascos, do Ocidente invadido pelo respeito ao homem — qualquer que seja —, do Ocidente invadido pela fé em um futuro que não deve ser de servidão universal nem pandestruição, será que nosso velho Ocidente de cristãos, socialistas, revolucionários, democratas, homens de boa vontade não terá, para salvar Barcelona, um sobressalto de bom senso e energia?" O formidável humanismo que o anima impede Serge de aceitar a queda da República espanhola, em grande parte provocada pelas ações dos comunistas, mais preocupados com a repressão no seio de seu próprio campo do que com a vitória contra o franquismo. É também o momento em que Serge rompe definitivamente com Trótski: com pesar, um e outro não podem senão constatar suas oposições e, com um evidente respeito mútuo, decidem abandonar a relação de camaradagem.

 Conhece-se o que virá: a vitória de Franco, a derrota francesa e os refugiados que procuram fugir. Victor Serge e seu filho Vlady estão entre aqueles milhares de indesejáveis

---

que três mulheres — Suzanne Lacore, Cécile Brunschvicg e Irène Joliot-Curie — fizeram parte do governo, quando, nessa época, as mulheres não eram eleitoras nem elegíveis. [N.T.]

que convergem para Marselha a fim de alcançar os Estados Unidos. Já doente, a companheira de Serge, mentalmente fragilizada, não pode acompanhá-los.

Um plano de exfiltração é organizado por um grupo de norte-americanos, de que faz parte Peggy Guggenheim, a célebre mecenas que coleciona arte contemporânea, e Varian Fry, hábil organizador que consegue resgatar os mais ameaçados. Numerosos intelectuais, judeus da Europa Central, republicanos espanhóis e párias de todas as espécies esperam perto do velho porto infestado de espiões, agentes duplos e traficantes para tentar alcançar um mundo novo.

Mas a espera é longa. Nunca o escritor contestatário esteve tão cercado por camaradas de infortúnio. Habituado às ações clandestinas e à vida paralela, evolui sem problemas nesse universo obscuro e movediço. Será pouco ajudado pelos americanos, à semelhança de Benjamin Péret e Anna Seghers: o passado deles não tranquiliza essas autoridades, inquietas com a abertura de seu território para futuros perturbadores da ordem.

Serge e Vlady acabam por partir em 24 de março de 1941, antes que a zona dita "livre" seja controlada pelos alemães. O périplo deles assemelha-se a seu destino: avançam, são incomodados, em seguida recusados e, por fim, aceitos. A viagem propicia belas linhas dos *Carnets* [*Cadernos*] de Victor Serge. No entanto, não é um viajante nato: nunca se deslocou por gosto ou por vontade. É sempre uma razão superior, em geral imposta, que o obriga a levantar acampamento. E essa travessia transatlântica o leva à sua próxima terra de acolhida: o México. Com passagem apenas de ida.

Durante uma das múltiplas altercações que marcam sua viagem, policiais franceses, na Martinica, lhe perguntam: "Você é judeu?" e Serge responde: "Não, não tenho a honra." Essa resposta luminosa revela sua profunda personalidade. Ela simplesmente diz o senso de honra, o gosto pela recusa e a ausência de preconceitos. Entretanto, seus primeiros contatos com a terra americana são dominados pelo charme que se depreende da natureza, das pessoas, das cidades. Seu sentido agudo de observação o faz amar instantaneamente as ilhas caribenhas. Chega-se mesmo a perceber um quê de ingenuidade em suas proposições. Em Cuba, experimenta a "sensação excitante de um país livre" e, ao longo desse mesmo verão de 1941, quando chega a Ciudad Trujillo (como era chamada a capital Santo Domingo, na República Dominicana), escreve: "Aqui, a vida é nua, bastante próxima da terra viva, as pedras e o dinheiro não a esmagam mais." Apesar da exaustão que poderia legitimamente invadi-lo, Victor Serge conserva sua curiosidade e seu desejo de descoberta. No fundo, o humanista convicto que ainda é permanece, acima de tudo, um escritor preocupado em ver, em testemunhar.

Serge e Vlady chegam ao México, a Merida, em 4 de setembro de 1941 e partem, no dia seguinte, para a Cidade do México. Em 9 de setembro, reúnem-se diante do túmulo de Trótski, no bairro de Coyoacán, onde há o Museu Casa León Trótski. Começam sua nova vida na Cidade do México, em um momento em que ali há um enxame de refugiados e exilados de todos os países. Em seus *Carnets*, o escritor dá conta dos últimos anos, misturando as observações sobre o lugar, as reflexões sobre a guerra ou a geopolítica, as discussões de toda espécie com amigos ou personagens encontrados, os pensamentos sobre o passado e os fracassos enfrentados, e o perigo que ronda: circulam rumores de assassinatos perpetrados pelos assassinos de Stálin. A partir de 18 de janeiro de 1942, alguns meses depois de sua chegada, Serge expressa a certeza de que vai morrer assassinado. Para além dessa ameaça surda, os comunistas não param de colocar obstáculos em seu caminho, em particular para impedi-lo de vender seus escritos para jornais locais. Aliás, ele tem todo o tempo do mundo para se dedicar à escrita. Conclui *Memórias de um revolucionário*, *O caso do camarada Tulaev* e *Les années sans pardon* [*Os anos sem perdão*], entre outros. É também o momento em que, ajudado pela viúva de Trótski, escreve *Vie et mort de Léon Trotsky* [*Trótski vida e morte*], biografia generosa de um homem a que se opôs com frequência, mas cuja honestidade e cujo rigor foram para ele inspiradores.

As reuniões públicas dos ativistas próximos de suas ideias são mal organizadas pelos stalinistas locais, e as brigas frequentemente eclodem. A Cidade do México acolhe republicanos espanhóis, ainda divididos depois das terríveis lutas internas que minaram a República, assim como alemães, franceses e pessoas da Europa Central, reunidos em seu exílio. Serge se encontra com Jean Malaquais, Julián Gorkin e Gustav Regler, com os quais a comunhão de pensamento existe no registro político. Mas é bastante próximo dos germanófonos Otto Rühle ou Fritz Fränkel. Mantém também uma relação de proximidade com os surrealistas exilados na capital mexicana. Conhece muito poucos intelectuais locais, e deles praticamente não fala. Entretanto, sente-se só, e a relativa pobreza em que vive não o ajuda a ampliar suas relações. Serge é um exilado nato e não se queixa, mas é possível perceber um certo sofrimento em seus escritos. O leitor de *Carnets* não pode deixar de se sentir tocado pela inquietação ambiente da época, pelas cenas como aquela em que Serge acompanha uma amiga que vai vender suas últimas joias, pelas descrições dos *bas-fonds* e da miséria, por suas dúvidas sobre a evolução da guerra e, ao mesmo tempo, por uma certa clarividência que lhe permite não se deixar iludir. A questão lancinante do fracasso da revolução soviética o assombra, e o uso do autoritarismo o incomoda. Ele foi testemunha da tomada de poder por Stálin e sofreu com isso na própria pele. A todos esses sofrimentos e a essa repressão terrível opõe sua fé no homem e sua crença inabalável em um futuro melhor. Estar imerso em tal tormento, ter tantas e tão grandes dificuldades para superá-lo e persistir em acreditar em um mundo radioso demonstra a força de Victor Serge: carrega no íntimo essa fé, e as provações que enfrenta, em vez de fazê-lo duvidar, reforçam-na. Ele é admiravelmente generoso e também bastante lúcido, o que poderia surpreender; não se deixa iludir pela ideologia e pensa com distanciamento e pertinência. Observa a guerra mundial e apreende as grandes guinadas com uma notável intuição. Escritor, ele é testemunha de seu tempo. E observador desse novo lugar.

Serge se deixa invadir pelo país, por vezes com entusiasmo. O México é a terra dos párias e dos rejeitados dessa época. Trótski encarna isso de modo mais evidente. Em seu romance *Naissance de notre force*, Victor Serge olha para o México com afeição, evocando a potência de Agustín Cortés, que soube queimar seus navios para não se deixar tentar por um possível retorno, ou aquela de Zapata: "Emiliano Zapata criou nas montanhas de Morelos, com os camponeses insurgentes, descendentes dos antigos povos indígenas, uma república social. A primeira dos tempos modernos." O livro é publicado em 1931. Há muito, ele tem um olhar cúmplice sobre essa terra que teve sucesso em sua revolução sem cair no autoritarismo que então sufoca a URSS. Mostra-se curioso pela cidade, por sua gente, pelo país. Faz com frequência aproximações entre os diferentes lugares, algo sempre tentador quando se é um viajante que muito viu. Ele escreve: "Na própria terra mexicana, tão profundamente original com sua secura vulcânica, encontrei paisagens da Rússia e da Espanha; e o indígena me apareceu como os irmãos dos lavradores da Ásia Central." Sob sua escrita, as comparações de semelhanças e os destaques não são atalhos nem facilidades de linguagem: ele está convencido da grande comunhão entre os miseráveis e fazê-la ressoar graças às suas palavras faz parte de seu engajamento político. Vê no indígena o irmão de todos os infelizes pelos quais lutou e não deixa de pôr em evidência essas personagens frequentemente esquecidas, anuladas.

No início de sua estadia, durante um passeio pelos *bas-fonds* da Cidade do México, sublinha as semelhanças que vê entre um prostíbulo russo e uma rua parisiense repleta de prostitutas: "Universalidade da miséria do macho e da fêmea em uma grande cidade sem evasão possível. Essa *calle* é parecida com uma rua que sobe do Boulevard de la Chapelle para a Basílica do Sacré-Cœur." Os exemplos são numerosos, e ele não foge à tentação de comparar: as roupas das mulheres indígenas são parecidas com aquelas das camponesas da Ásia Central, os mercados dão a mesma impressão daqueles que viu no Marrocos, e uma máscara humana lhe dá a sensação de estar diante de um "Voltaire zapoteco". Gosta dessas aproximações que estabelecem uma ponte com o já conhecido, o já visto; crê no universal e o exprime como uma continuidade de sua vida, a persistência daquele que já foi. O exilado com frequência precisa encontrar uma terra firme sob os pés, algumas certezas, anteriormente adquiridas, algumas sensações que o levam a um passado que lhe dá consistência. Ele visita o país com uma formidável curiosidade: conta-nos em seus *Carnets* suas caminhadas por lugares mais turísticos, pré-hispânicos e coloniais. Rapidamente adquire certos conhecimentos e desenvolve suas observações com seriedade e competência. Oaxaca ou Puebla, Teotihuacan ou Tula estão entre os lugares sobre os quais fala com maior precisão. Também gosta de lugares em que a cultura popular melhor se expressa: os *bas-fonds*, mas também a Arena Coliseo, onde assiste a um espetáculo de luta livre ou uma procissão da Virgem de Zapopan. Chega mesmo a dizer que Cantinflas, ator mexicano, não é um humilhado como frequentemente o são as personagens de Tchekhov. Em contrapartida, os encontros com os artistas ou intelectuais mexicanos são mais raros e menos aprazíveis. Ele descreve Diego Rivera como uma criança e critica igualmente outros muralistas, mais ou menos culpados pelo stalinismo a seus olhos. Sabe-se que encontra Octavio Paz, a quem apresenta as obras de Henri Michaux, mas nada fala sobre seus escritos. Seu encontro como Dr. Atl, pseudônimo de Gerardo Murillo, escritor e

"NÃO, NÃO TENHO A HONRA."

pintor refugiado ao pé do vulcão Paricutín, é tão singular quanto o próprio personagem. O pintor, idoso, vivia à margem da sociedade. Fez declarações antissemitas, até mesmo pró-nazistas. Sua paixão por vulcões, sobre os quais escreveu e pintou com fervor, impeliram-no a viver ao pé de um dos mais jovens entre eles. Serge o respeita e consegue estabeler uma relação de confiança com Dr. Alt.

Serge ama esse México do recolhimento, esse lugar que estranhamente mistura o arcaísmo de terras que conheceu, e pelas quais combateu, e um universo pós-revolucionário em que desembarcam os rejeitados de todo o mundo. Em seu romance *Les Années sans pardon*, os revolucionários que se puseram em perigo e sofreram expurgos não conservam ilusão alguma sobre esse passado, mas mantêm a fé no homem. O último capítulo se desenrola em um lugar perdido do México, onde o braço vingativo de Stálin os atinge, e o leitor compreende o que agrada a Serge no coração dessa natureza cruel: "Daria [uma das personagens centrais do livro] retomou contato com um mundo esplendidamente simples." Esplêndido porque é simples. Essa beleza é um contraponto para as zonas obscuras que ele atravessa. O México é solar, forte e vigoroso, sem dúvida alguma em sua estética. "A América Latina, desde que existe, recebeu da Europa todos os seus alimentos espirituais." Com essas poucas palavras, compreende-se como Victor Serge experimenta a situação: as terras novas são aquelas que trazem frescor e refúgio e também a possibilidade do recomeço. Quando a Segunda Guerra Mundial termina, ele escolhe permanecer no México. Outros, como Breton e Péret, têm dúvidas, medo de regressar a uma Europa que veem dominada pelos stalinistas. Isso deve ter sido decisivo para Victor Serge. Tem a impressão de que ali está melhor do que em qualquer outro lugar, e sabe que o país o conquistou gradualmente.

Entretanto, em seus escritos de 7 de janeiro de 1942, ele confessa suas dúvidas e suas desconfianças: "Tina Modotti morreu em um táxi que pegara para ir ao hospital: 'crise cardíaca' extremamente suspeita." Ele sabia que o sindicato dos taxistas era dominado por stalinistas. E morre do mesmo modo em 17 de novembro de 1947. Acabara de terminar um poema intitulado "Main" [Mão], que enviara pelo correio para seu filho Vlady. Sem saber, vela o corpo do pai e desenha a mão. A vida de Serge foi atravessada por coincidências, acasos e fulgurâncias. O México parece com frequência o lugar ideal para provocar emoções, maravilhamentos.

É de bom-tom recusar o estatuto de "escritor de qualidade" para militantes políticos que tomaram da pluma para se expressar. Serge é um contraexemplo perfeito, tamanho é o valor de seus escritos — que nos tocam — e a potência de sua frase — que nos penetra. Ele preocupava-se com essa questão e refletiu longamente sobre ela em *Literatura e revolução*. E não deixou de se debruçar sobre a difícil relação em seus escritos íntimos. "As obras de tese, no sentido usual da palavra, são frequentemente, por definição, obras de qualidade inferior, e, por isso mesmo, inferiores a seu papel. A confusão entre a agitação, a propaganda e a literatura é igualmente funesta para esses três tipos da atualidade intelectual e da ação social." Isso é dito de modo magistral: a má literatura militante nasce da confusão que o autor mantém com a propaganda, onde não há lugar para ela. A imprecisão da mensagem, o aspecto voluntariamente esquemático das personagens e a conclusão esperada são as marcas de uma literatura desviada de sua função artística para melhor tocar as consciências militantes. São incontáveis os exemplos, e a história se encarrega de relegá-los ao esquecimento. A obra de Serge procede ao contrário: permanece viva, inquietante, e em nada renega suas convicções. Se ele utiliza o romance para denunciar os processos de Moscou, é porque ali encontra o instrumento mais adequado para desmontar os mecanismos da mentira e da *mise en scène*. Ele dá vida e espírito a personagens que a realidade havia reduzido a não ser senão números ou nomes em longas listas de desaparecidos. O escritor expõe, assim, o aspecto mais infecto de seus procedimentos, esse anonimato imposto, e a ele se opõe oferecendo o espaço da ficção aos esquecidos a fim de novamente lhes conceder vida e presença. Ele diz: "Isso significa se pronunciar ativamente contra tudo o que diminui os homens e participar de todas as lutas que tendem a libertá-los e a engrandecê-los." Para Serge, não há contradições em suas atividades, pois sabe que cada uma delas deve se descolar da outra e que todas vão na mesma direção: a defesa do indivíduo contra os sistemas que tendem a oprimi-lo. Sua obsessão: "Jamais renunciar a defender o homem contra os sistemas que planejam o aniquilamento do indivíduo."

Serge é um pária: durante a vida, foi o exilado por excelência e, após sua morte, é o esquecido dos dicionários. Fato singular para um escritor, ele nasce no exílio e compreende que sua própria essência está nessa condição: não estar em seu lar em lugar algum e se sentir à vontade em todos os lugares. Ele é um revolucionário internacionalista porque, para ele, uma revolução não faz sentido se for limitada a ganhar forma em um único país. Não por acaso suas leituras, sua cultura, seus valores se constroem segundo uma visão ampla e sem fronteiras. "Exilado político de nascença, conheci as vantagens reais e os pesados inconvenientes do desenraizamento. O desenraizamento expande a visão do mundo e o conhecimento dos homens, dissipa as brumas dos conformismos e das particularidades sufocantes, preserva de uma arrogância patriótica que, na verdade, é apenas um medíocre contentamento de si mesmo. Mas, na luta pela existência, o desenraizamento é uma desvantagem mais do que séria." Tudo está dito nesta frase: as vantagens inegáveis de nascer proscrito, a pesada enfermidade que isto impõe. Como reagir a esse estado de pária? Sentimos bem que a escrita oferece uma escapatória. É preciso falar para existir quando a vida nos relega às margens e nos força ao apagamento. O exílio é igualmente uma escola de liberdade obrigatória, a promessa de um desafio constante em que é preciso saber se reinventar, criar uma existência e uma obra que se abrem a todas as outras, e, sobretudo, aprender a permanecer fiel a essa promessa íntima feita pela liberdade total aberta pelo próprio exílio, apesar de todas as dificuldades que ele impõe. Ser condenado a não ter, ao menos aparentemente, obrigações: a imensidão e o vazio que se apoderam do banido podem ser preenchidos por palavras.

Ante um mundo que se tornou estrangeiro, é preciso deixar traços, frases, confessar sensações e obsessões, lembranças e pesadelos. O escritor exilado é o mais exilado entre todos. Torna-se a consciência da condição do excluído, e é preciso que ofereça textos para se ancorar no real e ficções para dar vida ao mais exilado que ele: a personagem de seu imaginário. Ele desembaraça-se de todo dever para com o universo imediato e pode então dar às suas palavras um papel prioritário.

Mais que qualquer outro, Victor Serge se sentiu investido de um dever: ser a voz daqueles que não têm voz. "O escritor é, por definição, um homem que fala por muitos homens silenciosos." O banido, mais que qualquer outro, pode tomar a palavra, inicialmente para si mesmo e em seguida por todos os mudos e esquecidos. Ele se faz o eco das consciências discretas e profere melhor suas próprias palavras quando se sente responsável por elas. "Para mim, o essencial é mostrar, fazer viver os homens, quase uma multidão, essa multidão em movimento da qual cada um de nós não é senão um momento e um átomo." Escritor belgo-russo, revolucionário anarquista, exilado de nascença, combatente da sombra, intelectual justo e poeta inspirado: Victor Serge foi tudo isso e mais ainda. Não se desviou de sua trajetória. Sem concessão nem outra ambição que aquela de desempenhar seu papel, ele nos diz que a escrita traduz sua revolta. No México, encontrou a terra conciliadora pela qual esperava e, nela, uma solução, mesmo que provisória, para os problemas que aqueles tempos reservavam aos rejeitados da Europa em guerra. Para ele, esse mundo novo tornava crível a esperança de mudanças. Serge soube se fundir em uma paisagem que se presta à assimilação, em um espaço que parece feito para acolher os condenados. Seus últimos anos foram marcados por uma curiosidade insaciável pelo México e ele permaneceu fiel até o fim à sua insubmissão.

CAPÍTULO TREZE

Nos confins da floresta elementar
César Moro no México

O poeta e pintor peruano César Moro — seu nome verdadeiro é Alfredo Quíspez Asín — esteve longe de seu país por duas longas temporadas. Inicialmente, em Paris, de 1925 a 1933 e, em seguida, na Cidade do México, de 1938 a 1948. Sua obra literária, escrita principalmente em francês, foi ignorada durante muito tempo pelos dois lados do Atlântico. Sua formação em Paris e sua língua de expressão dão a ele um lugar particular no seio dessa galeria de escritores que residiram na América Latina.

Como que impulsionado por um desejo de partida, César Moro se deixa guiar por uma aspiração de conhecer lugares distantes, algo que faz por intermédio da escrita ou quando se dá o prazer de viajar de fato. Ele sofre com as obrigações e as exigências: seu temperamento o direciona a espaços livres e a ideias de insubmissão. "A arte começa lá onde acaba a tranquilidade": tal declaração de fé diz muito sobre o papel que

Moro confere à ação criativa. Ele semeou os momentos que levam à partida: faz durar o intervalo preso entre a tomada de decisão e a execução. Parece bastante decidido a se dedicar a outra coisa, mas tem dificuldade de renunciar à existência que construiu para si. Isso já ocorrera por ocasião de sua partida para Paris, em 1925, e de seu regresso a Lima, em 1933. Acontecerá o mesmo quando deixar a Cidade do México para seu último périplo, que o leva de volta à terra natal. A cada vez, deixa um amor no local, mas conserva uma relação epistolar muito tempo depois, como se tentasse trazer o melhor do lugar que foi deixado para trás. Cultiva um certo sentido de nostalgia e apreende, nesses amores longínquos (pela distância geográfica e temporal), uma forma de perfeição, uma paixão que não se deixa afetar ou incomodar pelas contingências cotidianas.

Moro é como que possuído quando mora em Paris. As raras fotos que se tem dele mostram um olhar que mais atravessa o interlocutor do que sobre ele se detém. É tomado por um apetite, um frenesi, um desejo de perceber o lugar e dele usufruir plenamente. Dá a impressão de aderir a esse universo, de desejar aspirá-lo para melhor incorporá-lo. O jovem artista aproveita sem titubear a riqueza da Paris cosmopolita e rebelde, essa capital que queima com fogos intensos e que oferece a quem desejar a possibilidade de participar desse elã estimulante e apaixonante. Sua idade o ajuda a se lançar na aventura. Sabe-se pouca coisa sobre os poemas que escreveu na época, pois muitos foram perdidos por Paul Éluard ou por uma gráfica. Aqueles que nos chegaram são marca-dos por uma sólida influência surrealista: os elogios do autor de

Capitale de la douleur [*Capital da dor*] são surpreendentes e a sequência da obra permanece ancorada nessa estética que o encaminha a graus raramente alcançados.

A longa estadia nos leva a uma problemática de que Moro poderia ser um emblema: como um lugar e as circunstâncias podem influenciar uma obra. Os escritos se elaboram na distância que o autor instala entre o mundo e a capacidade de se alimentar daquilo que o cerca. Nesse difícil equilíbrio, cada escritor encontra sua própria medida para redigir os textos; entre a adesão ao real e a necessária recusa dos constrangimentos, encontra-se o espaço que recebe as palavras do autor. Aí se situa seu campo mais íntimo e mais significativo. A marca de um escritor não se revela unicamente em razão de seu estilo ou dos temas que o atraem, ela se distingue igualmente, e talvez sobretudo, pelo modo com que ele se movimenta nesse espaço. Na relação com o mundo e no modo de se destacar, um escritor revela a natureza profunda de sua relação com a escrita e a definição do papel que se quer atribuir.

Nos escritos de Moro, o espaço que separa o meio em que vive de sua obra é um imenso abismo. Em razão das estadias longe de sua cidade e sua vida em Lima, ele nos faz compreender que os desenraizamentos convidam a diferentes formas de estar no mundo e de relações com a criação. Prima sempre, ao que parece, a distância com o mundo. E, no entanto, os lugares acabam por pesar sutilmente em sua escrita, de modo talvez indireto; sem colocar essa relação de modo ostensivo, o que o rodeia contribui, pesa, oferece e dá um caráter particular aos escritos em curso. Falou-se que o jovem peruano devora a Paris surrealista, quer consumir suas riquezas mais atrativas, sem contudo ser um Rastignac [Eugène de Rastignac, personagem de Honoré de Balzac] inchado pelo desejo de triunfar. As ambições de César Moro permanecem circunscritas ao domínio da criação. Pode-se imaginá-lo sem dificuldade em sua vida de boêmio, sedutor e jogador, alternando trabalhos menores, mudando-se subitamente, passando das *brasseries* barulhentas para cabarés esfumaçados. Tem grande capacidade de aderir ao lugar, para desposar o real. Mais do que nunca, o espírito do meio impregna seu trabalho. Sua juventude o ajuda a evoluir, apesar de uma certa falta de nuança ou de recuo, algo que por vezes lhe é salutar; essa intensidade saberá traduzir o vigor de suas atitudes e, ante o mundo, se expressará de modo mais sutil para apresentar suas perturbações. A estadia no México é reveladora. Mais maduro, talvez mais calmo, ele compreende seu papel de poeta com uma profundidade mais grave e menos excitação.

A vida na Cidade do México estará imersa no cotidiano, em um mal-estar dissimulado e um desespero profundo. Ele chega à capital ainda cheio de valores revolucionários, capital que recebe os refugiados vindos da Europa e entende que suas contribuições constituem um benefício incomparável para o país. Capital que entretém relação por vezes complexa com os exilados. Moro exprime muito rapidamente seu pouco gosto pela arte revolucionária e por suas pinturas murais, assim como pela missão que se deseja atribuir a toda criação. É fato que comungou com os surrealistas franceses sobre o grande mito da revolução, mas pouco viu como o fenômeno se traduziria na realidade. Compreendeu os horrores do stalinismo, que há muito recusara. O recém-chegado tem algo de aristocrático em suas atitudes, uma maneira de afirmar com elegância e convicção suas recusas, e tudo isso em um tom eloquente. A política impregna a época e ele teve de deixar o Peru em razão de seu ativismo. No início de sua estadia, se debruça ainda com interesse sobre essas questões.

Ele escreve a seu irmão suas primeiras impressões sobre o México e sua arte: "Ainda não vi quase nada, com exceção de uns afrescos de Diego Rivera na Secretaria de Educação; eles são horríveis, de uma cor atroz e com o desenho convencional que já conhecemos." Tem um menosprezo imenso por Rivera, por suas obras, pelo personagem: ele dirá a Breton, durante sua viagem em 1938, o quanto o pintor é pouco confiável, que pode facilmente trair e que coloca em primeiro lugar seus próprios interesses. Moro encontra o pintor Agustín Lazo, que conheceu na França. Haviam naquela ocasião mencionado a possibilidade de uma estadia no México. Com frequência, Moro fala sobre Lazo em suas cartas, assim como sobre seu amigo Xavier Villaurrutia, o brilhante poeta do grupo dos *Contemporáneos*, que serão seus amigos íntimos e seus cúmplices mais confiáveis. Como ele, não se deixam fascinar pelo surrealismo, mas não se mostram inimigos obstinados, como será o caso, na sequência, de Luis Cardoza y Aragón. Moro é um amigo fiel que mudou desde sua juventude parisiense: na Cidade do México, vê poucas pessoas e, embora se queixe de solidão, nada faz para agradar exageradamente. O universo local abre-se para numerosos exilados da Europa que manifestam uma sensibilidade artística diversa. Isso não agrada a todo mundo: a aversão pelo nacionalismo, a distância assumida diante do stalinismo e da desconfiança em relação ao poder político são alguns dos sentimentos expressos por esses recém-chegados que causam controvérsia no seio das elites locais, tanto junto aos políticos e jornalistas quanto junto aos artistas e intelectuais. Nosso poeta tem consciência disso melhor do que ninguém e escolhe se manter à distância.

Estabelece-se uma inevitável comparação: depois de Paris e do turbilhão festivo e notívago, do clã surrealista e da admiração por seus ilustres irmãos mais velhos como Breton e Éluard, depois do retorno ao Peru, onde, lá também, forma-se um clã de amigos em que ele assume o papel de "conhecedor de mundos estrangeiros", Moro deve viver em um universo bastante diferente, menos carregado pelos outros. Em sua primeira estadia, ainda que não respeite as regras surrealistas e seja indisciplinado por ocasião das reuniões no café, ele joga o jogo e se alimenta da energia coletiva. Em seguida, em seu próprio país, a docência vai ocupá-lo: explica aos próximos as descobertas recentes em muitos domínios, da arte à psicanálise, passando pela filosofia e pelas criações dos doentes mentais. Sua amizade com Emilio Adolfo Westphalen e as cartas que trocam mostram a que ponto Moro trouxe novos conhecimentos e uma sensibilidade moderna e original. Por onde passa, tenta funcionar do mesmo jeito: como clã, quase como uma tribo. Mas sua estadia na Cidade do México ficará marcada por uma solidão mais intensa. O clã é mais difícil de ser criado, apesar da chegada de surrealistas da Europa. A sociedade artística e literária mexicana deixa muito a desejar para o peruano, estrangeiro pela origem e pela língua de criação. No entanto, resistem os contatos, os encontros e os jantares, tanto com raros mexicanos quanto com europeus exilados. Moro dirá mais tarde o quanto o México era um país avançado na América Latina, "terra de tolerância e de liberdade" e, com essas palavras, compreende-se o quanto o que ele ama tem relação com a presença desses estrangeiros que lhe são próximos. São todos originais, brilhantes e individualistas: Leonora Carrington que, com seus ares de nobre inglesa, continua a pintar, atormentada, próxima dos mais inquietantes desequilíbrios, profundamente exigente e possuída — ela também escreve um pouco e Moro traduz alguns de seus textos —; Benjamin Péret, que não tem mais a jovialidade de seus anos parisienses e desfila sua depressão pela Cidade do México, excluído dos círculos literários locais, afastado de seus amigos surrealistas tão necessários ao avanço de seu trabalho; Wolfgang Paalen, o pintor austríaco influenciado por Breton e por suas ideias, organiza exposições, funda uma revista, apaixona-se pelo mundo pré-hispânico, e permanece o cúmplice mais próximo de Moro. Esses três, mais alguns outros, dialogam com o peruano, mas ele nem sempre aproveita essa oportunidade de conivência.

Tudo havia começado bem: algumas semanas depois de Moro chegar à Cidade do México, Breton chega para se encontrar com Trótski e tentar reunir aliados. À época, ele é marginalizado pelos stalinistas, pelas forças conservadoras e por muitos intelectuais cansados de sua personalidade e dos incessantes conflitos que provoca. Moro traduz poemas, escreve apresentações; é, como no Peru, o embaixador do surrealismo, o intermediário impecável que dá conta do movimento sem apropriar-se dele. Guia Breton pelas ruas de sua nova cidade, traduz e ouve seu irmão francês mais velho, que observa o universo mexicano com sagacidade. Os tempos são ainda clementes e, com a ajuda de Paalen, os dois amigos organizarão a primeira exposição surrealista no México. De seu lado, Breton organiza a mostra México em Paris, no início de 1939, e torna conhecidas obras de Frida Kahlo e Diego Rivera, peças pré-hispânicas ou de arte popular. Ainda existe entre eles cumplicidade, vontade de partilhar e desejos comuns. Os inimigos são os mesmos, a criação continua a ser o motor da concórdia e a insubmissão tem um papel central em toda atividade. Moro guarda o desejo imenso de descrever esses espaços escondidos em todos nós e que carregam os mais agudos tormentos. Seu amigo Westphalen escreve a respeito: "A poesia de César Moro que estende a mão, à noite, aos turbilhões." Uma vez arrefecido o brilho do começo, após a partida de Breton, Moro se vê diante da vida cotidiana e de sua dificuldade de manter o elã. Em 29 de julho de 1939, escreve a Westphalen, confidente e alvo preferido: "Noite terrível, um dia terrível hoje com uma acalmia. Curta aparição, sorriso radiante como se todas as montanhas rissem, com a inocência do crime."

Ele muda com frequência de endereço, sempre humilde, e aprecia a solidão; ocupa diferentes empregos, ligados em geral ao seu conhecimento da língua francesa (na escola, onde é secretário da direção; na livraria francesa de Bartolomeu Costa-Amic, onde colabora também com a editora Quetzal, que publica textos em francês); participa da vida cultural acolhendo, no Palácio de Belas Artes, os espectadores dos quais rasga os bilhetes de entrada. Suas ocupações, antes de tudo com finalidade de sobrevivência, permitem-lhe escrever. Ainda e sempre, escrever é sua atividade principal.

O grande negócio de Moro é o sentimento amoroso e, nesse registro, sua longa passagem pela Cidade do México lhe fará experimentar momentos empolgantes e atormentados: desde maio de 1938, conhece aquele que será sua grande paixão, Antonio. O jovem, quase um adolescente, prepara-se para entrar no Colégio Militar, carreira que abraçará em seguida. Entre o peruano já maduro e o jovem mexicano, as relações são evidentes: o estudante sabe obter o que quer de seu amante. Moro sofre com as longas separações, teme a ruptura, tenta segurar o jovem. Antonio precisa continuamente de dinheiro para resolver os múltiplos problemas provocados por sua falta de disciplina e sua propensão a criar estragos ao seu redor. Ele será transferido para Mazatlán, para Querétaro, e, depois, para Monterrey. Com frequência, suas trocas epistolares fazem referência aos momentos excepcionais do início da paixão entre ambos, aos múltiplos escândalos provocados por Antonio (brigas, ferimentos, embriaguez) e à ajuda que Moro sempre lhe dá, apesar de sua própria miséria e evidente falta de conforto. Antonio acabará por se casar e terá um filho em 1944, chamado Jorgito. O poeta dirá a seus próximos o quanto considera essa criança como sua e que, se esse tivesse sido o caso, o amor que lhe dedica não poderia ter sido mais intenso. Essa paixão inflamada e as relações de amor e de ódio que provoca não deixam de atormentar Moro e de suscitar nele sensações de uma intensidade incomparável. Esse episódio vai marcá-lo profundamente: o amor e o inevitável fracasso da relação, o elã em direção ao ser adorado e a dor causada pelo cinismo e pelo apetite do ganho que lhe é retribuído, o desejo alimentado pelos sonhos e a ferida que os suspende, todos esses temas estarão em uma única coletânea de poemas que escreverá em espanhol, *La tartaruga ecuestre* [*A tartaruga equestre*]. Sabe-se que esse título aparece quando Moro assistiu ao acasalamento de tartarugas em um zoológico: o erotismo está mais do que nunca presente, mas sob o signo do amor, do ato carnal compreendido como clímax do mais intenso sentimento. Aliás, a homossexualidade nunca aparece claramente nos textos: conta apenas a pureza da relação. Moro assim escreve:

> *Amo a raiva de perder-te*
> *ou*
> *Amo o amor de ramagem densa*
> *ou*
> *O tempo se transforma em casa de abandono*
> *ou*
> *O grande contato do esquecimento*
> *Morto certamente*
> *Tentando roubar-te da realidade*
> *Do ensurdecedor rumor do real*

As fulgurâncias do livro são circundadas por uma aura misteriosa, um onirismo cativante e imagens tenebrosas que dão a medida exata do que atravessa e incomoda o poeta. As perturbações que se alimentam de contradições aparentes e os questionamentos de clichês românticos deteriorados pela bela crueldade das relações dinamitam as ideias preconcebidas e inquietam o leitor. Para além da beleza dos textos, enuncia-se a questão central do livro: por que Moro não escreveu mais em espanhol? Ele o faz nessa obra, pois quer que Antonio possa ler os poemas que inspirou. Mas também porque a escrita muda sob o peso dessa paixão tão potente. A escolha de escrever em francês faz parte de um processo de rejeição mais amplo: de modo quase que simultâneo, mudou de nome, de língua e de país. Essa maneira de rejeitar os contrangimentos do real e se definir diversamente o impelem a usar uma língua estrangeira, língua da poesia para ele: o francês.

Moro nunca terá o domínio do francês comparável àquele de um Milan Kundera, de um Hector Bianciotti, ou de um Joseph Conrad para o inglês. As cartas para Westphalen são reveladoras da falta de habilidade e da rigidez que não aparecem em seus textos de ficção. Ele economiza o discurso, dando assim a impressão de que está plenamente consciente de seus limites: usa poucas palavras, mas com conhecimento de causa, com o senso do lirismo e dos efeitos das imagens. Escreve em francês como se aceitasse um desafio, como se a língua o autorizasse a se aproximar da poesia de modo mais estreito. Como se viu, seu único livro escrito em espanhol foi feito para seu inspirador e amante e talvez para se mostrar mais em consonância com o mundo, para participar mais da vida celebrando a felicidade experimentada. Para essa reconciliação provisória com a língua materna, pode-se perceber que o jovem iluminado de Paris deu lugar a um artista íntegro e mais maduro ou, ao menos, que canaliza melhor sua profunda revolta. Citemos por exemplo:

>   Para dispersar no mar luzes moribundas
>   E para que não falte alimento às plantas carnívoras
>   E que cruzem olhos sobre as praias
>   E que a selvas despenteadas pipilem como gaivotas

Moro deseja publicar seus textos. Nota-se, então, uma mudança de atitude, como que uma saída da adolescência. Pensa em uma subscrição para a edição da coletânea e aguarda dinheiro do "exterior, onde sua fama é grande". Engana-se sobre sua celebridade ou zomba de seu interlocutor (aqui, Westphalen) ou, ainda, tenta tranquilizar-se sobre si mesmo e sua aura. Mas carrega o desejo de tornar seu trabalho conhecido, de encontrar leitores. Publica dois livros na Cidade do México, *Le Château de grisou* [*O castelo de grisu*] (Edições Tigrondine, 1943) e *Lettre d'amour* [*Carta de amor*] (Edições Dyn, 1944), ambos às suas próprias expensas. Os poemas de *La tartaruga ecuestre* aparecem apenas na revista *El hijo pródigo*, que acolhe de bom grado seus escritos e serão publicados na forma de livro apenas muito mais tarde, uma vez que o autor estiver de volta ao Peru. Apesar das tiragens bastante limitadas, os dois livros o tornam conhecido. Mas o efeito esperado não é tão evidente: sua poesia é de uma grande selvageria, uma intensidade singular sem equivalente no México. Mesmo um de seus melhores amigos, Villaurrutia, poeta refinado e inspirado, tem dificuldades para aceitá-la com coragem e lucidez: a nota crítica que publica é de uma tepidez insultante, uma espécie de relato escolar e superficial, quando, ao contrário, o vigor da língua e a intensidade das imagens deveriam suscitar o mais sincero entusiasmo ou uma recusa por completo. Sem procurar explicar a atitude do poeta mexicano, sente-se que ele permanece alheio a essas palavras, que não pode apreender essa forma de beleza: sua obra inscreve-se em um mal-estar mais sutil, carregado de doce crueldade e nostalgia delicada, muito longe do furor e dos turbilhões em direção dos quais Moro nos leva. O autor de *Nostalgia de la muerte* [*Nostalgia da morte*], que sabe tão bem sugerir a dúvida e a perturbação, tem dificuldade de compreender os versos de seu amigo peruano:

> O leite de éter violeta trai
> O sinistro líquido de toaletes de núpcias
> Onde o incesto leva ao esquife
> Que nega os insetos devorantes
> Os sisudos horizontes
> A noção dos arrozais

Se esse poema é mais antigo, ele bem exprime o tom de Moro: imagens inquietantes que se impõem e um ambiente onírico que desafia o senso comum. Apesar de seu talento brilhante, Villaurrutia está longe desse universo, não pode aceder a ele senão graças a um esforço que lhe é custoso e em nada se deixa levar por um desejo de identificação. Eles pertencem, um e outro, a registros muito distantes.

Em sua relação ambígua com o México, na solidão real e na ausência de reconhecimento literário, Moro não sente pertencer ao lugar: sua personalidade plena e atormentada, a escrita extremamente perturbadora e voltada para imagens fulgurantes são todos elementos que a literatura mexicana dessa época não pode facilmente assimilar. Entre as lições de estética aplicada de Cardoza y Aragón (que escreve na revista *Taller*: "Os nauseabundos e convencionais recursos do surrealismo que cansam as pessoas e se convertem em uma espécie de academia onde reinam os insultos, a vulgaridade e a inexatidão") e a recusa dos convencionais e a incompreensão dos próximos, Moro se mantém como uma espécie de pária, um marginal que se compraz em seu papel. A verdadeira evolução encontra-se aqui: quando, enfim, deseja se adequar um pouco mais ao coletivo, não consegue se fazer aceitar. Continua fiel às suas ideias e conserva intacta em seus textos a força rebelde que fez dele um autor único. Moro está como que na ponta extrema de sua arte, cortante, e impelido por uma exigência apaixonada para a criação. "A arte começa lá onde termina a tranquilidade." Essa profissão de fé o acompanha durante toda a vida. Nada disso provoca a simpatia do universo literário mexicano que oscila entre o peso das mensagens revolucionárias e a delicadeza de escritores como aqueles do grupo dos *Contemporáneos*. A depressão quase constante que Moro experimenta na Cidade do México é resultado dessa impressão de marginalidade inelutável: "Torno-me, tornei-me um ser desencantado. Comigo, é o medo, o pessimismo, a dor, o nada. Uma lucidez que se exerce em sentido negativo porque, se há lucidez, ela não pode ser negativa nesse momento" (15 de novembro de 1945). A doença também mina o escritor, e sua situação financeira é frágil. As cartas urgentes para Westphalen falam por si mesmas; Moro tem dificuldade de viver de seus trabalhos e sua obra encontra poucos ecos. Ainda que esse insurgente faça algumas concessões, é pouco assimilável, impossível talvez de ser integrado.

> Um leque se abre se fecha
> Não me mexo mais
> Não me mexerei mais
> A história atravessa a planície
> Uma fagulha a precede

Em seus textos poéticos, Moro emprega, com insistência, a repetição e a aliteração. Não escreve como se espera e seu estilo não é compreendido em seu tempo. Pouco lhe importa: seu projeto vai além da estética do momento, e talvez contra ela. Ele chega mesmo a canalizar sua revolta, mas não deseja calá-la.

Difícil falar de apaziguamento: ele cultiva uma grande indiferença que, aparentemente, atenua a intensidade do mal-estar. Essa pose afeta tão somente o aspecto de suas perturbações. Ele continua inteiro e leal em face de sua busca:

> Era preciso destruir o abominável amor que ainda nos conduz, seria preciso tudo destruir até as cinzas, até a sombra, para não mais recomeçar, para fazer desaparecer essa vergonha que existir significa, mesmo que por um instante.

Emprega essas palavras duras e tensas mais tarde, mas a constância de sua caminhada continua. Em seus poemas, mantém a mesma obstinação:

O dia levanta-se em vão
Pertenço à sombra e envolto pela sombra jazo em um leito de luz.

Ele percebe com clarividência seu mal de viver, mas com mais desprendimento, e em nada nega sua presença nem sua intensidade. Avança na existência com a vontade de melhor compreender sua tragédia, sem jamais procurar recusá-la; e celebra "um grande silêncio [...] marcado por feridas profundas".

Assumirá seu distanciamento em relação às atividades coletivas, como o engajamento político e o surrealismo. É ligado a Paalen e participa da aventura da revista *Dyn* e da editora a ela associada. De Nova York, Breton vocifera contra esses dissidentes. Mas, para além do anedótico, é sua autoridade e sua própria evolução que são postas em questão. Quando o surrealista francês publica seu novo livro, *Arcano 17*, Moro, em seu exílio nos Estados Unidos, não pode deixar de criticar com severidade o que o papa do movimento propõe. Ele se expressa na revista *El hijo pródigo*: "Triste espetáculo do condutor desgarrado, e mais do que triste, trágico, pois nele se revela o erro coletivo em todo o seu apogeu." Insiste atacando a "retórica, o trabalho visível, o preciosismo." Apesar desses ataques, Breton ainda o estimará e o convidará para participar de seu projeto sobre a arte mágica, em 1954, quando voltou a Lima. Para além de desacordo pessoal, há aí uma recusa, tanto desse esoterismo, do qual Breton se apodera, quanto da atividade de grupo, da obediência a uma disciplina, ainda que regida por uma atração comum. Moro já era reticente em Paris quando os surrealistas assumiam ares sérios no café para enunciar sentenças com frequência grandiloquentes. Seu individualismo já era notado em suas atitudes, mais humorísticas do que sérias. Mas agora dá livre curso a seu próprio discurso, mais seguro de si e do valor de suas obras. O aprendiz é doravante mestre de sua arte e não pode mais aceitar que lhe seja ditada sua conduta ou que lhe digam como escrever. Já em 1942 havia assinado o texto "Adiós al surrealismo" ["Adeus ao surrealismo"], escrito por Paalen, ele também em ruptura com a "linha à direita" do movimento. E, em 1944, o peruano escreve um texto que, por muito tempo, permanecerá inédito: "O surrealismo perdeu sua lucidez [...] Pode parecer mais do que ousada, insolente, essa empreitada de clarear as posições de um movimento de tal envergadura, de tal prestígio como aquele do surrealismo. Durante muitos anos, ele constituiu nossa razão de ser com a luminosa cegueira provocada pelo amor profundo [...] Sabemos o que devemos ao surrealismo [...] Mas as circunstâncias atuais são tão vivamente exigentes que não é mais possível aceitar o que podia parecer mais do que suficiente para as circunstâncias de então." Em outras palavras, não se trata de condenar o movimento e suas ideias, mas constatar que sua época se foi e que é preciso passar para outra coisa.

Ao mesmo tempo, Moro anuncia sua renúncia a toda atividade política: "Vi tantos idiotas e tantos crápulas se fantasiar e se mascarar com a dialética que não me sinto mais disposto a ser dessa laia. A Torre de Marfim é da maior atualidade." Está tudo consumado: ele precisou deixar o Peru em razão de seu engajamento ao lado dos republicanos espanhóis, manifestou suas opiniões junto com seus amigos surrealistas, persuadido de que a política e a poesia não deviam ser senão uma só coisa. Em dezembro de 1944, escreve para Westphalen: "Para mim, a coisa é simples — a política em nada me interessa. Penso que perdi muito tempo fazendo predições [...] e tentando ser o salvador dessa grande abstração: a massa."

Moro conhece, assim, uma mutação durante seus anos mexicanos. Torna-se mais distante, deseja conservar sua capacidade de adesão ao mundo, sua paixão, mas não quer se dispersar ou fazer a mínima concessão. Faz-se mais individualista, menos implicado nos movimentos coletivos. Conhece um tal elã amoroso, com seus sofrimentos, igualmente intensos, que é invadido pela perplexidade. Rejeita em bloco a política, o surrealismo e a vida literária, queixa-se da solidão, mas ele próprio a constrói. Quando em 15 de abril de 1948 viaja para Lima, apenas Ninfa Santos o acompanha ao aeroporto para lhe dizer adeus. Seus últimos momentos mexicanos se parecem com os anos lá passados, entre a sombra escolhida e a marginalidade imposta.

Moro é latino-americano e não pode ter o fascínio por essas terras que alguns autores europeus experimentam. Decepciona-se com sua região de origem, "continente de gigante habitado por pigmeus". Ele age de modo contrário a seus pares ocidentais, preocupados em criar raízes nesses lugares para permitir o surgimento de impulsos inquietantes que o desenraizamento faz emergir. Moro carrega a selvageria, o elã que o leva às zonas mais confusas do espírito. Suas palavras circunscrevem essa parte de nós que pode assustar, lá onde a morte, os sonhos e os desejos se juntam; lá onde reina uma atmosfera onírica, tensionada entre os murmúrios dos desejos, os clamores dos prazeres ou as irradiações das angústias. Não tem necessidade alguma de provocar uma violência exterior para alimentar ou exprimir a sua: sabe melhor do que ninguém o lugar imenso que essa angústia ocupa nele e em cada um de nós. Essa passagem pelo México não é neutra: Moro muda radicalmente e encontra a distância adequada graças à qual saberá enfrentar a existência. Aprende a se controlar, sem renunciar à sua própria desordem interior, consegue conservar a chama sem buscar reduzi-la ou atenuar seu alcance.

 Se a experiência pouco se assemelha àquelas de seus colegas ocidentais, nem por isso deixa de ser menos valiosa. Tem um brilho singular, porque ele procede ao inverso de seus pares. Mais do que exigir desse novo lugar um sopro libertador, ele pede apaziguamento e resplandecência, e talvez seja aí ajudado pela idade. Em razão do retraimento que adotou, entra em ressonância com os valores que o México cultiva com sucesso: o recuo, o respeito ou o sentido do segredo. Por ocasião de sua estadia, Moro soube apreender essas qualidades para evoluir em direção àquilo que sentia despontar: o desejo de ser mais independente, mais livre e mais lúcido. Em sua inevitável busca, com a escrita colocada em majestade, encontrou no México o lugar adequado para dominar seu frenesi e impelir a uma escrita que torna sua obra magnífica e para sempre indomável.

CAPÍTULO CATORZE

A terra da beleza convulsiva
Os surrealistas franceses no México

Os integrantes do grupo surrealista gostam de fascinações singulares e atrações enigmáticas. O México é uma delas. Para compreender essa atração é preciso compreender que esse país está no cruzamento dos ideais do grupo; ele oferece mito e revolução, estética e mistério. Esses jovens rebeldes percebem ao longe as luzes de um mundo que promete outro modo de viver, pensar, sentir e criar. As viagens que pontuam essa relação e as proposições que delas emanam marcaram a história desse grupo e da arte moderna. O convite para se debruçar sobre suas aventuras é como a reconstrução de uma paixão, com seus erros e seus elãs, seus sucessos e seus mal-entendidos.

No pensamento surrealista proposto por André Breton, alguns elementos encontram evidente ressonância nas imagens ou nos componentes ligados a esse país. A época os convida a observar a arte não ocidental com novos olhos: desde as visões respeitosas e apaixonadas de Apollinaire, Cendrars ou

Picasso, à grande falência ocidental e colonial revelada pela Primeira Guerra Mundial e a instalação da vanguarda no centro da criação europeia, observa-se com curiosidade as civilizações pré-hispânicas. É também o tempo da expansão da Antropologia e da Etnologia: o Ocidente aprende ou reconhece que ele não é a única forma de civilização e que os povos longínquos, pela distância ou pelo tempo, tornam-se presentes graças a produções artísticas sensíveis e brilhantes. O grupo surrealista tem curiosidade por esses universos e ouve os latino-americanos que a ele se juntam. Inicialmente, Luis Cardoza y Aragón, o guatemalteco que se aproxima do grupo e publica em 1923 *Luna park*, uma coletânea de poemas amplamente influenciada pelas técnicas e pela estética surrealistas. Mais tarde, ele escreve sobre seu entusiamo do momento: "Que belo instante da juventude do mundo." Isso não o impedirá de criticar, mais tarde, com uma extrema virulência, a partir de sua adesão total ao stalinismo, o surrealismo e seus responsáveis.

A partir de 1925, o peruano César Moro vive em Paris e torna-se rapidamente um amigo íntimo do grupo, em particular de Éluard e Breton. Ele escreve poemas esplêndidos em francês e, apesar das disputas por vir, nunca romperá definitivamente com Breton. Essa Paris não é tão grande, os cafés não são tão numerosos. Cruzam, falam-se, descobrem-se. Robert Desnos faz um retrato escrito de Alfonso Reyes, Montparnasse recebe os pintores Diego Rivera e Agustín Lazo, entre outros, e, mais tarde, Alejo Carpentier e Ernesto Sábato estarão em contato com essa vanguarda tão animada. Os americanos da geração perdida ali fazem sua estreia, Joyce publica seu *Ulisses*, jovens negros ali fundam a negritude, e os latino-americanos misturam-se aos elãs europeus e aprofundam como nunca seus conhecimentos sobre as civilizações antigas de seu continente de origem, como foi o caso de Miguel Ángel Asturias.

Paris é a capital da arte e do pensamento, ali se elaboram as tendências que estão por vir. Nesse núcleo, Breton e seus amigos experimentam uma legítima curiosidade pelo universo do além-Atlântico. Yves Tanguy, um dos pintores mais brilhantes do grupo, utiliza estátuas pré-colombianas mexicanas para acompanhar suas próprias obras por ocasião de uma exposição em 1927, como se pudesse pontuar seu trabalho com a presença de formas distantes que se combinam às suas; os rostos enigmáticos dessas estátuas respondem à desolação de suas paisagens cheias de segredos. Em 1929, o grupo surrealista publica, na revista *Variedades*, uma curiosa carta intitulada "O mundo no tempo dos surrealistas". Os países estão em seu lugar, mas sua superfície está na escala de interesse que atribuem a cada um deles. Os Estados Unidos são bem pequenos, mas o México cobre uma superfície na medida da atração que experimentam por esse país.

Entre os precursores está Apollinaire, que declara em sua *Carta-Oceano*, endereçada a seu irmão que vivia no México: "Você jamais conhecerá bem os maias." Um modo sibilino de nomear o fracasso inelutável das tentativas de se aproximar do outro. O que mais os marcou: a deriva do poeta-boxeador Arthur Cravan, que chega ao México no final da revolução. Ele vive ali com sua companheira Mina Loy e ganha a vida como professor de boxe e também graças a representações-espetáculos que oferece em pequenas cidades situadas ao redor da capital. Essa estadia misteriosa encerra-se pelo desaparecimento no mar daquele que era o sobrinho de Oscar Wilde. Ainda uma vez, o México parece ser a terra dos segredos e dos enigmas.

No caso de Breton, essa atração vem da infância: ele leu (como Rimbaud, aliás) um romance escrito para a juventude, texto que o marcou profundamente, intitulado *Costal l'Indien* [*O índio Costal*], de Gabriel Ferry. Falará sobre ele mais tarde, por ocasião de sua viagem. Trata-se da história de um jovem indígena que participa da guerra da independência e crê assim poder se libertar de sua condição. A força do destino e o peso da história dificultarão os avanços libertários que se manifestam nele e ao seu redor. E Breton identifica essa terra como desejo de libertação, algo que a história confirmará: a revolução mexicana tem fim e as notícias que dela chegam entusiasmam jovens europeus. A terra para os camponeses, a educação gratuita para todos e a arte a serviço do povo constituem seus traços mais notáveis. Os surrealistas têm uma relação profunda e plena com a política. Ao tentarem reconciliar Marx e Rimbaud, desejam realizar a libertação do espírito. A ação individual e a ação coletiva confundem-se em um elã que impulsiona ao conhecimento da "verdadeira vida". A arte deve ser vista como uma espécie de catalisador desse processo, e sua prática deve ser encorajada para todos e por todos. Os muralistas mexicanos aparecem como profetas. A política é um dos temas conflituosos que o grupo francês conhecerá, e suas relações com o Partido Comunista e Moscou serão difíceis. A revolução mexicana não sofre com essa influência e a sociedade que dela emerge, vista de longe, dá a sensação de força e equilíbrio enfim encontrados.

O humor ácido, tão caro a Breton (ele publicará a *Anthologie de l'humour noir* [*Antologia do humor negro*]), figura em lugar de destaque na cultura popular mexicana, assim como a presença da morte no coração da vida, frequentemente representada por esqueletos com riso nervoso. Esse traço, particularmente sensível aos estrangeiros, está muito presente na obra de José Guadalupe Posada, artista sobre o qual Breton se debruça desde muito cedo. O universo mexicano goza de uma forte capacidade de sedução e, presos entre fantasmas e elementos bem reais, os artistas parisienses veem nessas terras distantes um receptáculo perfeito para suas ideias e ações. Alguns irão para o México (mesmo quando não fazem mais parte do grupo), outros conservarão esse desejo até o fim sem ter feito a viagem, como Desnos. O jogo de cartas imaginado pelos refugiados à espera de exílio na Villa Air-Bel, em Marselha, entre 1940 e 1941, com André Breton, Wifredo Lam ou Max Ernst à frente, representava o caminho, isto é, a revolução, sob os traços de Pancho Villa.

Algumas pessoas são condenadas a desempenhar o papel de desbravadoras, a avançar diante dos outros e a decifrar domínios ainda desconhecidos. Artaud está entre elas. Em maio de 1927, ele se uniu ao grupo surrealista, do qual é depois excluído. Prosseguirá sozinho seu caminho, muito individualista ou original para se amalgamar a um coletivo. Na brochura que explica essa exclusão, sob a escrita de Breton, Aragon ou Éluard, leem-se as seguintes acusações: "Está demonstrado que [Artaud] nunca obedeceu senão aos motivos mais baixos. Ele vaticinava entre nós até a repulsa, até a náusea, usando coisas literárias que não havia inventado, criando em um domínio novo o mais repugnante dos lugares-comuns [...] Nunca sua atividade foi outra coisa senão uma concessão ao vazio [...] Esse infame, hoje, nós o vomitamos."

A violência da recusa está na medida da intensidade do projeto surrealista e de numerosos textos de Artaud. Mas sua resposta na brochura *Em plena noite ou o blefe surrealista* é notável: sem ira, com uma lucidez desconcertante, afirma sua distância com relação ao movimento, o lado vão da atitude dos surrealistas e o fim do interesse que lhes dedicou quando começaram a se aproximar do Partido Comunista. Zomba um pouco do sentido concreto deles, das ações reais, da inaptidão que têm para se abrir, tornando assim suas ações confidenciais, sem presença para os não iniciados. Observa que "O que me separa dos surrealistas é que eles gostam da vida tanto quanto eu a menosprezo." Mas, sobretudo, sublinha que "se trata dessa distância do centro espiritual do mundo, desse desnivelamento das aparências, dessa transfiguração do possível que o surrealismo devia ajudar a provocar". Nosso Artaud poderia ter se exaltado, poderia ter insultado, empregando sua verve e seu sentido agudo das fórmulas incendiárias. Mas escolheu a frieza e a distância e reconhece o talento deles quando o levam para a lama. Cheio de elegância quando é preciso romper.

Mas sua busca o leva para outros lugares, e ele refuta a ação coletiva: "Sem ignorar as vantagens da sugestão coletiva, creio que a verdadeira revolução é uma questão individual." A isso se dedicará, sabendo que a escrita faz parte da vida, e que ela lhe permite expulsar o mal que o corrói. Ele falou a Jacques Rivière de uma "doença que afeta a alma em sua mais profunda realidade, e que infecta as manifestações. O veneno do ser. Uma verdadeira *paralisia*.[1] Uma doença que nos rouba a palavra, a lembrança, que desenraíza nosso pensamento". Artaud está convencido de que foi atingido por esse mal em seu íntimo, que a sociedade ocidental provoca esse desconforto e que suas buscas devem se voltar para um saber que não mais seria maculado pelo mundo que o cerca. E, para eliminar a podridão que vive nele, conta com a escrita. Busca a magia, o sagrado que não está pervertido pelo mundo europeu. Deseja igualmente evidenciar a possibilidade de encontrar, no ato teatral, uma forma que recuse as convenções europeias do espetáculo, e dar acesso a novas maneiras (mesmo que ancestrais) de viver sua relação com o mundo. Já no início de seu livro *O teatro e seu duplo*, como se desejasse anunciar sua paixão por essa terra distante que ainda não conhece, ele escreve: "No México [...] não há arte e as coisas servem. E o mundo está em perpétua exaltação. À nossa ideia inerte e desinteressada da arte como uma cultura autêntica opõe-se uma ideia mágica e violentamente egoísta, isto é, interessada. Porque os mexicanos captam os *manas*, as forças que dormem em toda forma, e que não podem sair de uma contemplação das formas por si mesmas, mas sim de uma identificação mágica com essas formas. E os velhos tótens estão lá para acelerar a comunicação."

---

1. Em itálico no original. [N.T.]

Antes mesmo de partir, de ver por si mesmo, Artaud já sabe. Mais que um desejo de descobrir, ele é habitado por uma vontade de projetar seus fantasmas sobre essa realidade; irá ao México armado de certezas e seu périplo revelará segredos escondidos nessa terra, segredos que já descobriu antes mesmo de chegar lá. Artaud não se lançará nessa viagem para observar e deduzir, mas para confirmar e evidenciar elementos que justificam suas concepções. Assim escreve a Paulhan, em 19 de julho de 1935: "Para nós aqui não me parece ruim que alguém vá *prospectar*[2] o que pode ainda existir no México de um naturalismo em plena magia [...], nos subsolos da terra e nas avenidas moventes de ar." Claro, essas palavras podem, hoje, fazer sorrir, porque se vê a intenção que guia o pensamento, a conclusão formulada antes da argumentação. Mas se trata de uma fé, uma crença longe do racional, de um modo de encontrar a reconciliação com o mundo que não passe pelo racional.

Ele escreveu uma peça de teatro, *La Conquête du Mexique* [*A conquista do México*], que nunca será montada. Sublinha ali o conflito que nasce, com a chegada de Cortés e sua tropa, entre a racionalidade europeia e o sagrado indígena. Essa oposição entre dois modos de conceber a existência organiza a trama; Artaud defende a mentalidade indígena e pretende devolver-lhe seu vigor.

Ele conheceu um fracasso amargo com a apresentação de sua peça *Les Cenci* [*Os Cenci*], e se encontra em uma situação delicada, profissional e financeiramente. Tudo o impulsiona

---

2. Em itálico no original. [N.T.]

para a viagem. É como que expulso da Europa e aceita melhor essa rejeição que o leva para um lugar que deseja apaixonadamente: o México.

Consegue se fazer convidar pelo governo francês para dar conferências na Cidade do México. Ali passará nove meses, de 7 de fevereiro de 1936, quando chega a Vera Cruz depois de ter passado por Havana, até 31 de outubro do mesmo ano, data de seu retorno à França pelo mesmo porto. É esperado pelos poetas mexicanos que desejam se apoderar dos avanços artísticos da distante Paris. Xavier Villaurrutia e José Gorostiza estão entre eles. Mas Artaud rapidamente dá sinais de que não veio com essa finalidade. Fala em público em várias ocasiões e, depois de ter expressado sua decepção ante o surrealismo, passa a explicar as razões de sua viagem: "Há, no México, ligada ao solo, perdida nos derrames de lava vulcânica, vibrante no sangue indígena, a realidade mágica de uma cultura que necessita provavelmente de pouca coisa para reacender materialmente seu fogo." Artaud não vem constatar a realidade, mas verificar suas intuições, ainda que tenha de distorcer o objeto de sua observação. Não deixa de repetir que não tem interesse por aquilo que entende como uma imitação da arte europeia e prefere buscar as manifestações ainda vivas da arte indígena. Quando escreve um texto sobre a pintura de María Izquierdo, tem o cuidado de evidenciar o que pensa ser a sobrevivência de um espírito ancestral em suas telas, espírito que se opõe ao academismo europeu. Assim diz em um dos textos que a ela dedica: "Vê-se que o México, quando permanece fiel a si mesmo, nada tem a receber de ninguém, mas, ao contrário, tem tudo para dar."

Fiel às suas convicções e preocupado em fortalecer suas ideias, parte em busca desse México ainda selvagem, distante da civilização ocidental. Sua viagem à Sierra Tarahumara é contada em um livro póstumo que reúne textos dispersos; apesar das dúvidas frequentemente formuladas, parece inegável que Artaud tenha estado com os indígenas que a povoam e assistido durante um mês aos ritos que relata.

Ao longo de seu périplo, ele não deixa de ler, decifrar: as paisagens têm um sentido, as montanhas o chamam. Se uma viagem tem a função de descobrir o desconhecido, aquela de Artaud assemelha-se a uma peregrinação pelo fato de apelar ao sagrado, ao ato de decifrar o mundo e ordenar o caos. Ele observa os ritos e permanece fascinado pela força que assume o verbo nesse processo. Evoca os reis magos, a Atlântida de Platão, e as ingestões de peiote[3] que provocam visões. Ali encontra as torsões de seu teatro da crueldade, e alimenta assim, sem saber, o "mito Artaud". Quando deixa o México, está fortemente perturbado, e acreditará até sua morte que foi enfeitiçado pelos Tarahumaras. Depois de seu regresso a Paris, em novembro de 1936, conhece um período de grande miséria e manifesta perturbações inquietantes. Parte para a Irlanda em agosto de 1937; lá, será tomado pela loucura esquizofrênica, o que o conduzirá a um hospital psiquiátrico por longos anos.

---

3. Trata-se de um cacto sem espinho, de forma esférica e raiz longa e cônica, que pode ser encontrado nos altiplanos mexicanos e também norte-americanos. Era com frequência usado em rituais religiosos pelos indígenas mexicanos — os Huicholes e os Tarahumaras teriam sido os primeiros a utilizarem-no. [N.T.]

Artaud não tem gosto pela viagem em si. Não deixou a França com frequência. Esse périplo mexicano se inscreve no movimento de sua obra e de sua existência como uma necessidade de verificar mais que descobrir. Em seu desejo de escapar ao domínio do racional europeu, alimenta sonhos que o levam a um lugar, o México, lugar que deve se assemelhar a seus fantasmas: se, para ele, essa terra foi sonhada antes de ser conhecida — como os conquistadores imaginaram o Eldorado antes da conquista —, a experiência concreta, ao entrar em contato com ela, não fez senão confirmar suas teses. Para Artaud, o "novo mundo" foi o lugar das quimeras, o contraponto de seu próprio universo.

Dois anos mais tarde, é a vez de Breton fazer a viagem, motivado por razões bem diversas. Em 1938, o grande poeta surrealista foi deixado de lado, preso entre um fascismo que avança a passos largos e um stalinismo que recusa outra visão de oposição de esquerda. As aproximações entre surrealistas e comunistas malograram desde 1935, e Breton, como muitos intelectuais, debate-se para encontrar um lugar no tabuleiro das ideias. Tudo o convida a recusar o modelo soviético: as perseguições de Trótski ou Victor Serge, o livro-testemunho de André Gide, intitulado *De volta da URSS*, e os conflitos internos dos republicanos espanhóis no coração da guerra civil em curso são sinais de que os surrealistas sabem ler. Mas estão ainda muito sós na defesa de uma revolução como solução. Ajudado por Jean Giraudoux e Saint-John Perse, escritores diplomatas que, longe de aprovar suas teses de vanguarda, respeitam o pensador e o autor, Breton consegue um convite para ir ao México, onde pensa encontrar Trótski e criar uma frente comum, para mobilizar escritores e artistas. Desde sua infância e a leitura de *Costal l'Indien*, identifica o país ao espírito de independência. Em 1936, Luis Cardoza y Aragón, que para lá partiu, escreve-lhe uma carta convidando-o a conhecer essa "terra da beleza convulsiva". Ele diz, entre outras coisas: "O México nos surpreende terrivelmente, dolorosamente, infinitamente." O México de 1938 permanece enraizado em uma lógica revolucionária, com um presidente, Lázaro Cárdenas, que expropria as companhias estrangeiras para nacionalizar o petróleo, e organiza a acolhida de milhares de refugiados saídos das fileiras dos republicanos espanhóis, que marcarão profundamente a sociedade mexicana. O vento da revolução ainda não arrefeceu totalmente e atrai o espírito sempre rebelde do líder surrealista.

Trótski chega ao México em 9 de janeiro de 1937, recebido por autoridades mexicanas com certa discrição (o presidente Cárdenas nunca o receberá). Ele não pode se expressar publicamente. Sua nova terra de acolhida é como que o fim de uma longa errância, que passa pela França, pela Turquia e pela Noruega. É perseguido sem cessar por espiões e matadores de Stálin, que não hesitaram em assassinar membros de sua família. O México é sua última chance, a terra distante onde espera escapar, sem muito se iludir, da vingança do dirigente soviético. Logo obtém a ajuda de Diego Rivera e Frida Kahlo, figuras centrais da vida artística e intelectual da época. Trótski se instala na casa que lhe é concedida pelo governo mexicano, lá mesmo onde encontrará a morte, assassinado em 21 de agosto de 1940 por Ramón Mercader, agente secreto de Stálin que conseguiu se infiltrar em seu círculo de conhecidos. Mas, em 1938, continua a trabalhar sem cessar, escreve, publica livros e artigos, defende a ideia de revolução permanente em um mundo inquieto, mundo em que se sente a guerra tão próxima.

A imprensa mexicana anuncia a chegada de Breton, e números especiais de revistas são consagrados a seu trabalho e às suas ideias. Traduções de seus poemas, elaboradas por Moro, Villaurrutia ou Westphalen são publicadas ali, e Agustín Lazo pode se fazer intérprete das atividades surrealistas graças aos muitos encontros que teve durante sua estadia parisiense. Os primeiros tempos de Breton no México são penosos: a embaixada francesa não foi informada de sua chegada e ninguém o espera no porto. Uma vez mais, Diego Rivera desempenha o papel de anfitrião. Ele se aproximou de Trótski, contra o Partido Comunista mexicano, profundamente stalinista. Além disso, o Partido Comunista francês teve o cuidado de prevenir seu homólogo mexicano sobre a chegada desse inquietante conferencista, e a sabotagem das apresentações públicas de Breton é orquestrada segundo as regras do gênero: não pode tomar a palavra na Universidade Nacional como estava previsto. Mas consegue se expressar no Palácio de Belas Artes, onde lê poemas e comenta filmes projetados quando o momento permite. Contra ventos e marés, consegue ser o embaixador do surrealismo.

Se Breton veio impulsionado por motivações de ordem política, logo se torna um apaixonado pela arte mexicana popular, assim como por suas criações contemporâneas. Colecionará os ex-votos — chega mesmo a roubar alguns de uma igreja, durante sua viagem a Puebla, o que deixará Trótski furioso — e chamará a atenção da crítica fora do México para as obras de Frida Kahlo. Uma das consequências mais evidentes de sua viagem será a organização de exposições. Inicialmente, em Paris, em 1939, é apresentada na galeria Renou et Colle uma mostra de arte mexicana que, segundo Breton, mistura indiscriminadamente telas contemporâneas e peças pré-hispânicas ou criações mais populares. Em seguida, como em resposta a essa mostra, uma exposição surrealista acontecerá na Cidade do México, em 1940, organizada pelo próprio Breton, com Paalen e Moro, moradores do local. Nesse domínio, sua atividade concentra-se, sobretudo, nas artes plásticas, e ele não se ocupa da literatura. Para além dos problemas da língua, não gosta muito dos textos dos poetas com os quais cruza. Será muito mais tarde, em Paris, que encontrará Octavio Paz e fará dele um surrealista.

Seu amigo mais próximo é Diego Rivera, que ele evocará mais tarde com generosidade. É verdade que o pintor corpulento impõe respeito, que seu trabalho, assim como as pinturas murais e aquelas feitas em cavalete, impressionam. Rivera é um guia notável para Breton, pois sua bulimia o leva a procurar por belos objetos dos mais variados: ele gosta de peças pré-hispânicas e das mais populares manifestações que circulam na rua, aprecia a beleza das igrejas barrocas e das pirâmides ancestrais. Rivera é também um militante que partilha com Breton um engajamento que os torna próximos de Trótski — ou, ao menos, é o que esperam. No México, a relação com Frida é excelente. É apenas em Paris, quando vai para a exposição montada por Breton, que ela começará a detestar os surrealistas, vaidosos e tagarelas segundo ela, e

Breton em particular, que julga muito diferente do homem que recebeu em sua casa. Os humores desses personagens são mutáveis, assim como os papéis que a vida os leva a desempenhar. Receber ou ser recebido: cada um muda de acordo com a posição que ocupa. Breton, na Cidade do México, devia estar um pouco impressionado com seus anfitriões, ricos, célebres, excêntricos e brilhantes. Uma vez de volta a Paris, tem de resolver vários problemas, e Frida se transforma na prima interiorana que é preciso encontrar de vez em quando, sobretudo porque se mostrou tão generosa em sua terra. E essa Frida, verdadeira rainha na Cidade do México, é tão somente uma anônima em Paris, uma artista que ninguém conhece ainda. Lá também se manifesta um pequeno complexo, uma irritação no fato de se sentir menor. Há nela um lado diva tão profundo que não pode facilmente aceitar ser assim tratada. Mas a história diz que Breton promoveu Frida e que a apresentação de suas telas em Paris constitui a primeira exposição de envergadura da qual ela participa fora de seu país. Ainda que o público francês tenha, em 1939, outras preocupações na cabeça.

O primeiro objetivo da viagem de Breton era encontrar Trótski e elaborar com ele um manifesto que devia unir artistas e criadores para fazer frente ao stalinismo, às diversas formas do fascismo e à sociedade capitalista. Breton esforça-se para voltar a ser um protagonista no mundo político e no debate público. Trótski, o proscrito, procura também por alianças, tenta construir pontes que lhe permitirão assentar uma autoridade muito ameaçada pela asfixia organizada pelos esbirros de Stálin. Os dois homens não se parecem; a comunicação é com frequência tensa entre eles. Aos quarenta anos, o poeta francês está mais atraído pelos sonhos, pelas utopias e pelas manifestações do subconsciente que se exprimem na vida e nas criações. Sua ideia de revolução concerne o indivíduo e a sociedade. O antigo chefe do Exército Vermelho tem um percurso muito diferente e suas ideias sobre a arte são muito distantes daquelas de seu interlocutor francês. Por vezes, seus encontros serão difíceis, e o manifesto resultante é uma curiosa declaração que não obterá o sucesso esperado. Talvez ele tenha vindo um pouco tarde, ou se concentra em temas que não fazem parte das preocupações de seus destinatários. Seja como for, sua publicação não desencadeia um franco entusiasmo.

Quando de seu retorno à França, segundo seu engajamento junto aos leitores da revista *Minotaure*, André Breton escreve um texto notável, "Souvenirs du Mexique" [Lembranças do México], publicado no número 12-13, datado de maio de 1939. "Terra vermelha, terra virgem toda impregnada de sangue": assim ele começa suas lembranças. Como para Artaud, sua viagem ao México torna-se matéria de escrita. Ali celebra as belezas e os enigmas, dá a conhecer as fotos de Álvarez Bravo e a pintura de Rivera, e deixa um lugar singular para aquela revolução que não foi maculada pela influência de Moscou. Não esconde sua admiração pelo lugar: "É porque, no México, tudo o que diz respeito à criação artística não é desnaturalizado como aqui." Como que para dizer sua comoção, escreve mais adiante: "Uma parte de minha paisagem mental [...] é manifestamente emoldurada pelo México." Se Artaud buscou ali um refúgio para suas teorias e quase que exclusivamente se debruçou sobre as sobrevivências de uma força indígena, Breton explorou as manifestações de uma beleza que o comove. As perspectivas dos dois escritores são profundamente diversas; a comparação levaria a deixar frente a frente um cruzado e um caminhante, um gênio animado e um observador apaixonado.

Se para Breton a razão primeira de seu deslocamento não obteve o sucesso esperado, sua longa estadia e a vivência em um universo ainda desconhecido são particularmente frutuosas. Ele inveja os amigos mexicanos por sua facilidade de conciliar a vida e a morte, e diz a Diego Rivera: "Vocês têm sobre nós a vantagem de participar dessa tradição popular que, a meu ver, não ficou viva senão no país de vocês." O entusiasmo vence o real. Mas sua faculdade de observação ainda é notável e suas opiniões deixarão marcas por muito tempo. Durante uma entrevista ao escritor hondurenho Rafael Heliodoro Valle, ele pronuncia a célebre e memorável frase: "O México tende a ser o lugar surrealista por excelência." Difícil falar dessa estadia sem que, irremediavelmente, tal frase seja pronunciada. Ela se cola ao país e, como cada um pode interpretá-la como quiser, a todos satisfaz. No entanto, a frase é apaixonante porque recusa a definição fechada, definitiva: o país tende a ser, não é. Ele pende para o lado do surrealismo, dele se aproxima, tem a vontade de ir por aí, mas em caso algum tem sólida base, não é uma certeza. Trata-se, antes, de um traço espirituoso da parte do visitante francês, de um elogio em sua boca, e não de um fato que argumentará ou defenderá na sequência. Ele nunca escreverá sobre isso, ainda que, como se viu, seus textos sobre o país sejam fortemente marcados por uma admiração matizada de inveja. O México de Breton é mais próximo do México real, mesmo que lhe atribua cores segundo uma apreciação bastante pessoal; o país sabe deixar uma margem de interpretação que permite a cada qual tomá-lo como seu. Isso lhe confere um forte poder de sedução, para Artaud e também para Breton. Um e outro podem ali tomar dos elementos necessários para o desenvolvimento de seus projetos.

O fiel amigo de Breton, Benjamin Péret, gostaria de acompanhá-lo em 1938, mas suas dificuldades financeiras o impediram. A Segunda Guerra Mundial e sua procissão de tragédias vão obrigá-lo a ir até lá, ainda que a contragosto. Poeta inspirado, ele é no seio desse grupo o leal, o furioso, o puro. Viveu no Brasil depois de seu casamento com uma cantora brasileira de ópera. Ali, organizará um grupo revolucionário; mesmo que nem sempre seja fácil levar a sério esse personagem doce e divertido, é fato que durante muito tempo sofrerá as consequências disso. Em seguida, será voluntário para combater na Espanha, junto da famosa coluna Durruti.[4] Péret segue suas convicções com um sentido de responsabilidade e uma coragem particularmente aguda. Quando eclode a Segunda Guerra Mundial, recusa o inevitável e se vê pacifista. É encarcerado e depois libertado. Sente que essa França ocupada logo se virará contra ele. Faz logo sua escolha

---

4. Célebre formação paramilitar anarquista que combateu na Guerra Civil Espanhola. Chegou a contar com um efetivo de mais de seis mil voluntários, todos dispostos a combater as tropas do general Franco. Seu nome vem de seu comandante, Buenaventura Durruti Dumange. [N.T.]

e parte para Marselha onde, como tantos outros, pedirá visto para os Estados Unidos.

Nos anos 1940-1941, antes da invasão da zona dita livre pelas tropas alemãs, Marselha é o lugar das partidas. O cônsul mexicano Gilberto Bosques ajuda muitos republicanos espanhóis ou refugiados de toda a Europa a chegarem a seu país; e Varian Fry, jovem norte-americano que representava o *Emergency Rescue Committee* recentemente criado — cuja finalidade era ajudar prováveis vítimas do nazismo a partir para os Estados Unidos — tecia também uma rede de solidariedade eficaz e pragmática; a própria esposa do presidente Roosevelt fazia parte do comitê e muitos recursos chegavam graças à mecenas Peggy Guggenheim. Os mais sortudos são alojados na Villa Air-Bel, como Breton, Ernst ou Lam. Péret, sempre um pouco retraído, tem menos sorte e deve trabalhar em uma fábrica de balas. Seu dossiê é bem complicado e, ainda que os norte-americanos mostrem uma evidente generosidade, não desejam receber possíveis agitadores. Eles também são, afinal, profundamente anticomunistas, e a chegada em seu solo de refugiados reconhecidamente perigosos em nada ajuda em sua causa, nem àquela do comitê que não tem necessidade de publicidade ruim. Como Victor Serge, Benjamin Péret não é bem-vindo aos Estados Unidos, país que ainda não se engajou no conflito. A atmosfera escorregadia e tensa do porto mediterrâneo é particularmente bem descrita no romance *Em trânsito*, escrito por outra perseguida que se refugiará no México, Anna Seghers.

Péret não está só: desde sua participação na Guerra Civil Espanhola, é companheiro da pintora Remedios Varo. Ela mesmo partilhou sua vida com outros homens, mas acabou por escolher Péret. Ao final de 1941, o casal parte para o México, sem poder acompanhar Breton como desejavam, mas a tempo de evitar o pior. Instalam-se na Cidade do México e têm amizade com os surrealistas já ali estabelecidos, como Leonora Carrington, César Moro e Gunther Gerzso. Muito rapidamente, Péret é marginalizado pelo grupo de Diego Rivera, que voltou a ser stalinista e não pode mais encontrar apoio junto aos mais conservadores. Sua longa estadia mexicana se dará sob o signo da solidão e da miséria. Pouco se sabe sobre sua vida cotidiana na capital do México. Ele foi professor de francês e, em seguida, vendedor na livraria francesa de Costa-Amic, um catalão malandro e anarquista. Diz-se que teria trabalhado em uma agência de viagens. Seja como for, Péret, o bom companheiro do grupo, não se beneficia da dinâmica produzida pelos encontros com os outros membros; sente falta dessa espiral e do calor amigável dos outros para realmente produzir. Mas as cumplicidades existiam, em particular com Paalen e sua revista *Dyn*, o que provoca a fúria de Breton em Nova York, que não pretende partilhar o surrealismo com quem quer que seja. Ali fundou uma revista, a *VVV*, e não quer que os colaboradores dessa publicação ofereçam seus textos para a concorrente mexicana. Esse será um dos raros desentendimentos entre os escritores. Péret não tem um centavo e assedia Breton para que encontre para ele trabalhos remunerados. Durante os seis anos de exílio mexicano, escreve pouco, mas escolhe os temas: prefácio à edição em espanhol do *Caderno de um retorno ao país natal* de Aimé Césaire (ainda desconhecido e revelado por Breton), alguns artigos e poemas.

Péret vê poucas pessoas, encontra um jovem poeta, Octavio Paz, que é marcado pelas lições do surrealismo e pela integridade política de seus membros. Encontra Victor Serge, o eterno militante exigente e confiável; César Moro, tão intransigente quanto ele, e alguns surrealistas instalados na Cidade do México. Em uma carta endereçada a Eugenio Granell, em 1956, ele escreve: "Acabei por me relacionar apenas com quatro ou cinco pessoas. Lá, sentimo-nos como um corpo estranho em um organismo que busca nos eliminar." Para acrescentar um toque a sua depressão, Remedios Varo deixa-o em 1945. Entretanto, esse ano significa o fim do conflito e a possibilidade de um retorno à França, o fim de um longo período sombrio. Mas nada disso ajuda Péret. Ele não tem dinheiro para voltar e, como seu amigo Breton, quer esperar, no caso de os militantes stalinistas assumirem o poder na França. Viaja para Yucatán, contrabandeia peças pré-hispânicas sem grande sucesso. Péret parece andar em círculos, ele que se tornou bibliotecário do novo Instituto Francês da América Latina, criado sob o estímulo de Paul Rivet.

Em Paris, os surrealistas são marginalizados, os comunistas assumem o comando das grandes máquinas culturais, os existencialistas logo conquistam os espíritos dos jovens leitores privados de ideias novas durante anos. No domínio da poesia, o tom está dado por um livro publicado na clandestinidade, *L'Honneur des poètes* [*A honra dos poetas*], que dá destaque à poesia de circunstâncias, ao engajamento dos autores que oferecem sua pluma para se opor à invasão e à humilhação. Um jovem editor, Alain Gheerbrant, chocado com essa mão forte sobre um gênero que estima ser o mais livre e o menos sujeito a qualquer regra que seja, pede a Péret que dê uma resposta. Do México, o poeta envia seu texto, *Le Déshonneur des poètes* [*A desonra dos poetas*], que irá causar bastante rebuliço. Ele ataca essa visão de poesia, de Éluard ou Aragon, recusa que ela seja o instrumento de uma causa, por mais justa que seja.

Uma arrecadação é organizada em Paris, sob forma de um leilão, para o qual Picasso cede uma tela — com a condição de nada dizer a Péret, que seria capaz de recusar esse dinheiro, pois o pintor entretinha boas relações com o Partido Comunista. Os fundos obtidos permitem a Péret regressar a Paris em janeiro de 1948 e se instalar ali sem problemas. Deixa atrás de si os anos de exílio e declara: "O que fiz no México foi entediar-me profundamente. O México é um país que não interessa senão ao México. Tudo ali é tradição, mas uma tradição apenas formal, vazia de qualquer vida." No entanto, o México irá persegui-lo até sua morte.

O país e sua cultura têm a doce capacidade de se infiltrar em cada um sutilmente, sem se fazer notar nem que se tenha consciência disso. O lugar cola à pele e seus efeitos não se dissipam facilmente. Os exemplos desse fenômeno são numerosos e um dos mais emblemáticos diz respeito a Péret, como foi o caso para Caillois e a Argentina. Callois empregará sua energia para fazer conhecer o que sabe do país; enquanto sua atividade local foi das mais reduzidas, uma vez longe dali se deu conta de que podia escrever, como se tivesse necessidade da distância para melhor expressar a vertigem e a potência do que viu ou entreviu. Talvez fosse um interesse profundo por tudo o que incorporou durante sua estadia, uma necessidade de acertar as contas com a marca que essa terra deixou nele, um desejo ou uma necessidade de explicar o que então o comoveu, de dizer a si mesmo a intensidade da chama que faz brilhar uma cultura potente e original, uma fidelidade a pessoas e a lugares que o marcaram mais do que pensava? Deve haver um pouco disso tudo quando começa seus trabalhos que farão o público francês descobrir esse território distante, ainda pouco conhecido.

Péret traduz o *Libro de Chilam Balam de Chumayel* [*Livro de Chilam Balam de Chumayel*] — trabalho que também realizará, mais tarde, J.-M.G. Le Clezio —, e *Piedra de sol* [*Pedra do sol*], de Octavio Paz. Organiza uma volumossa seleção de narrativas das tradições orais do mundo indígena, a *Anthologie des mythes, légendes et contes populaires d'Amérique* [*Antologia dos mitos, lendas e contos populares da América*]. Participa de debates estéticos, escreve sobre Luis Buñuel, apoia Rufino Tamayo, ataca David Alfaro Siqueiros e não cessa de trabalhar sobre as civilizações pré-hispânicas, asteca e maia. Ele declara sua admiração por esculturas e dá conta do humor popular mexicano. É um dos mais ativos em fazer conhecer, na França, esse universo ainda pouco familiar (se é que hoje tenha se tornado familiar).

Em 1952, escreve seu longo poema, *Air mexicain* [*Ar mexicano*], ilustrado por Tamayo. Essa obra central tem a intenção de contar sobre o México, sua história, seus dramas e sua força. Sabe-se que a redação foi concluída em 1949, mas é difícil determinar quando Péret efetivamente começou a trabalhar nela. Octavio Paz, melhor do que ninguém, soube lê-lo: "As imagens de Péret avançam como avança a água em um território vulcânico que ainda não se resfriou totalmente, onde o gelo e a chama ainda estão em combate." *Air mexicain* é como um espaço poético em que as palavras lutam e se retorcem, enfrentam-se e se combinam como para mostrar a violência do espaço e a história dessa terra. Péret escreve para dizer que, ainda que tenha escrito diversos gêneros de textos sobre o México, é pela poesia que pretende se aproximar do país com maior fidelidade. Essa poesia não tem como objetivo descrever, tampouco evocar. Péret a emprega para fazer emergir a paixão que esse país suscita; ele mesmo se interroga sobre a fascinação que a cultura provoca nele *a posteriori*, agora um mundo distante. Há aí um desejo de compreender o porquê dessa nova paixão. É verdade que Péret gosta do mito: prefere o México mergulhado no passado do que aquele da vida cotidiana que conheceu, ainda que se refira com humor sobre alguns traços da vida popular ou obras de artistas contemporâneos que o entusiasmam. Aprecia o mundo das pirâmides maias e das esculturas astecas, as lendas e as imagens fantasmagóricas. Ama o México quando assume a textura do sonho.

Se Breton e Artaud foram somente viajantes em trânsito com fins precisos, Péret chega involuntariamente e vive ali uma longa parte de sua existência. Eis a diferença entre o visitante e o exilado que não sabe quando regressará. Ele não está de passagem e não tem uma missão. Não pode abraçar avidamete o real como fazem aqueles que estão em excursão e cujo tempo é contado. Péret atravessa esses anos mexicanos sem certeza nem firmeza de espécie alguma. Será preciso deixar o país para que participe da memória e que possa tratá-la como um devaneio, feito de matéria maleável. Péret pode, assim, manipular suas quimeras; sabe que tem em mãos um mito frutuoso e pode torcer à vontade as imagens que retém.

André Pieyre de Mandiargues chega ao México em 11 de março de 1958, acompanhado de sua esposa Bona Tibertelli, artista-pintora. Eles aceitaram o convite de seu amigo Octavio Paz, que chegou a organizar uma exposição com telas de Bona. Se Mandiargues nunca foi surrealista no sentido estrito da palavra, ainda assim participou das reuniões no café e mantinha uma grande proximidade com alguns surrealistas. Sua escrita se situa na vizinhança daquela de Breton em *Nadja*. Há muito é cercado pelo México: um colega mexicano, agitado e brincalhão, impressiona-o na escola. Além disso, é atraído pelas fotos de seu amigo Cartier-Bresson que mostram os *bas-fonds* da Cidade do México. O célebre fotógrafo francês é seu amigo desde a adolescência e fez uma viagem ao México em 1934, perambulando por um bairro sórdido em companhia do poeta negro norte-americano Langston Hughes. Trouxe imagens cruéis e fascinantes, com uma mistura de erotismo e mistério, traços tão marcantes em Mandiargues. Em Paris, André e Bona simpatizaram com o jovem adido de embaixada chamado Octavio Paz, que fica muito satisfeito por ter conseguido trazê-los a seu país, para uma visita à Cidade do México. Paz tem, então, uma rápida paixão amorosa por essa bela italiana, fascinante e por vezes extravagante. André e Bona instalam-se no que ainda é o centro da cidade e vão viajar para a parte sul do México, conhecendo lugares memoráveis (e ainda não turísticos): Yucatán, Tabasco, Chiapas, Oaxaca, Taxco, Puebla, Tehuantepec, Zihuatanejo, Acapulco. Irão encontrar um número impressionante de artistas e escritores: Alfonso Reyes, Marco Antonio Montes de Oca, Osvaldo Soriano, José Luis Cuevas, Francisco Toledo. Quase quatro meses depois de sua chegada, em 14 de julho, o casal retoma o caminho da Europa depois de ter experimentado um turbilhão de sensações que deixará uma marca indelével no espírito de Mandiargues. Depois dessa viagem, ele escreverá numerosos textos sobre o país, seus habitantes e criadores.

Durante a viagem, escreve com frequência para sua amiga Joyce Mansour, admirada confidente, que lhe diz que "o México é, creio, o último país onde sentimos". A correspondência entre eles constitui a melhor fonte para compreender a comoção que Mandiargues experimenta e da qual Joyce percebe a intensidade. Ele descreve seus questionamentos e seus risos, deixa entrever uma fascinação pelo país que provoca muita gravidade nele, e confessa que, no México, teve consciência "de ter voltado a ser poeta". Assim escreve em uma de suas primeiras cartas: "A atmosfera da Cidade do México é excessiva e violenta." Eis aí algo que é feito para apaixoná-lo, para sacudi-lo, para impulsioná-lo a criar. Em uma coletânea de ensaios, *Deuxième Belvédère* [*Segundo Belvedere*], ele associa o México à noite, como que para dizer o quanto sente uma cumplicidade com o lugar, ele, o homem noturno que intitula um de seus livros *Le Soleil des loups* [*O sol dos lobos*], em uma bela metáfora para designar a lua. Observa, anota sem cessar as cenas ou os personagens notáveis, os lugares que o atraem ou repulsam, encontra ressonâncias singulares no espetáculo a que assiste. Em seu texto *La Nuit de Tehuantepec* [*A noite de Tehuantepec*], conta sua experiência, com Bona, à noite, em um burgo rural onde uma aparição, uma menininha fantasiada de anjo, comove-o em alto grau. Ele começa por dizer: "Não é um sonho, pois me lembro de ter ingerido alimentos", como se desejasse recusar a evidência onírica de um real que atravessa como um sonho. Também coloca o país no lado das miragens. Entre violência e fantasmagoria, participa da vida mexicana, reconciliando-se com a poesia. Mandiargues percebe o encanto das cenas que pontuam sua viagem, continua a celebrar esse mundo, confiando à sua escrita esse sentimento sobre obras de artistas mexicanos como Cuevas, Toledo ou Soriano. Traduz a peça de teatro de Paz e comenta seus escritos. Ele conserva por esse país uma afeição particular, como se tivesse reencontrado o gosto pela vida que antes lhe faltava. Comungou com a natureza, as artes e os habitantes em um prazer festivo. Mantém-se fiel a oferecer, ao longo dos anos, textos que alimentam sua paixão por esse país e seu gosto pelas expressões. Sabe deles se aproximar e se regenerar ao seu contato: essa relação o revitaliza e revivifica sua escrita.

Artaud, Breton, Péret e Mandiargues encontraram no México uma terra que teve, para cada um, um papel e um alcance essenciais. Motivados por razões diversas, ali encontraram uma matéria da qual a escrita pôde se apoderar e produzir textos consideráveis. Seja qual for a razão que os levou à partida, souberam encontrar no país uma substância para além de suas expectativas. Enredado entre os desejos íntimos desses criadores e uma realidade com frequência enigmática, o México atuou como um contraponto, uma solução contra os bloqueios do mundo que os cerca. O México é o lugar que equilibra as consciências atormentadas, um remédio salvador que age contra a estreiteza de um universo estreito e o mundo asfixiado. Sob os olhos e a escrita deles, o México é o território que aguça os sentidos e aviva os espíritos. Mais do que nunca, quando aparece em textos, o México é o lugar onde sopra o espírito. A terra que libera o imaginário.

Seja qual for o motivo, a viagem provoca transbordamentos nos textos de suas aventuras. Por razões já explicadas, a preferência por esse país entre outras terras latino-americanas veio da cumplicidade que se criou graças a fatores históricos, estéticos e políticos. Em razão desse deslocamento geográfico, eles se veem em uma situação de desequilíbrio. Conhecem, então, a tentação de reformular seus temores e suas angústias, seus combates e suas fúrias, como se o mundo exterior distinto os autorizasse ou os obrigasse a recomeçar. A ilusão da novidade os convida a repensar o terror das perturbações. Eles não têm, ao longe, obrigação alguma de dar conta do real com fidelidade, nem mesmo de respeitá-lo; descolados de seu meio tradicional, que parece condená-los eternamente à repetição, podem sentir-se mais livres. Admiram com entusiasmo um mundo diferente e excitante em razão de seu caráter fresco e original, ao menos aos olhos deles. Assim celebram a vitalidade desse universo que imaginam novo e marcado pela pureza, e o opõem à Europa distante, apagada e esgotada. São tomados por um desejo: ver esse lugar como uma página em branco, usufruir da liberdade que isso oferece e serem fiéis a seus demônios íntimos. A viagem ao México aviva as chamas interiores.

CONCLUSÃO

AMÉRICA!
Um pedaço de imaginário

Eles não foram à América Latina para triunfar ou fazer carreira. Os escritores mencionados nestas páginas foram como que expulsos de seus países natais, recusados por sua própria sociedade. Estão saturados de mentalidade ocidental e razão clarividente, ou ameaçados pelo contexto político de sua época. Mas em caso algum a viagem à América Latina foi motivada por um desejo de reconhecimento ou de sucesso. Ela é ou uma obrigação, ou uma tentação profundamente neles enraizada. Seu universo os rejeita e eles compreendem a partida como uma salvação. Transformam-se nos arautos de um maniqueísmo simplificador, como se resumissem sua cultura à prática da razão e desejassem testemunhar que as terras distantes vivem de paixão.

São, então, como que expulsos de suas casas e vão buscar ao longe o contraponto do que conheceram, e projetar sobre o novo lugar os fantasmas que com eles carregam; irão ver tudo o que lhes faltava, sentir uma cumplicidade se instalar entre suas personalidades e suas terras de acolhida, e adaptar suas quimeras ao meio que a isso se presta. Carregam a condenação do mundo moderno e descobrem um espaço que ainda não funciona dessa maneira. Ou que aparece em atraso em relação àquilo que conhecem. Deleitam-se com isso, aprovam-no inconscientemente e aí se inspiram para escrever seus livros; o imaginário se entrega com maior facilidade quando mergulha em um lugar feito para ele. Bernanos vê no Brasil um mundo que celebra o frescor da juventude, ao passo que Zweig vê a grandeza da mistura das culturas. Burroughs sente que o respeito comedido tem no México uma terra de acolhida, enquanto D.H. Lawrence ali descobre um lugar onde a violência impõe um vigor que ele busca. E, em Cuba, Hemingway é habitado por uma melancolia sincera na qual a ilha parece mergulhada.

No final da vida, cativado pelas fotos de Désiré Charnay, Nietzsche alimentou a vontade de viver no México, em Oaxaca. Em uma carta de 1881 endereçada a seu amigo Peter Gast, ele confessa esse projeto e seu desejo de conhecer a vegetação tropical, densa, rica e luxuriante. Queixa-se do fato de que a correspondência que recebe de amigos, ainda que próximos, parece vir de longe. Parece experimentar mais proximidade com as paisagens de Charnay. O filósofo de *A vontade de potência*, de *A gaia ciência* e de *A genealogia da moral*, aquele cujo pensamento desafia a tradição ocidental, sonhou com a viagem transatlântica como se sonha com uma cura ou um remédio. Um lugar que seria um refúgio ou uma consolação. Um espaço onde se pode deixar expressar as forças vitais, muito contidas em seu próprio país. É com isso que sonha um grande número de intelectuais ocidentais.

O prazer da partida se impõe: aliviados quando o navio deixa o porto, frequentemente conheceram uma espera febril ou inquieta. "A grande questão é se movimentar", escreve Stevenson. Eles se lançam à aventura de partir para longe para escapar de uma asfixia. Nisso colocam o mesmo fervor que aquele empregado diante da página em branco de um texto por nascer: tudo está aberto, tudo é possível. Indiscutivelmente, esse começo provoca um estado de espírito alerta e agitado, ao mesmo tempo em que suscita uma angústia legítima sobre o que está por vir. Vivem isso tanto no movimento que os conduz em direção às terras novas quanto em seus próprios trabalhos.

Uma vez em seu novo universo, apreciam a cultura ancestral e o frescor que não mais encontravam em seus mundos e, com razão ou não, isso pouco importa: pensam descobri-los nesse lugar ainda enigmático e generoso. As impressões da viagem e da estadia chegam a favorecer o avanço da obra. A dinâmica da escrita pede por um espaço "facilitador": nesse sentido, a América Latina propõe uma extensão perfeita para que fluam as ilusões próprias à literatura. Antes da viagem de Colombo e do que se convencionou chamar o "encontro", a Europa divagava sobre o paraíso terrestre e terras imaginárias povoadas por monstros estranhos. Antes mesmo de se tornar uma realidade, esse "novo mundo" era sonhado e constitui matéria-prima particularmente rica para os obcecados por ficção. Esse território, localizado nos confins da razão, é, evidentemente, ligado aos mundos hispânicos e lusitanos, cujos pensamentos conservam uma fatura original ante as outras culturas europeias. Keyserling lembra, de modo pertinente, que a figura emblemática da hispanidade é o Quixote, que não se sabe se é o mais sábio ou o mais louco dos homens. Esse desequilíbrio foi uma das heranças da colonização, e os autores em visita são espontaneamente sensíveis a essa proximidade entre sabedoria e loucura. Em seus universos antigos, essas noções são antagônicas, mas se reconciliam nesse universo novo para eles.

A América Latina, inicialmente sonhada antes de se tornar uma realidade, está ligada ao imaginário antes do primeiro contato, e os escritores se deixam levar por seu desejo de utopia. Bernanos, Cendrars ou Lawrence ali desejam preservar suas quimeras e desenvolver uma sociedade ideal. Imaginam ver nessa paisagem o possível teatro de uma sociedade perfeita, reinventada. Apenas esse lugar ancorado nos sonhos é digno de receber tais projetos. Os outros continentes não desfrutam desse privilégio. Mas, se as tentativas falham, abalam as certezas do escritor e lhe dão motivo para aprofundar seu pensamento por meio da escrita.

Diante do exotismo, das paisagens grandiosas e de uma beleza que percebem como mais selvagem, esses autores dão frequentemente mostras de ingenuidade. O leitor se surpreende ao encontrar frases ingênuas em textos de escritores experientes como Stefan Zweig ou Victor Serge. Eles chegam ao exílio com uma trajetória carregada atrás de si. E o exercício de comparação a que se dedicam é a um só tempo comovente e desajeitado. Simone de Beauvoir, em viagem à Guatemala, pensa que as paisagens da América Central se parecem com aquelas do maciço central francês. Carregam uma curiosidade respeitosa, um *a priori* favorável e um desejo de reencontrar nesse novo lugar uma pureza quase original. Como um novo começo ou, em todo caso, a sensação de um recomeço possível. Aliás, eles apreciam prazeres simples e os mais elementares contatos em vez de relações complexas com interlocutores sutis e muito semelhantes ao que já conhecem: preferem se misturar ao meio popular e desconfiam dos intelectuais, como se os intelectuais pudessem ser contaminados pelos mesmos males que aqueles dos quais fugiram. Sentem-se mais em comunhão com o lugar quando estão na presença de sua mais simples e mais pura expressão. Nem Burroughs, nem Serge, nem Zweig, nem Hemingway nem Bernanos se debruçam sobre as criações locais da época. Aqueles que têm alguma ligação, ainda que tênue, com artistas locais, como Cendrars, Michaux, Lawrence, Péret ou Artaud acabam por se cansar deles, e relegam essas relações a segundo plano. Somente Breton, Caillois ou Mandiargues demonstram algum interesse. Mas eles também sabem que o lado encantador de sua estadia e suas maiores exaltações não provêm desse contato. Todos preferem o povo aos artistas, as paisagens selvagens aos salões literários.

Em sua relação com os países de acolhida, uma certa facilidade intelectual se instala. Se esse encontro devia ser um questionamento, é surpreendente perceber que cada autor encontra seu lugar, chega mesmo a se definir com facilidade nesse mundo novo. Consciente de suas conquistas, não querendo ser desestabilizado, o escritor adota uma perspectiva por vezes desajeitada ou paternalista diante desse universo tão diferente. O desconhecido provoca seu lote de inquietações e isso é uma maneira de se tranquilizar. Mas o tom que empregam torna-se por vezes irritante. E, ao desejarem encontrar uma inocência um pouco infantil, expressam-se, talvez sem se dar conta, de modo desdenhoso. Se suas palavras dizem respeito à vida popular, adotam um tom de senhor que visita seus domínios, como Zweig ou Bernanos. Quando se debruçam sobre as criações locais mais elaboradas, sua opinião soa como uma sentença, uma aprovação ou desaprovação, como o fazem Breton ou Artaud. Eles se veem como instrumentos de referência.

Essa ingenuidade participa de um movimento espontâneo ligado ora ao impulso inicial da viagem e às suas causas, ora à descoberta progressiva desse universo novo: eles observam, adaptam e trapaceiam um pouco o que retêm. Também apreciam encontrar ali traços de caráter próximos aos seus. A energia selvagem de Lawrence e de Cendrars aqui se desenvolve facilmente, a distância de Burroughs parece muito mexicana, e no arcaísmo do pensamento de Artaud parecem ecoar as ideias e os ritos dos indígenas nômades de Sierra Tarahumara. Essas aproximações criam intimidade e cumplicidade: eles se familiarizam com o lugar, ainda que seja para domesticá-lo um pouco.

A matéria do lugar é maleável e dá a possibilidade de adaptar suas obsessões e projetar seus sonhos. Terra nascida do imaginário, pode-se pensar, a América Latina propõe certezas pouco rígidas e verdades mutáveis. O que hoje é verdadeiro talvez não seja amanhã. Os escritores gostam desse lado "rascunho", dessa possibilidade de ajustes, eles que sofreram com a seca das certezas de seus países de origem. Eles a utilizam para seus escritos. Uma vez denunciados os desvios da sociedade conservadora de Quito, tão próxima da burguesia da Valônia tanto execrada, Michaux mergulha no Equador para melhor expressar sua distância um pouco aristocrática com o meio, e se recusa a acreditar em seu exotismo; ele descobre o poder de sua própria escrita, que lhe permite expor a vontade de se percorrer, sem demagogia, e de pôr à disposição uma lucidez por vezes difícil de exprimir. Bernanos reclama contra o tempo dos robôs, ele que vive mergulhado em um Brasil insólito e bárbaro. Lawrence exulta quando sente a violência intrínseca do México e quando pensa que esse país pode usá-la para se regenerar. Cada escritor esquematiza seu lugar de acolhida, ou é sensível a uma de suas facetas, deixando de lado outras tantas: eles precisam simplificar e não complicar. Buscam um material fiel aos espectros que os assombram ou às simples preocupações que os agitam. Apenas pedem que essa terra lhes seja útil.

Como para qualquer viajante, os primeiros tempos da exploração são sempre agradáveis. O lugar, proposto e novo, oferece uma mistura tranquilizadora de exotismo exaltante e referências. Eles podem ali se perder e depois se encontrar: a América Latina oferece esse duplo movimento. O encanto produz efeito rápido, e a inquietude legítima provocada pelo desconhecido é suavizada por certas referências comuns que restringem a aventura. As igrejas e as línguas, as raízes históricas e as cumplicidades ideológicas, as admirações partilhadas e as obsessões que ocupam os dois territórios são traços que aproximam e tranquilizam. Com o tempo, a realidade retoma seus direitos e processa-se uma mudança de estado de espírito: do encantamento do início, eles passam à desilusão. Desnos não tem tempo para isso: sua curta estadia em Cuba não lhe permite esse recuo de sensações que tanto se parece com desencantamento. E se Michaux logo de cara se faz cético (mas se deixa por vezes ganhar pela grandiosidade das paisagens), um bom número de seus pares se mostra desapontado. Burroughs não suporta mais o México depois do drama e das desilusões que se seguem. Cuba perde seu charme para Hemingway. Uma vez terminado seu romance, Lawrence volta-se contra um país que acusa de querer assassiná-lo. Cendrars se sentirá decepcionado com o Brasil e nunca mais voltará. Serge aprecia o México, evidentemente sem excessos, e mantém o gosto pela descoberta sempre vivo; Péret experimenta rapidamente certa repulsa por esse país. Com os anos, todos conhecem períodos de decepção, em que a atração pelo lado singular do refúgio cessa. Há como que uma ressaca do encantamento inicial, um retorno à lucidez, quando se instala a sensação de que o fator inspirador dessa terra deu tudo o que podia para alimentar a obra em curso e acabou por se esgotar. Seja como for, depois do entusiasmo dos primeiros tempos, os escritores conhecem um desencanto profundo, como se o sonho devesse ceder lugar à realidade, ou, pior, como se o recuo das emoções devesse resultar em amargura ou decepção.

Alguns atravessam essa experiência com tanta intensidade que veem sua escrita evoluir; a força do lugar canaliza a escrita e pode fazê-la mudar de forma. Cendrars deixa de ser poeta, enquanto Mandiargues torna a sê-lo; Bernanos renuncia ao romance, e Burroughs, para exorcizar seu erro fatal, torna-se escritor. Caillois se debruça sobre os livros de seus pares locais para, em seguida, torná-los conhecidos fora de seu país, enquanto Péret não é capaz de racionalizar sobre o país que o cerca a não ser quando regressa a Paris, para então compreender a experiência vivida no México e saber transformá-la em matéria escrita.

Essa evolução é favorecida por um traço de caráter enraizado nos costumes locais: o gosto pela nostalgia, que pode chegar à melancolia. Esses costumes são cultivados nessas ex-colônias, onde a distância com a metrópole levava a imaginá-la com melhor aparência; o centro do mundo, aliás, estava longe. O mundo indígena mantém uma imensa saudade de seu passado, visto como idílico. Cada um traz o arrependimento dentro de si. Se a história favorece esse temperamento, a geografia também contribui bastante: as extensões intermináveis dos pampas, os picos andinos, "os tristes trópicos" e os elevados planaltos mexicanos propõem paisagens que convidam a um tédio bem particular. A saudade brasileira, que mistura melancolia, nostalgia e esperança, faz parte da bagagem local, à semelhança dos clichês mais tenazes. As expressões populares traduzem esses sentimentos com emoção: o tango ou o bolero são gêneros musicais dominados pelos arrependimentos e pelas lembranças morosas, capazes de provocar um certo prazer. Evidentemente, esse traço não é único e a realidade propõe uma paleta de sentimentos tão amplos quanto em qualquer lugar, mas esse lugar impregna a existência com insistência singular. Um escritor é particularmente sensível aos arrependimentos ou a uma certa forma de abatimento, e ele encontra sob os céus sul-americanos um espaço que sabe propor e traduzir esses estados de alma com sensibilidade. Isso dá formas de beleza e de emoção que se deixam facilmente aprisionar. Hemingway, mestre na matéria, aprecia mergulhar nessa atmosfera, partilha de suas inflexões e frui de seus prazeres. Outros, como Cendrars e Bernanos com suas aspirações à pureza, Lawrence ou Artaud impelidos a um arcaísmo distante, ou Serge que luta sem cessar por um mundo melhor, não podem senão ser invadidos pela infelicidade de não encontrar ali um universo perfeito. Carregam em si aquela doce amargura, e esse sentimento guia a pluma de cada um e dirige seus passos. Essa nostalgia, que pode resultar em pulsões melancólicas, mostra o culto de um tempo mítico antigo e, assim, o escritor entra em ressonância com o lugar; o gesto de escrever comporta o desejo de recriar um paraíso perdido, de construir graças à ficção um universo em contraponto ao real. A viagem à América Latina alimenta-se de uma esperança comparável: reencontrar os rastros de um mundo perdido. O duplo movimento, aquele do ato criador e aquele do deslocamento geográfico, alimenta-se das mesmas razões de ser.

A realidade local cerca os escritores e eles percebem rapidamente que, ao contrário das sensações proporcionadas pelo mundo ocidental, a América Latina deixa aflorar o sentimento, com razão ou não, de que os valores e as verdades necessitam de firmeza. Há como que uma margem de manobra. Para um escritor, uma grande sorte: ele pode criar com mais liberdade. Esse mundo não está ainda imobilizado. E esse lado "rascunho" encoraja não apenas a escrita, mas também o comportamento dos autores que podem assim se entregar a todos os excessos, sem temor. Lowry, quase sempre embriagado, ou Burroughs, constantemente sob o efeito de drogas, ultrapassam os limites do tolerável; Desnos se deixa levar pela euforia das noites cubanas; Lawrence vive suas loucuras sem freio, Hemingway bate recordes de consumo de daiquiris, Caillois vive dois amores simultaneamente sem grandes tormentos, e Gombrowicz pode se perder com paixão nos *bas-fonds* de Buenos Aires. Esse sentimento de liberdade, o ligeiro mal-estar que acompanha a saudade de um passado paradisíaco perdido, e o lugar ocupado pelo imaginário permite a todos eles novas criações. Eles carregam seus temas e suas obsessões e, graças ao encontro com esse lugar fecundo, oferecem escritos incomparáveis.

Embora bastante diferentes em seus estilos, suas viagens, seus destinos e suas trajetórias, esses autores se reúnem em um ponto essencial: a relação intensa, quase orgânica, que entretêm com a literatura. Escrevem para escapar do sufocamento ou do delírio; a escrita não acompanha suas existências, é o centro delas, a razão de ser e a finalidade. Escritores tão diferentes quanto Michaux e Lawrence, Breton e Hemingway, Caillois e Zweig têm isso em comum: a escrita oferece a faculdade de dar uma forma ao terror que sentem diante da condição humana e, por isso, lhes permite expor sua revolta íntima. Têm, assim, a estranha capacidade de descrever a angústia e o horror pelos quais são habitados. A escrita revela, dá sentido ao próprio caos e, entretanto, aviva seus aspectos mais desconcertantes. A viagem serve então para criar agitação, para fissurar ou fraturar as sensações de enclausuramento, para descobrir a riqueza das margens e o aspecto flutuante dos limites, para se colocar em uma posição vulnerável que regenera o espírito do escritor. A terra da América Latina é fértil em epopeias delirantes e em livros essenciais e perturbadores.

Esses escritores originários das tradições europeias e norte-americanas assimilam o que podem de um território cuja textura os seduz e lhes fornece material diverso para a criatividade. Eles aproveitam as sensações produzidas por esse lugar, usufruem de suas contribuições e, à medida que o conhecem melhor, deixam as quimeras desvanecer e o mundo recuperar seus direitos; abandonam o território do imaginário e aquilo que descobrem faz com que voltem à realidade que estava ausente durante certo tempo. O fluxo e o refluxo das esperanças e dos sentimentos constituem o movimento que abraçam para avivar seus escritos e dinamizar suas visões. Os traços deixados estão presentes nos livros surpreendentes e insólitos de que dispomos.

BIBLIOGRAFIA

AIKEN, Conrad. *Un cœur pour les dieux du Mexique.* Paris: La Table Ronde 2001.

ANDRADE, Oswald de. *Bois Brésil.* Paris: La Différence, 2010.

ARTAUD, Antonin. *Les Tarahumaras.* Paris: Gallimard, 1971.

_____. *Messages révolutionnaires.* Paris: Gallimard, 1971.

_____. *Œuvres.* Paris: Gallimard, coleção Quarto, 2004.

ASSOULINE, Pierre. *Gaston Gallimard.* Paris: Balland, 1984.

ASTRE, G.-A. *Hemingway par lui-même.* Paris: Seuil, coleção Écrivains de toujours, 1959.

BARTRA, Roger. *El mito del salvaje.* Cidade do México: FCE, 2011.

BÉGUIN, Albert. *Bernanos par lui-même.* Paris: Seuil, coleção Écrivains de toujours, 1954.

BELLOUR, Raymond. *Lire Michaux.* Paris: Gallimard, coleção Tel, 2011.

BERNANOS, Georges. *Brésil, terre d'amitié*. Paris: La Table Ronde, coleção La petite vermillon, 2009.

_____. *La Grande Peur des biens-pensants*. Paris: Le Livre de Poche, 1998.

_____. *Les Grands Cimetières sous la lune*. Bordeaux: Le Castor Astral, 2008.

BONNEFOI, Geneviève et al. *Etudes: Malcolm Lowry*. Paris: Papyrus / Maurice Nadeau, 1984

BOWKER, Gordon. *Perseguidos por los demonios. Vida de Malcolm Lowry*. Cidade do México: Fondo CE 2008.

BRADU, Fabienne. *André Breton en México*. Cidade do México: FCE, 2011.

_____. *Artaud todavía*. Cidade do México: FCE, 2008.

_____. *Benjamin Péret y México*. Cidade do México: Aldus, 2009.

BULTEAU, Michel. *Les Hypnotiseurs*. Paris: La Différence, 2008.

BURGESS, Anthony. *Ce sacré Hemingway*. Paris: Fayard, 1979.

BURROUGHS, William. *Junky*. Paris: Belfond, 1979.

CAILLOIS, Roger. *Œuvres*. Paris: Gallimard, coleção Quarto, 2008.

_____. *Espace américain suivi de Randonnées*. Saint-Clément-de Rivièrs: Fata Morgana, 2007.

_____. *Jorge Luis Borges y outros textos sudamericanos*. Santiago do Chile: Universidad Diego Portales, 2012.

CAILLOIS, Roger; OCAMPO, Victoria. *Correspondance (1939--1978)*. Paris: Stock, 1997.

CARPENTIER, Alejo. *De lo real maravilloso americano*. Cidade do México: UNAM, 2003.

CARVALLO, Fernando (org.). *Les Cahiers de la NRF: L'Amérique Latine et «La Nouvelle Revue Française» 1920-2000*. Paris: Gallimard, 2001.

CAVENEY, Graham. *Gentleman junkie. La viet et l'œuvre de William S. Burroughs*. Paris: Seuil, 1999.

CENDRARS, Blaise. *Brésil, des hommes sont venus*. Saint-Clément-de-Rivière: Fata Morgana, 2003.

_____. *Le Lotissement du ciel*. Paris: Gallimard, coleção Folio, 2011.

_____. *Partir*. Paris: Gallimard, coleção Quarto, 2011.

CENDRARS, Miriam. *Blaise Cendrars. La vie, le verbe, l' écriture*. Paris: Denoël, 2006.

CERISIER, Alban. *Une Histoire de La NRF*. Paris: Gallimard, 2009.

CHEYMOL, Marc. *Miguel Ángel Asturias dans le Paris des années folles*. Grenoble: PUG, 1987.

CORTANZE, Gérard de. *Hemingway à Cuba*. Vanves: Le Chêne, 1997.

DAY, Douglas. *Malcolm Lowry*. Paris: Buchet-Chastel, 1975

DESNOS, Robert. *Œuvres*. Paris: Gallimard, coleção Quarto, 1999.

DREYFUS, Mariela. *Soberanie y transgresión: César Moro*. Santiago de Surco: Universidad Ricardo Palma, 2008.

FELGINE, Odile. *Roger Caillois*. Paris: Stock, 1994.

GANGOTENA, Alfredo. *Poèmes français*. Paris: La Différence, coleção Orphée, 1991.

_____. *Poèmes français II*. Paris: La Différence, coleção Orphée, 1992.

GARCÍA-ROBLES, Jorge. *Burroughs y Kerouac: dos forasteiros perdidos en México*. Cidade do México: Debolsillo, 2007.

GOMBROWICZ, Rita. *Gombrowicz en Argentine 1939-1963*. Paris: Noir sur Blanc, 2004.

GOMBROWICZ, Witold. *Journal*. v. 1 e 2. Paris. Gallimard, coleção Folio, 1995.

_____. *Moi et mon double*. Paris: Gallimard, coleção Quarto, 1996.

_____. *Pérégrinations argentines*. Paris: Christian Bourgois, 2004.

_____. *Testament, entretiens avec Dominique de Roux*. Paris: Gallimard, 1996.

GOMBROWICZ, Witold; DUBUFFET, Jean. *Correspondance*. Paris: Gallimard, 1995.

HEMINGWAY, Ernest. *En avoir ou pas*. Paris: Gallimard, coleção Folio, 1972.

_____. *Îles à la dérive*. Paris: Gallimard, coleção Folio, 1971.

_____. *Le Vieil Homme et la mer*. Paris: Gallimard, coleção Folio, 1973.

_____. *Lettres choisies (1917-1961)*. Paris: Gallimard, coleção Du monde entier, 1986.

_____. *Nouvelles complètes*. Paris: Gallimard, coleção Quarto, 1999.

HOLLIER, Denis. *Les Dépossédés*. Paris: Minuit, 1993.

KEPINSKI, Tadeusz. *Witold Gombrowicz et le monde de sa jeunesse*. Paris: Gallimard, 2000.

KEROUAC, Jack. *Mexico City Blues*. Paris: Christian Bourgois, 1976.

KEYSERLING, Hermann von. *Méditations sud-américaines*. Paris: Stock, 1941.

LAMBERT, Jean-Clarence (org.). *Les Cahiers de Chronos: Roger Caillois*. Paris: La Différence, 1991.

LAPAQUE, Sébastien. *Sous le Soleil de l'exil*. Paris: Grasset, 2003.

LASSUS, Mireille de (coord.). *Sous le figuier de Port-Cros. Lettres à Gangotena*. Paris: Jean-Michel Place, 2014.

LAWRENCE, D.H. *Apocalypse*. Paris. Desjonquères, 2002.

_____. *Le Serpent à plumes*. Paris: Robert Laffont, 2011.

_____. *Lettres à Katherine Mansfield et à J.M. Murry*. Paris: Payot & Rivages, 2009.

_____. *Lettres*. Paris: Payot & Rivages, 2006.

_____. *Sous l'Étoile du chien*. Paris: La Différence, 1989.

LÉCRIVAIN, Philippe. *Pour une plus grande Gloire de Dieu, les missions jésuites*. Paris: Gallimard, coleção Découvertes, 1991.

LEGROS CHAPUIS, Elizabeth. *Le Mexique, un cas de fascination littéraire*. Paris: L'Harmattan, 2001.

LOWRY, Malcolm. *Au-dessous du volcan*. Paris: Le Club Français du Libre, 1959.

_____. *Chambre d'hôtel à Chartres*. Paris: La Différence, coleção Minos, 2002.

_____. *Lunar Caustic*. Paris: Maurice Nadeau, 1977

_____. *Poésies complètes*. Paris: Denoël, 2005.

_____. *Pour l'amour de mourir*. Paris: La Différence, 1976.

_____. *Sous le volcan*. Paris: Grasset, 1987

_____. *Ultramarine suivi de Sombre comme la tombe où repose mon ami suivi de En route vers l'île de Gabriola*. Paris: Denoël, 2005.

MALRAUX, André. *La Tentation de l'Occident*. Paris: Grasset, 1926.

MARTIN, Jean-Pierre. *Henri Michaux*. Paris: Gallimard, 2003.

MEYERS, Jeffrey. *D.H. Lawrence*. Paris: La Table Ronde, 1992.

MICHAUX, Henri. *Ecuador*. Paris: Gallimard, Bibliothèque de la Pléiade, 1998.

_____. *Obra poética completa*. Córdoba: Alción, coleção Archivos, 2015.

MORO, César. *Prestigio del amor*. Lima: Pontificia Universidad Católica del Perú, 2002.

NUNEZ, Laurent. *Les Écrivains contre la littérature (1900--2000)*. Paris: José Corti, coleção Les Essais, 2006.

ORTIZ Y ORTIZ, Raúl. *Archivo Lowry*. Morelos: Instituto de Cultura de Morelos, 2011.

PERSE, Saint-John. *Correspondance avec Roger Caillois*. Paris: Gallimard, 1996.

REBOLLEDO, Francisco. *Desde la Barranca, Malcolm Lowry y México*. Cidade do México: FCE, 2004.

ROGER, Jérôme. *Commente Ecuador et Un barbare en Asie d'Henri Michaux*. Paris: Gallimard, coleção Foliothèque, 2005.

ROUX, Dominique de. *Gombrowicz*. Paris: Christian Bourgois, 1996.

ROUX, Dominique de; MILLERET, Jean de. *Cahiers de L'Herne: Jorge Luis Borges*. Paris: L'Herne, 1981.

SAUVAT, Catherine. *Stefan Zweig*. Paris: Gallimard, coleção Folio Biographie, 2006.

SERGE, Victor. *Carnets. 1936-1947*. Marseille: Agone, 2012.

_____. *Les Années sans pardon*. Marseille: Agone, 2011.

_____. *Les Révolutionnaires*. Paris: Seuil, 1967.

_____. *Mémoires d'un révolutionnaire*. Paris: Robert Laffont, coleção Bouquins, 2001.

SORBIER, Françoise du. *D.H. Lawrence, L'Odyssé d'un rebelle*. Paris: La Quinzaine Littéraire, 2001.

T'SERSTEVENS, Albert. *L'Homme qui fut Blaise Cendrars*. Paris: Arléa, 2004.

TOMASZEWSKI, Marek. *Witold Gombrowicz entre l'Europe et l'Amérique*. Villeneuve d'Ascq: Septentrion, 2007.

VÁSZQUEZ, Carmen. *Robert Desnos et Cuba, un carrefour du monde*. Paris: L'Harmattan, 1999.

ZWEIG, Stefan. *Correspondance*. Paris: Grasset, 2000, 2003 e 2008.

_____. *Le Brésil, terre d'avenir*. La Tour d'Aigues: L'Aube, 1998.

_____. *Le Monde d'hier*. Paris: Les Belles Lettres, 2013.

_____. *Montaigne*. Paris: PUF, 1982.

ZWEIG, Stefan e Lotte. *Lettres d'Amérique*. Paris: Grasset, 2012.

REFERÊNCIAS DAS CITAÇÕES

Página 19: André Malraux. *La Tentation de l'Occident*. Paris: Grasset, 1926.

Página 29: Albert t'Serstevens. *L'Homme qui fut Blaise Cendrars*. Arléa, 2004.

Página 30: Blaise Cendrars. *La Main coupée*. Paris: Gallimard, coleção Folio, 1975.

Página 32: Miriam Cendrars. *Blaise Cendrars. La vie, le verbe, l'écriture*. Paris: Denoël, 2006.

Página 43: Blaise Cendrars. "Lettre-océan". *Feuilles de route e Partir*. Paris: Gallimard, coleção Quarto, 2011.

Página 51: Robert Louis Stevenson. *Voyage avec un âne dans les Cévennes*. Tradução do inglês por Léon Bocquet. Paris: Flammarion, coleção GF, 2017.

Página 56: Claude Michel Cluny. Posfácio a D.H. Lawrence. *Sous l'Étoile du chien*. Tradução do inglês por Sarah Clair. Paris: La Différence, coleção Orphée, 1989.

Páginas 56, 57, 58, 59, 60, 61, 63: D.H. Lawrence. *Lettres*. Tradução do inglês por Thérèse Aubray, Payot & Rivages, 2006.

Páginas 64, 65, 66, 67, 68: D.H. Lawrence. *Le Serpent à plumes*. Tradução do inglês por Philippe Mikriammos. Paris: Robert Laffont, 2011.

Página 68: Wyndham Lewis. "Paleface". In: Jeffrey Meyers. *D.H. Lawrence*. Tradução do inglês por Évelyne Jouve. La Table Ronde, 1992.

Página 68 e 69: D.H. Lawrence. *Le Serpent à plumes*. Tradução do inglês por Philippe Mikriammos. Paris: Robert Laffont, 2011.

Página 70: D.H. Lawrence. *Apocalypse*. Tradução do inglês por Fanny Deleuze. Paris: Desjonquères, 2002.

Página 71: Alfredo Gangotena. "L'homme de Truxillo". *Poèmes français*. Paris: La Différence, coleção Orphée, 1991.

Páginas 71 e 72: Henri Michaux. "Emportez-moi". *Œuvres complètes*, v. 1 [*Mes propriétés*], Paris: Gallimard, coleção Bibliothèque de la Pléiade, 1998.

Páginas 80, 81, 82, 83, 84: Henri Michaux. *Ecuador*. In: *Œuvres complètes*, v. 1, Paris: Gallimard, coleção Bibliothèque de la Pléiade, 1998.

Página 117: Robert Desnos. "Ode à Coco". *Corps et biens*. Paris: Gallimard, coleção Poésie/Gallimard, 1930.

Página 118: Carmen Vásquez. *Robert Desnos et Cuba: un carrefour du monde*. Paris: L'Harmattan, 1999.

Páginas 124 e 125: Robert Desnos. "Le Fard des Argonautes". *Corps et biens*. Paris: Gallimard, coleção Poésie/Gallimard,

1930; Robert Desnos. "De silex et de feu". *Corps et biens*. Paris: Gallimard, coleção Poésie/Gallimard, 1930; Robert Desnos. *La Liberté ou l'amour*. Paris: Gallimard, coleção L'Imaginaire, 1982.

Página 127: Robert Desnos. "Yvonne George à l'Olympia". *Le Journal littéraire*, 2 de maio de 1925.

Páginas 132 e 142: Graham Caveney. *Gentleman junkie. La vie et l'œuvre de William S. Burroughs*. Tradução do inglês por Marc Voline. Paris: Seuil, 1999.

Páginas 149 e 150: Roger Caillois e Victoria Ocampo. *Correspondance (1939-1978)*. Stock, 1997.

Página 156: Roger Caillois. *Le Fleuve Alphée*. Paris: Gallimard, coleção L'Imaginaire, 1992.

Páginas 156 e 157: Roger Caillois e Victoria Ocampo. *Correspondance (1939-1978)*. Stock, 1997.

Página 159: Jorge Luis Borges. *Enquêtes suivi d'Entretiens avec Georges Charbonnier*. Tradução do espanhol por Paul e Sylvia Bénichou. Paris: Gallimard, coleção Folio Essais, 1992.

Página 160: Roger Caillois e Victoria Ocampo. *Correspondance (1939-1978)*. Stock, 1997; Roger Caillois. *Le Fleuve Alphée*. Paris: Gallimard, coleção L'Imaginaire, 1992.

Página 161: Roger Caillois. *Espace américain suivi de Randonnées*. Fata Morgana: 2007.

Página 162: Roger Caillois e Victoria Ocampo. *Correspondance (1939-1978)*. Stock, 1997.

Página 163: Jean-Louis Giovannoni. *Les Mots sont des vêtements endormis*. Unes, 1983.

Páginas 165 e 166: Stephan Zweig. *Correspondance*. Tradução do alemão por Laure Bernardi. Paris: Grasset, 2008.

Página 168: Catherine Sauvat. *Stephan Zweig*. Paris: Gallimard, coleção Folio Biographie, 2006.

Página 171: Stephan Zweig. *Montaigne*. Tradução do alemão por Jean-Jacques Lafaye. Paris: PUF, 1982.

Página 172: Catherine Sauvat. *Stephan Zweig*. Paris: Gallimard, coleção Folio Biographie, 2006.

Página 175: Stephan Zweig. *Correspondance*. Tradução do alemão por Laure Bernardi. Paris: Grasset, 2008.

Página 176: Catherine Sauvat. *Stephan Zweig*. Paris: Gallimard, coleção Folio Biographie, 2006.

Páginas 177 e 178: Stephan Zweig. *Le Brésil, terre d'avenir*. Tradução do alemão por Jean Longeville. L'Aube: 1998.

Páginas 179 e 182: Stephan Zweig. *Correspondance*. Tradução do alemão por Laure Bernardi. Paris: Grasset, 2008.

Página 203: Victor Hugo. *Les Travailleurs de la mer*. Paris: Flammarion, coleção GF, 2018.

Página 205: G.-A. Astre. *Hemingway par lui-même*. Paris: Seuil, coleção Écrivains de toujours, 1959.

Páginas 207 e 208: Ernest Hemingway. *Œuvres romanesques*, v. 2. Tradução do inglês por Roger Asselineau. Paris: Gallimard, coleção Bibliothèque de la Pléiade, 1969.

Páginas 212 e 213: Ernest Hemingway. *Lettres choisies (1917-1961)*. Tradução do inglês por Michel Arnaud. Paris: Gallimard, coleção Du monde entier, 1986.

Página 214: Anthony Burgess. *Ce sacré Hemingway*. Tradução do inglês por Léo Dilé e Georges Belmont. Paris: Fayard, 1979.

Página 215: Virgilio Piñera. "L'Île en poids". *Ombre de la mémoire. Anthologie de la poésie hispano-américaine*. Tradução do espanhol por Joani Hocquenghem. Paris: Gallimard, coleção Du monde entier, 2009.

Página 219: Georges Bernanos. *Le Chemin de la Croix-des-Âmes*. Le Rocher, 2017.

Páginas 222 e 223: Albert Béguin. *Bernanos par lui-même*. Paris: Seuil, coleção Écrivains de toujours, 1954.

Páginas 224 e 225: Georges Bernanos. *Brésil, terre d'amitié*. La Table Ronde, coleção La petite vermillon, 2009.

Páginas 225, 227 e 228: Albert Béguin. *Bernanos par lui-même*. Paris: Seuil, coleção Écrivains de toujours, 1954.

Página 229: Georges Bernanos. *Le Chemin de la Croix-des-Âmes*. Le Rocher, 2017.

Páginas 230: Georges Bernanos. Prefácio a *Les grands Cimetières sous la lune*. Le Castor Astral, 2008.

Páginas 232, 233 e 234: Georges Bernanos. *Brésil, terre d'amitié*. La Table Ronde, coleção La petite vermillon, 2009.

Páginas 234 e 235: Georges Bernanos. Prefácio a *Les grands Cimetières sous la lune*. Le Castor Astral, 2008.

Página 237: Benjamin Fondane. Ulysse. *Le Mal des fantômes*. Verdier/Poche, 2006.

Páginas 237, 238, 239, 240, 242, 244: Victor Serge. *Mémoires d'un révolutionnaire*. Paris: Robert Laffont, coleção Bouquins, 2001.

Página 249: Victor Serge. *Carnets. 1936-1947*. Agone, 2012.

Páginas 252, 253 e 255: Victor Serge. "Littérature et révolution". *Mémoires d'un révolutionnaire*. Paris: Robert Laffont, coleção Bouquins, 2001.

Página 261: César Moro. *Obra poética completa*. Córdoba: Alción, coleção Archivos, 2015.

Página 264: Carta de César Moro a Emilio Adolfo Westphalen. Correspondência privada.

Páginas 266 e 268: César Moro. "La tortuga ecuestre". *Obra poética completa*. Córdoba: Alción, coleção Archivos, 2015.

Página 269: César Moro. "Violette Nozières in plaquette". *Obra poética completa*. Córdoba: Alción, coleção Archivos, 2015.

Páginas 270 e 271: Carta de César Moro a Emilio Adolfo Westphalen. Correspondência privada; César Moro. "Limite glaciale des êtres lents. Le Château de Grisou". *Obra poética completa*. Córdoba: Alción, coleção Archivos, 2015.

Páginas 271 e 272: César Moro. "À l'occasion du Nouvel An". *Ces poèmes*. In: *Obra poética completa*. Córdoba: Alción, coleção Archivos, 2015; César Moro. *Obra poética completa*. Córdoba: Alción, coleção Archivos, 2015.

Páginas 273 e 274: César Moro. "André Coyné, Chronologie". *Obra poética completa*. Córdoba: Alción, coleção Archivos, 2015; César Moro. *Obra poética completa*. Córdoba: Alción, coleção Archivos, 2015; carta de César Moro a Emilio Adolfo Westphalen. Correspondência privada.

Página 282: Antonin Artaud. *À la grande Nuit ou le Bluff surréaliste*. In: *Œuvres*. Paris: Gallimard, coleção Quarto, 2004.

REFERÊNCIAS DAS CITAÇÕES

Página 283: Antonin Artaud. "Lettres a Jacques Rivière du 25 mai 1924". *Correspondance avec Jacques Rivière.* In: *Œuvres.* Paris: Gallimard, coleção Quarto, 2004; Antonin Artaud. *Le Théâtre et son double.* In: *Œuvres.* Paris: Gallimard, coleção Quarto, 2004.

Página 284: Antonin Artaud. "Lettre a Jean Paulhan du 19 juillet 1935". *Les Tarahumaras.* In: *Œuvres.* Paris: Gallimard, coleção Quarto, 2004.

Página 285: Antonin Artaud. *Messages révolutionnaires.* In: *Œuvres.* Paris: Gallimard, coleção Quarto, 2004.

Página 298: Fabienne Bradu. *Benjamin Péret y México.* Aldus, 2009.

ESTE LIVRO FOI COMPOSTO EM ADOBE GARAMOND PRO CORPO 12
POR 15,6 E IMPRESSO SOBRE PAPEL AVENA 80 g/m² NAS OFICINAS
DA MUNDIAL GRÁFICA, SÃO PAULO — SP, EM OUTUBRO DE 2022